Wulf · Anthropologie der Erziehung

Die Reihe »Beltz Studium« wird herausgegeben
von Jürgen Oelkers und Klaus Hurrelmann.

Wissenschaftliche Redaktion: Christian Palentien

Christoph Wulf

Einführung in die Anthropologie der Erziehung

Beltz Verlag · Weinheim und Basel

Dr. *Christoph Wulf*, Jg. 1944, ist Professor für Allgemeine und Vergleichende Erziehungswissenschaft und Mitglied des Interdisziplinären Zentrums für Historische Anthropologie an der Freien Universität Berlin.

Gesetzt nach den neuen Rechtschreibregeln
Lektorat: Peter E. Kalb

© 2001 Beltz Verlag · Weinheim und Basel
www.beltz.de
Herstellung: Klaus Kaltenberg
Satz: Satz- und Reprotechnik GmbH, Hemsbach
Druck: Druckhaus Beltz, Hemsbach
Umschlaggestaltung: Federico Luci, Köln
Umschlagabbildung: Image Bank, Düsseldorf
Printed in Germany

ISBN 3-407-25233-1

Inhaltsverzeichnis

Einleitung

Das vorliegende Buch ist Teil der in den letzten Jahren erheblich gestiegenen Anzahl anthropologischer Forschungen. Unter diesen treffen die Arbeiten zur Historischen Anthropologie auf besondere Aufmerksamkeit. Seit einiger Zeit sind sie zu einem zentralen Bereich *kulturwissenschaftlicher Forschung* geworden. Dies wird u.a. aus dem von mir (Wulf 1997) im Beltz Verlag herausgegebenen (auch in italienischer und französischer Übersetzung erscheinenden) Werk »Vom Menschen. Handbuch Historische Anthropologie« ersichtlich. Die Gründe dafür liegen in der epistemologischen Situation der Kultur- und Sozialwissenschaften, in denen viele paradigmatische Referenzrahmen problematisch geworden sind und in denen in der Folge ein radikaler *Pluralismus* entstanden ist. Diese Tendenz zeigt sich auch in der Erziehungswissenschaft, in der die Forschungen zur Anthropologie und insbesondere zur historisch-pädagogischen Anthropologie beträchtlich an Bedeutung gewonnen haben.

Dies verdeutlichen die Forschungen im Rahmen der Kommission *Pädagogische Anthropologie* der Sektion *Allgemeine Erziehungswissenschaft*, in deren Rahmen in den letzten fünf Jahren folgende Untersuchungen erarbeitet wurden:

- Bilstein, J./Miller-Kipp, G./Wulf, C. (Hrsg.): Transformationen der Zeit. Weinheim 1999.
- Dieckmann, B./Sting, S./Zirfas, J. (Hrsg.): Gedächtnis und Bildung. Weinheim 1998.
- Liebau, E./Miller-Kipp, G./Wulf, C. (Hrsg.): Metamorphosen des Raums. Weinheim 1999.
- Liebau, E./Schuhmacher-Chilla, D./Wulf, C. (Hrsg.): Anthropologie pädagogischer Institutionen. Weinheim 2001.
- Liebau, E./Wulf, C. (Hrsg.): Generation. Weinheim 1996.

- Lüth, C./Wulf, C. (Hrsg.): Vervollkommnung durch Arbeit und Bildung. Weinheim 1997.
- Mollenhauer, K./Wulf, C. (Hrsg.): Aisthesis/Ästhetik. Weinheim 1996.
- Schäfer, G./Wulf, C. (Hrsg.): Bild, Bilder, Bildung. Weinheim 1999.
- Sting, S.: Schrift, Bildung und Selbst. Weinheim 1998.
- Wulf, C. (Hrsg.): Anthropologisches Denken in der Pädagogik 1750–1850. Weinheim 1996.
- Zirfas, J.: Die Lehre der Ethik. Weinheim 1999.

So wurde die *historisch-pädagogische Anthropologie* zu einem zentralen Arbeitsfeld der Allgemeinen Erziehungswissenschaft.[1] Für diese Entwicklung gibt es eine Reihe von Gründen. Einer liegt darin, dass sich Erziehung und Bildung an impliziten Menschenbildern orientieren, ihnen also unausweichlich anthropologische Annahmen zugrunde liegen und sie daher zu deren Erforschung auf anthropologische Untersuchungen angewiesen sind (Wulf 1996). Ein weiterer Grund liegt im *Bedeutungsverlust normativer Anthropologien* und der damit verbundenen Einsicht, dass der Geltungsanspruch der Anthropologien, der die Erziehung und Bildung zugrunde liegen, durch das Bewusstsein ihrer historischen und kulturellen Bedingtheit relativiert wird. Bereits diese beiden Gründe bewirken, dass sich die Forschungen zur historisch-pädagogischen Anthropologie auf keinen abgeschlossenen Arbeits- und Themenbereich beziehen, sondern dass sie ein dynamisches, sich entwickelndes *offenes Forschungsfeld* konstituieren.

Forschungen zur historisch-pädagogischen Anthropologie verzichten bewusst auf eine Gesamtdeutung des Menschen und auf eine von ihr her begründeten Pädagogik. So ist in diesen Untersuchungen nicht mehr die Rede von *dem* Kind, *dem* Erzieher oder *der* Familie. Vielmehr geht es in diesen Arbeiten um Kinder, Erzieher, Familien einer bestimmten historischen Zeit und Kultur. Daher spielen hier auch die Vergleiche zwischen Mensch und Tier nicht

---

1 Zur Einführung in die »historisch-pädagogische Anthropologie« vgl. Wulf 1994, zur Geschichte der pädagogischen Anthropologie Wulf/Zirfas 1994.

mehr die Rolle, die sie für die Philosophische Anthropologie Schelers, Plessners und Gehlens und die sich auf diese beziehenden Arbeiten pädagogischer Anthropologie hatten. Forschungen zur historisch-pädagogischen Anthropologie gehen davon aus, dass die Diskurse über *den* Menschen selbst das Ergebnis einer bestimmten Zeit und Kultur und einer ihr entsprechenden anthropologischen Betrachtungsweise sind und von heute aus gesehen zu unzulässigen Komplexitätsreduktionen führen. Statt diesen zu erliegen, betonen anthropologische Untersuchungen heute die Notwendigkeit, durch die Einbeziehung vielfältiger und zum Teil heterogener Aspekte die *Komplexität* der Wahrnehmung und des Verständnisses der untersuchten Phänomene zu erhöhen. Dazu bedarf es der Sichtung, Ordnung und gegebenenfalls Neubewertung vorhandenen Wissens und der Erzeugung neuer Wissensbestände. In diesen Prozessen kann gezeigt werden, wie unter veränderten anthropologischen und epistemologischen Fragestellungen und Perspektiven zentrale Begriffe der Erziehungswissenschaft einen bis dahin nicht wahrgenommenen Sinn bekommen, wie historische Zusammenhänge neu in den Blick geraten und wie dadurch neue Bezugspunkte für pädagogisches Denken und Handel entstehen.

Pädagogisch-anthropologisches Wissen konstituiert sich in verschiedenen, konsistenten, insgesamt jedoch durchaus widersprüchlichen *Diskursen*, die pädagogische Zusammenhänge in mannigfaltiger Weise in Erscheinung treten lassen. Diese Diskurse tragen bei zur Konstruktion pädagogischer Wahrnehmungen, Sachverhalte, Strukturen und Begriffe. In ihnen kommen die *Machtstrukturen* der Gesellschaft, der Wissenschaft und der Institutionen pädagogischen Handelns zum Ausdruck. Insofern sie an der Gestaltung der Erziehung der nachwachsenden Generation mitwirken, sind sie unauflöslich mit Fragen des menschlichen Selbstverständnisses und der *menschlichen Selbstauslegung* verbunden. In diesen anthropologischen Diskursen verflüssigen sich die Grenzen zwischen den Wissenschaftsdisziplinen und Wissenschaftsparadigmata, sodass *neue Formen pluralen Wissens* entstehen. Insofern deren Abhängigkeit von den ihnen zugrunde liegenden historischen und kulturellen Bedingungen zum Thema wird, sind historisch-anthropologische Forschungen im Bereich von Erziehung und Bildung *reflexiv* und tragen dem Anliegen einer in konstruktiver Absicht gegen sich selbst gerichteten *Anthropologiekritik* Rechnung.

Im Weiteren soll an den drei Themenkomplexen »*Verbesserung des Unverbesserlichen*«, »*Soziale Mimesis*«, »*Globale und interkulturelle Erziehung*« die Fruchtbarkeit historisch-pädagogischer Anthropologie verdeutlicht werden. Im ersten Teil des Bandes geht es um die menschliche Bildsamkeit und die Bedeutung, die Imagination und Sprache beim Entwurf und bei der konzeptuellen Ausarbeitung von Erziehung und Bildung spielen. Im ersten Kapitel, in dem der »Traum der Erziehung« behandelt wird, werden die Möglichkeiten menschlicher *Bildsamkeit* zum Thema. Bereits am Beginn der Neuzeit entwickelt Comenius ein pädagogisches Programm, das die Bildung aller Menschen zum Ziel hat. Die von ihm entfaltete Vision der Bildsamkeit aller Menschen wird im Verlauf der historischen Entwicklung immer wieder aufgegriffen, modifiziert und weiter entwickelt. Eher verdrängt werden menschliche Widerständigkeit und Unverbesserlichkeit (vgl. Kamper/Wulf 1994). Ausgearbeitet wird dieser Traum von der menschlichen Bildsamkeit von den pädagogischen Diskursen der Moderne. In dem diesen Teil abschließenden Kapitel erfolgt eine Untersuchung des Verhältnisses von Individuum und Bildung im Anschluss an Wilhelm von Humboldt.

Im zweiten Teil des Bandes steht die Bedeutung mimetischer Prozesse im Mittelpunkt der Untersuchung (vgl. Wulf 1994; hier das erste Kapitel »Mimesis in der Erziehung«, S. 22–44; und grundsätzlich dazu: Gebauer/Wulf 1992 und 1998). »*Mimesis*« wird hier nicht nur als ein ästhetischer, sondern als ein anthropologischer Begriff begriffen; nicht Prozesse des Kopierens und Imitierens, sondern Prozesse kreativer Nachahmung werden als mimetisch bezeichnet; diesen kommt für Erziehung und Bildung eine erhebliche Bedeutung zu. Zunächst wird gezeigt, wie gestisches und rituelles Wissen in mimetischen Prozessen gelernt wird und welche häufig unterschätzte Bedeutung Ritualen und Ritualisierungen für die Entstehung des Sozialen zukommt. Behandelt wird die lange übersehene *konstitutive Seite von Ritualen* und Ritualisierungen; damit erfolgt eine Neubewertung der Bedeutung von Ritualen für die Erzeugung und Veränderung von Kommunität und Gemeinschaft.

Diese Neubewertung von Ritualen und Ritualisierungen geschieht durchaus im Bewusstsein der Ambivalenz von Ritualen und Ritualisierungen. Ein Blick in die Geschichte und in die Gegenwart verdeutlichen, wie leicht Rituale und Ritualisierungen dazu missbraucht werden können, Menschen zu unterdrücken und diese Prozesse der Gleichschaltung und der Unterdrückung zu verbergen (vgl. Gebauer/Wulf 1998).[1]

Selten wird gesehen, dass auch für die Durchsetzung gesellschaftlicher Veränderungen Rituale erforderlich sind. Widerstandsrituale und Jugendrituale sind dafür wichtige Beispiele. Daran anschließend wird *Arbeit* als Geste und Ritual begriffen. Im Verlauf der europäischen Geschichte wird sie zu *der* Strategie der Vervollkommnung der Welt und der darauf ausgerichteten Menschen. In einer Zeit, in der sie knapp wird, stellt die Ausweitung der Geste und der Rituale der Arbeit auf fast alle Bereiche menschlichen Lebens ein besonderes Problem dar. In den bislang beschriebenen mimetischen, gestischen und rituellen Prozessen spielt die *Imagination* ein wichtige Rolle. Da Bilder einen starken Einfluss auf das soziale und individuelle Verhalten von Menschen haben, kommen Bild und Fantasie sowie der Bildung der *inneren Bilderwelt* für Erziehungs- und Bildungsprozesse eine zentrale Bedeutung zu.

Im dritten Teil des Bandes werden Themen behandelt, die infolge der Globalisierung und der Entwicklung der Europäischen Union im Bereich von Erziehung und Bildung an Wichtigkeit gewinnen (vgl. Wulf 1995, 1998; Dibie/Wulf 1998; Hess/Wulf 1999; Wulf/Schöfthaler 1985). Ausgangspunkt ist die Einsicht in die zentrale Rolle der Gewalt im Umgang verschiedener Ethnien miteinander und in die Auswirkungen *manifester, struktureller und symbolischer Gewalt* auf das Verhältnis der Menschen (vgl. Wimmer/Wulf/

---

1 Vgl. dazu auch das von mir im Rahmen des Sonderforschungsbereichs *Kulturen des Performativen* an der Freien Universität Berlin geleitete empirische Projekt *Die Erzeugung des Sozialen in Ritualen*. In diesem Projekt werden mit qualitativen Methoden eine Fallstudie und vier Einzelstudien zu folgenden Aspekten erarbeitet: *Familie als performative Gemeinschaft; Zur Ritualisierung schulischer Übergänge; Rituale, Gemeinschaft und praktisches Wissen in Kinderkulturen und Fernsehen als Medienritual* (vgl. Wulf u.a. 2001; Wulf/Göhlich/Zirfas 2001).

Dieckmann 1996; Dieckmann/Wulf/Wimmer 1997). Daran anschließend wird der *Andere* zum Thema, ohne den menschliche Entwicklung nicht möglich ist und dessen stärkere Berücksichtigung zu den Aufgaben einer zeitgemäßen Erziehung und Bildung gehört. Schließlich sollen die Möglichkeiten und Grenzen der *Globalisierung von Erziehung* thematisiert werden. Dabei geht es um die Einschätzung von Gemeinsamkeiten und Differenzen in der europäischen und globalen Entwicklung von Erziehung und Bildung.

Eine Bestandsaufnahme der *bisherigen Entwicklungen pädagogischer Anthropologie* schließt den Band ab. Als *historisch-pädagogische Anthropologie* empfängt sie heute viele Anregungen in der Auseinandersetzung mit der in Deutschland entwickelten Philosophischen Anthropologie, der in Frankreich im Zusammenhang mit der »École des Annales« entstandenen Mentalitätsgeschichte und der aus den angelsächsischen Ländern stammenden Kulturanthropologie (Ethnologie). Diese Beeinflussung erfolgt in konzeptueller und in methodischer Hinsicht. Aufgrund ihrer Bezugspunkte in verschiedenen Disziplinen und deren Entstehung in unterschiedlichen kulturellen Kontexten ergibt sich eine konzeptuelle und methodische Offenheit historisch-anthropologischer Forschung, die ihre Untersuchungen auch für transdisziplinäre Orientierung und interkulturelle Kooperation qualifiziert.

Vervollkommnung des Unverbesserlichen

Die Geschichte von Erziehung und Bildung lässt sich als eine Reihe kontinuierlicher Versuche begreifen, Kinder, Jugendliche und Erwachsene zu vervollkommnen. Die dazu vorgeschlagenen und verwendeten Methoden sind in Abhängigkeit von den zugrunde liegenden Menschenbildern unterschiedlich. Gemeinsam ist ihnen die nachhaltige Arbeit an der Vervollkommnung des Unverbesserlichen. Im *Traum der Erziehung* steht der imaginäre Entwurf erzieherischer Möglichkeiten, im *Diskurs der Moderne* stehen ihre gedankliche Ausarbeitung und Präzisierung im Mittelpunkt. Der *Traum der Erziehung* beginnt mit der großen Utopie des Comenius, die darauf zielt, allen alles überhaupt beizubringen, und deren Radikalität das pädagogische Denken bis heute nachhaltig beeinflusst. Es folgt eine Analyse weiterer für die Pädagogik wichtiger Denker. Berührt werden schließlich Dimensionen des Erziehungshandelns, in denen der *Traum der Erziehung* zum Albtraum wird. Im *Diskurs der Erziehung* werden weitere Probleme, Aporien und Perspektiven moderner Erziehung zum Thema. Dabei ergeben sich grundsätzliche Fragen: Wie lassen sich z.B. die Zusammenhänge zwischen der Moderne und der Entstehung des Bildungswesens begreifen? Wo liegen die Grenzen der Planbarkeit von Erziehung und des Zweck-Mittel-Denkens in der Pädagogik? In der Studie zur *Vervollkommnung des Individuellen* werden unter Bezug auf Wilhelm von Humboldt Möglichkeiten und Grenzen der Bildung des Individuums behandelt. Hier interessiert Humboldts Begründung individueller Bildung und der von ihm entwickelte Zusammenhang mit seinen sprachanthropologischen Forschungen sowie seiner Auffassung vom Staat.

Der Traum der Erziehung

Träume, so lehrt uns die Schlafforschung (Borbély 1984), sind notwendig; ohne sie leidet das menschliche Gehirn. Am Träumen gehindert, beginnen Menschen grundlos zu lachen, zeigen gesteigerte Reizbarkeit und produzieren schließlich Wahnvorstellungen. Im zyklischen Verlauf des Schlafes wechseln weitgehend traumlose Phasen und durch schnelle Augenbewegungen gekennzeichnete Traumphasen, in denen Erwachsene etwa ein Fünftel ihres Schlafes verbringen. Diese Traumphasen treten in Abständen von etwa 90 Minuten auf und dauern jeweils 10–30 Minuten, am Ende der Nacht sogar bis zu 60 Minuten. Werden wir in ihnen geweckt, erinnern wir uns meistens an unsere Träume.

Die Fähigkeit, zwischen Traum und Realität unterscheiden zu können, ist eine, die erst mit einem gewissen Entwicklungsstand des Bewusstseins erreicht wird und über die der am 26. Mai 1828 auf dem Marktplatz in Nürnberg gefundene Kaspar Hauser noch nicht verfügt hat. Von ihm berichtet Anselm Ritter von Feuerbach folgende Äußerung:

»... *das Bett sei das einzige Angenehme, dass ihm noch auf dieser Welt vorgekommen, alles übrige sei gar schlecht. – Erst seit er in einem Bette schlief, hatte er Träume, die er aber anfangs nicht für Träume erkannte, sondern beim Erwachen seinem Lehrer als wirkliche Begebnisse erzählte, indem er zwischen Wachen und Träumen erst später einen Unterschied zu machen lernte.«* (Zitiert nach Hörisch 1979, S. 164.)

Seit alters her und in allen Kulturen ist bekannt, dass die von der diskursiven Vernunft zwischen Traum und Realität, zwischen Fantasie und Wirklichkeit gezogene Grenze nicht gesichert ist und immer wieder durch Ausgrenzung hergestellt werden muss. Ein treffendes Zeugnis dafür liefern der Traum und die anschließende Reflexion des Tschuang-Tschau aus den Taoistischen Büchern:

»*Ich, Tschuang-Tschau, träumte einst, ich sei ein Schmetterling, ein hin und her flatternder Schmetterling, ohne Sorge und*

Wunsch, meines Menschenwesens unbewusst. Plötzlich erwachte ich; und da lag ich: wieder ich selbst. Nun weiß ich nicht: war ich da ein Mensch, der träumt, er sei ein Schmetterling, oder bin ich jetzt ein Schmetterling, der träumt, er sei ein Mensch? Zwischen Mensch und Schmetterling ist eine Schranke. Der Übergang ist Wandlung genannt.« (Zitiert nach Jockel 1958, S. 47.)

Die Grenze zwischen Traum und Wirklichkeit ist nicht eindeutig; sie ist teilweise ein Produkt der gesellschaftlichen Macht und der zugelassenen Diskurse. Wie Sprechen und Gesten wird der Traum ein unverzichtbarer Ausdruck des Menschen:

»Der Traum ist eine Schutzwehr gegen die Regelmäßigkeit und Gewöhnlichkeit des Lebens, eine freie Erhaltung der gebundenen Fantasie, wo sie alle Bilder des Lebens durcheinander wirft und die beständige Ernsthaftigkeit des erwachsenen Menschen durch ein fröhliches Kinderspiel unterbricht; ohne die Träume würden wir gewiss früher alt, und so kann man den Traum, wenn auch nicht als unmittelbar von oben gegeben, doch als eine köstliche Aufgabe, als einen freundlichen Begleiter auf der Wallfahrt zum Grabe betrachten.« (Novalis 1953, S. 20–21)

Gehlen spricht sogar davon, dass »auf dem Grunde der Geschiebe des Traumes oder der Zeiten verdichteten vegetativen Lebens« (1978, S. 325) der Ursprung der Fantasie, der Urfantasie liegt. Der Zugriff der Psychoanalyse ist eindeutiger: Wer wir sind, erfahren wir aus unseren Träumen. Für die Psychoanalytiker bilden sie die *via regia* zum Unbewussten, zur Tiefenstruktur eines Menschen, von der sie anders kaum erreichbare Kenntnisse vermitteln. Doch diese Kenntnisse sind kaum direkt zugänglich: Der manifeste Trauminhalt verweist auf einen latenten Trauminhalt, den Traumgedanken, der nach Freuds Auffassung der Kern der Botschaft des Traumes ist. Trauminhalt und Traumgedanken werden als »zwei Darstellungen desselben Inhalts in zwei verschiedenen Sprachen« verstanden, wobei sich jedoch der Traumgedanke dem Bewusstsein verbirgt und in der Traumarbeit herausgearbeitet werden muss. D.h.:

>*Der Trauminhalt ist gleichsam in einer Bilderschrift gegeben, deren Zeichen einzeln in die Sprache der Traumgedanken zu übertragen sind. Man würde offenbar in die Irre geführt, wenn man diese Zeichen nach ihrem Bilderwert anstatt nach ihrer Zeichenbeziehung lesen wollte.«* (Freud 1972, S. 280)

Träume strukturieren die Alltagserfahrungen des Bewusstseins neu, sie erfüllen Wünsche und erhöhen die Farbigkeit und Lebendigkeit des Lebens. Ähnlich wirken Tagträume. Kein Mensch lebt ohne sie. Es kommt aber – wie Bloch es formuliert:

>*... darauf an, sie immer weiter zu kennen und dadurch unbetrüglich, hilfreich, aufs Rechte gezielt zu halten. Möchten die Tagträume noch voller werden, das bedeutet, dass sie sich genau um den nüchternen Blick bereichern; nicht im Sinn der Verstockung, sondern des Hellwerdens. Nicht im Sinn des bloß betrachtenden Verstands, der die Dinge nimmt, wie sie gerade sind und stehen, sondern des beteiligten, der sie nimmt, wie sie gehen, also auch besser gehen können. Möchten die Tagträume also wirklich voller werden, das ist heller, unbeliebiger, bekannter, begriffener und mit dem Lauf der Dinge vermittelter. Damit der Weizen, der reifen will, befördert und abgeholt werden kann.«* (Bloch 1967, S. 1f.)

In den Tagträumen entwirft der Mensch sein Leben; er antizipiert Gefürchtetes und Erhofftes; er träumt Alternativen und überschreitet in seinen Träumen das Gegebene. In den Tagträumen findet er das »Noch-Nicht-Bewusste«, »Noch-Nicht-Gewordene«; in ihnen artikuliert sich die Hoffnung auf ein besseres Leben, das nicht in den utopischen Orten der Vergangenheit, sondern in der Zukunft liegt. Auf dem Hintergrund einer derartig geträumten Zukunft wird erst das Naheliegende durchdrungen. Im Tagtraum besteht die Chance, den natürlichen Gang der Dinge auf eine bessere Zukunft hin zu überholen.

In den Tag- und Nachtträumen entfaltet sich die Fantasie; ungeachtet der Unterschiede zwischen beiden Traumformen, drängt die Einbildungskraft auf die Erfüllung von Wünschen, auf den Entwurf alternativer Handlungen und besserer Lebensbedingungen. Träumend antizipiert der Mensch neue Lebensformen und Handlungen. Die Märchenwelt ist ein Spiegel dieser Wunschbilder einschließlich ihrer Zerrbilder. Sie zeigt unzählige Formen der Verwandlung, Verwandlungen durch Kleider, Masken, Zauber. Das tapfere Schneiderlein überlistet den mächtigen Riesen, der Kluge erringt das Königreich; man zieht aus, um sein Glück in der Fremde zu suchen usw. In der fantastischen Welt der Märchen ist so vieles möglich, was im Alltag untersagt ist. Nicht weniger bieten Theater und Film häufig traumhafte Alternativentwürfe, die die Vielgestaltigkeit des Lebens erhöhen. Auch die meisten Utopien lassen sich als Träume von besseren gesellschaftlichen Zuständen – vom besseren Leben begreifen. Erinnert sei an den Garten Eden, die Phaiaken-Insel der Odyssee, an Platons Politeia, an Augustins Gottesstaat, an Thomas Morus' »Utopie der sozialen Freiheit«, an Campanellas Sonnenstadt oder an Fouriers Entwürfe.

In diesem Zusammenhang gehört auch der Traum der Erziehung. Bis in die Anfänge der historischen Gesellschaften zurückreichend, kommt er als Traum von der *vollständigen Erziehbarkeit und Bildsamkeit* zu seiner vollen Entfaltung seit dem Beginn der Neuzeit.

Der Traum der Erziehung antwortet auf anthropologische Gegebenheiten, die Heidegger 1929 so formuliert:

»Keine Zeit hat so viel und so Mannigfaltiges vom Menschen gewusst wie die heutige ... Aber keine Zeit wusste weniger, was der Mensch sei, als die heutige.« (Heidegger 1929, S. 200)

Gehlen hat im Anschluss an Nietzsche von dem »theoretisch nicht feststellbaren«, Plessner von dem »denkerisch ergründlichen« Menschen gesprochen. Eine Voraussetzung dieser theoretisch nicht möglichen Einholbarkeit des Menschen ist die mit dem »extrauterinen Frühjahr« (Portmann) und der damit zusammenhängenden Reduktion der Instinkte auf Instinktresiduen gegebene relative Weltoffenheit des Menschen, auf die schon Max Scheler in seiner kleinen Schrift von 1929 »Die Stellung des Menschen im Kosmos« hingewiesen hat. In der mit der Instinktreduktion und der infolge des Fehlens einer artspezifischen »Umwelt« (Uexküll) gegebenen prinzipiellen »Umweltfreiheit« liegt die Notwendigkeit der Erziehung begründet. Allerdings gibt die Bestimmung dieser anthropologischen Gegebenheit keine Auskunft darüber, welche gesellschaftlichen Bedingungen und welche Lebensbedingungen als wünschenswert angesehen werden. So bleibt offen, wie der Traum der Erziehung aussieht. Versuche, innerhalb der pädagogischen Anthropologie aus den allgemeinen anthropologischen Gegebenheiten bestimmte Konsequenzen zu ziehen, können nicht überzeugen (König/Ramsenthaler 1980). Ihnen muss Plessners sich aus der exzentrischen Position des Menschen ergebendes Diktum entgegengehalten werden: »Als ein in der Welt ausgesetztes Wesen ist der Mensch sich selbst verborgen – Homo absconditus« (Plessner 1983, S. 353ff.). Im Grunde wird in dieser Aussage die Forderung des Zweiten Gebots, einst auf Gott bezogen, nun auf den Menschen übertragen, in der es heißt: Du sollst Dir kein Bildnis noch irgendein Gleichnis machen.

Gegen dieses *Bilder- und Gleichnis-Verbot* hat die Erziehung immer wieder verstoßen. Um erziehen zu können, hat man Bilder vom Menschen ersonnen und viele Träume entworfen. Viele wurden vergessen, einige sind noch immer gegenwärtig, manche sind immer wieder aufgetaucht – einige von ihnen nur im Schatten der allgemein akzeptierten Konzeptionen. Jede historische Zeit hat ihre Tabus und Verbote, die manchmal der Traum, ohne dass die Wächter der Macht es merken, überwindet.

Comenius

Zu den seit dem Beginn der Neuzeit immer wieder aufgetauchten Träumen der Erziehung gehört der Traum des Comenius. In mancher Hinsicht stellt er den visionären Beginn der neuzeitlichen Erziehung dar.

Auf dem Hintergrund der fürchterlichen Erfahrungen des Dreißigjährigen Krieges heben sich die Erziehungsvorstellungen des Comenius, gebettet in die Harmonievorstellungen seiner Pansophie und getragen von einem ungeheuren Optimismus, wie der Traum von einer besseren Welt hervor.

Auf dem Titelblatt seiner 1628 in tschechischer und 1637 in lateinischer Fassung erschienenen »didactica magna« heißt es dazu programmatisch:

>»*Große Didaktik. Die vollständige Kunst, alle Menschen alles zu lehren*
>*oder*
>*Sichere und vorzügliche Art und Weise, in allen Gemeinden, Städten und Dörfern eines jeden christlichen Landes Schulen zu errichten, in denen die gesamte Jugend beiderlei Geschlechts ohne jede Ausnahme rasch, angenehm und gründlich*
>*– in den Wissenschaften gebildet, zu guten Sitten geführt, mit Frömmigkeit erfüllt und auf diese Weise in den Jugendjahren zu allem, was für dieses und das künftige Leben nötig ist, angeleitet werden kann;*
>*– worin von allem, wozu wir raten, die Grundlage in der Natur der Sache selbst gezeigt,*
>*– die Wahrheit durch Vergleichsbeispiele aus den mechanischen Künsten dargetan,*
>*– die Reihenfolge nach Jahren, Monaten, Tagen und Stunden festgelegt und schließlich,*
>*– der Weg gewiesen wird, auf dem sich alles leicht und mit Sicherheit erreichen lässt.*
>*Erstes und letzes Ziel unser Didaktik soll es sein, die Unterrichtsweise aufzuspüren und zu erkunden, bei welcher die Lehrer weniger zu lehren brauchen, die Schüler dennoch mehr lernen; in den Schulen weniger Lärm, Überdruss und unnütze Mühe herrsche, dafür mehr Freiheit, Vergnügen und wahrhafter Fortschritt; in der Christenheit weniger Finsternis, Verwirrung und Streit, dafür mehr Licht, Ordnung, Friede und Ruhe«* (Comenius 1960).

Klarer lässt sich das Erziehungsprogramm der Neuzeit kaum aussprechen, wenngleich es bei Comenius ganz – und hierin durchaus mittelalterlich – in die christliche Lehre eingebettet ist. Für Comenius stand es unzweifelbar fest: Es gibt die von Gott geschaffene und gewollte Ordnung der Dinge und den Weg des Einzelnen durch die Wirrnisse des Lebens zur Seligkeit. Zwar gab es den Sündenfall Adams; doch hatte Christus durch sein Leiden den Menschen die Erlösung gebracht. Somit bestand nun wieder die Möglichkeit, die gute Natur des Menschen zu entwickeln, d.h. den Menschen zu erziehen und zu bilden. »Pansophia est sapientia universalis«, so beginnt Comenius seinen Beitrag über die Pansophie im »Lexicon reale pansophicum«. Pansophie also als allgemeine Weisheit, als universales Wissen, aber auch als Allweisheit, deren Quellen die gottgeschaffene Welt, die Bibel und das eigene Gewissen sind und die somit zur Erkenntnis und zur Frömmigkeit führt. Welt- und Gotteserkenntnis lassen sich nicht unterscheiden; sie verweisen aufeinander. Daher stammt auch der Antrieb der comenianischen Pädagogik, die Welt kennen zu lernen, die Ordnung der Dinge zu durchschauen und damit des Wirkens Gottes gewahr zu werden (Schaller 1962).

Zweifellos beinhaltet dieses Konzept ein *enzyklopädisches Element*. Der »orbis pictus«, wohl das berühmteste Werk des Comenius, das Goethe noch in seiner Kindheit kennen gelernt hatte, und das noch 1835 in einer von Gailer überarbeiteten Fassung als »Neuer »orbis pictus« für die Jugend« erschien, gibt dafür beredtes Zeugnis. Der »orbis pictus« stellt »die sichtbare Welt« dar. »Das ist aller vornehmsten Welt Dinge und Lebens Verrichtungen. Vorbild und Benahmung.« Ein Bilderbuch, bestehend aus folgenden Lektionen:

1. Gott	11. das Inwendige des Hauses
2. die Welt	12. Verkehr
3. der Himmel	13. intellektueller Verkehr
4. die Elemente	14. die Lehren
5. die Erde	15. die Sozialformen
6. die Pflanzen	16. die Stadt
7. die Tiere	17. das Spiel
8. der Mensch	18. die Politik
9. die primären Berufe	19. die Religion
10. das Haus, woraus und wie es gemacht ist	20. das Jüngste Gericht

Die bebilderte Darstellung des Weltkreises, der seinen Anfang und sein Ende in Gott hat (Gott – Jüngstes Gericht). Die Welt also als ein kreisförmig entworfener Sinnzusammenhang, zwischen dessen

Anfang und Ende sich die Natur und die menschlichen Werke als Entschlüsselungen der Ideen Gottes ausdehnen. Enzyklopädisch ist dieses Bilderbuch zwar, doch sind die Dinge nicht als einzelne, sondern in einem Zusammenhang dargestellt. Die Zuordnung von Wort und Ding/Bild sowie die alphabetische Anordnung der Dinge deutet sich an – heute kaum wegdenkbare Ordnungsprinzipien. Comenius kommt es in der Gesamtanlage des Buches darauf an, dass jedes Ding und jede Vorstellung in ihrem Zusammenhang mit der Ordnung der Menschen und ihrer Lebenspraxis erfahren werden kann. Im Unterschied zu den mittelalterlichen Lateinschulen, in denen ein starker Verbalismus herrschte, in dessen Rahmen Anschauung kaum, genaues Erinnern jedoch die entscheidende Rolle spielte, wurde von Comenius – auf dem Hintergrund der sich ausbreitenden Buchdruckerei – die Wendung zu den *Realien,* den Gegenständen der Welt und damit zur Anschauung als Erkenntniskraft postuliert. Mit dem im »orbis pictus« begründeten, von nun an nicht mehr aus der Pädagogik wegzudenkenden Prinzip der *Anschauung* wird – auch unter dem Einfluss der englischen Sensualisten – eine neue Bewertung der Sinne eingeleitet.

Mit dem »orbis pictus« wird der Versuch gemacht, für Kinder und Jugendliche die Welt so zu *repräsentieren,* dass sie ein sinnvolles Ganzes bildet (Comenius 1992; vgl. auch J. E. Gailer: Neuer »orbis pictus« für die Jugend, Reutlingen 1835). Das Entscheidende ist, dass die Welt dem Jugendlichen in besonderer Weise dargestellt wird. Nicht mehr eine einfache Präsentation der Dinge, sondern eine Repräsentation in pädagogischer Absicht ist jetzt das Ziel (Mollenhauer 1983). Das bedeutet: Die im »orbis pictus« gegebenen Begriffe und Bilder stellen nicht nur die Dinge selbst dar; vielmehr verweisen sie auf die Dinge. Den Kindern und Jugendlichen wird ein für sie hergestelltes Konstrukt der Welt vermittelt – eine pädagogisch aufbereitete Welt, deren Konstitution pädagogische Intentionen leiten und die sich neben und über andere Weltsichten legt. Die entscheidende Frage: Welcher Ausschnitt wird in welcher Weise den Kindern von der älteren Generation repräsentiert? Leitet eine Entwicklung ein, auf die auch Foucault in »Die Ordnung der Dinge« hingewiesen hat, die nicht mehr aufzuhalten ist und ein Element zur Begründung der modernen Pädagogik wird (Foucault

1974, S. 78ff.). Mit dem »orbis pictus« – so könnte man pointiert formulieren – beginnt eine Entwicklung, die heute so weit vorangetrieben worden ist, dass man von einer Simulation in pädagogischer Absicht sprechen könnte (Baudrillard 1978, 1987). Auf dem Hintergrund dieser Gedanken werden nun die oben zitierten Sätze vom Titelblatt der Großen Didaktik verständlich, die den Erziehungstraum der Neuzeit charakterisieren. *Pädagogik: Die vollständige Kunst, alle Menschen alles zu lehren.*

Der Traum von der vollständigen Bildsamkeit – die pädagogische Utopie: Indem der Mensch alles lernt, was die gottgeordnete Welt umfasst, wird er gottähnlich. Er bedarf dazu lediglich der richtigen Methode. Mit Hilfe des richtigen Weges kann der Mensch über sich selbst hinausgeführt und zum wahren Menschen gemacht werden. Die pädagogische Arbeit geschieht im Auftrage Gottes. Pädagogik ist Gottesdienst. Nicht mehr nur einige ausgewählte Menschen, sondern prinzipiell alle Menschen sollen unterrichtet werden, denn alle Menschen sind Gottes Geschöpfe und haben somit ein Recht auf Erziehung. Damit werden die Grundsätze einer christlich begründeten Verbreitung des Erziehungswesens formuliert, die die »gesamte Jugend beiderlei Geschlechts« umfasst. Die Euphorie des Pädagogen: Erziehung soll auch noch rasch, angenehm und gründlich vermittelt werden. Vergessen bzw. verdrängt wird die Erfahrung, dass Lernen auch Anstrengung und Überwindung bedeutet. Mit der neuen umfassenden Methode hofft Comenius diese eher mühevolle Seite des Lernens überwinden zu können. Zweifellos eine beträchtliche Selbsttäuschung und Selbstüberschätzung der Pädagogik, eine Omnipotenzvorstellung der Erzieher, die nur zu Enttäuschungen führen kann.

Für Comenius steht fest: Erziehung richtet sich nicht allein auf den Erwerb formalen Wissens. Erziehung zielt auch auf »gute Sitte« und »Frömmigkeit«, d.h. sie hat die Vermittlung der als richtig geltenden Werte zur Aufgabe. Mit Hilfe des rechten Wissenserwerbs und der Vermittlung der richtigen Werte und Einstellungen soll in den Jugendjahren alles, was für dieses und das »künftige Leben nötig ist«, gelernt werden. Mit dieser Bestimmung des *für die Zukunft notwendigen Wissens* werden zwei Kriterien in die Erziehungstheorie eingeführt, die bis heute Gültigkeit haben. Im Rahmen der Erziehung sollen einmal die für das augenblickliche Leben der Kinder notwendigen, zum anderen die für ihre Zukunft relevanten Kenntnisse vermittelt werden. Der Gesichtspunkt der Notwendigkeit ist untrennbar mit der Frage nach der Auswahl der richtigen Inhalte und Werte der Erziehung und des Unterrichts und damit nach den Kriterien dieser Auswahl und ihrer Begründung verbunden – eine Frage, die die Bildungs- und Curriculumreform der 1970er-Jahre stark beschäftigte. Comenius ging es um die Vermittlung der Ordnung der Dinge. In einer zweifelhaften Unterscheidung von »Alles« und »All« suchte er die Prinzipien zu bestimmen, die dem gesamten Wissen zugrunde liegen und somit die Vielfalt des prinzipiell möglichen Wissens zu reduzieren: Pestalozzi nimmt diesen Gedanken später in seiner Vorstellung von der Elementarisierung des Wissens auf, die seitdem ein unverzichtbarer Bestandteil der Pädagogik ist. Nicht weniger wichtig ist das andere von Comenius formulierte Kriterium: Erziehung soll die Zukunft des Kindes berücksichtigen. Doch was bedeutet der Zukunftsbezug der Erziehung? Seit dem Beginn der Neuzeit hat diese Frage die Pädagogik nicht mehr losgelassen. War sie noch relativ leicht zu beantworten, als das Leben der Menschen als ein bis in die Zukunft von Gott bestimmtes angesehen wurde, und erschien sie auch noch beantwortbar, als man wie Hegel und Marx von einem zielgerichteten Verlauf der Geschichte ausging, durch den wenigstens die Zukunft der Menschengattung im allgemeinen bestimmt zu sein schien, so erscheint sie, heute kaum mehr eindeutig beantwortbar, seit der radikale Zweifel an der sinnvollen Weiterentwicklung der Menschheit eingesetzt hat und die Frage nach der Zukunft der nachwachsenden Generation die angstbesetzte Frage nach der Zukunft der Menschheit überhaupt berührt.

Comenius' Traum, mit Hilfe der Erziehung eine bessere Menschheit herstellen zu können, hat sich nicht erfüllt. Was bei Comenius der lichte Traum vom gebildeten Menschen ist, sieht in der zumal schulischen Praxis des sich im 18. und 19. Jahrhundert entwickelnden Bildungswesens anders aus. So verformt sich der glanzvolle Traum der Erziehung, der das Unterrichtsverfahren bestimmen will, bei dem »die Lehrer weniger lehren, die Schüler dennoch mehr lernen« sollen, ein Verfahren, das eine genaue Reihenfolge der Lernprozesse festlegt, das »die Wahrheit durch Vergleichsbeispiele aus den mechanischen Künsten« und »die Grundlage in der Natur der Sache selbst« zeigt bei seiner Verwirklichung, sodass das entstehende Bildungswesen zu einer durchaus kontrovers einzuschätzenden Institution wird.

Offensichtlich führt der utopische Gehalt des Traums des Comenius dazu, die seiner Verwirklichung entgegenstehenden Widerstände gering zu achten, sodass es aus folgenden Gründen durchaus gerechtfertigt erscheint, von einer Verdrängung der der Bildsamkeit des Menschen widersprechenden Elemente zu reden:

Da die im Verlauf des Dreißigjährigen Krieges gemachten Leidenserfahrungen kaum zu negativen Auswirkungen auf die comenianische Anthropologie führen, lässt sich der Erziehungstraum des Comenius als ein Versuch unbedingter Wunscherfüllung begreifen. Zwar wird der Mensch als mit Erbsünde beladen angesehen; doch wird die so wahrgenommene Negativität nicht ausgehalten; sie wird mit dem Traum von den Realisierungsmöglichkeiten eines besseren Menschen kompensiert.

Noch erfolgt Erziehung im Auftrage Gottes, doch bildet Gott nur den äußeren Rahmen für das Geschehen. Im Grunde entwirft Comenius bereits den Traum vom sich selbst ermächtigenden Menschen, der mit Hilfe der Erziehung vollkommen werden kann. Verdrängt werden Ohnmachtserfahrungen und das Wissen von der Unzulänglichkeit des Menschen, seine Angelegenheiten befriedigend zu regeln.

Nicht zugelassen werden Zweifel an der Gottgewolltheit und Sinnhaftigkeit der Ordnung der Welt und an der Unfähigkeit des Menschen, die Welt und sich zu erkennen. Daher wird auch das Wissen von der Begrenztheit der menschlichen Lernfähigkeit verdrängt und der Vorstellung von seiner vollkommenen Bildsamkeit geopfert.

Offensichtlich gewinnen die verdrängten anthropologischen und politischen erziehungsrelevanten Elemente erheblich an Einfluss und überlagern bei der Entwicklung des Bildungswesens in den folgenden Jahrhunderten in vielfältiger Hinsicht die utopischen Inhalte des comenianischen Erziehungstraums. In fünf Thesen soll die Richtung dieser Entwicklung angedeutet werden:

Der Traum der Erziehung zielt auf die Selbstermächtigung und wachsende Autonomie des Menschen; zunächst im Auftrage Gottes, später unter seiner Hintansetzung. Mit diesem Prozess geht eine zunehmende Rationalisierung, Modernisierung und Zivilisierung einher. So kommt es zu einer immer deutlicheren Trennung von »Innen« und »Außen«, die eine zunehmende Ausweitung des Innenraums und der psychischen Differenzierung ermöglicht. Die instrumentelle Vernunft steuert die Affekte und verlangt die Einordnung in die immer stärker ökonomisch kalkulierten Lebensvollzüge. Die Entwicklung geht bis zu einer Exterritorialisierung von Affekten und zur Dressur des Körpers.

Mit Hilfe der Erziehung erfolgt eine Disziplinierung des Menschen, die ihn ökonomisch besser nutzbar macht. Zahlreiche Rollen und damit verbundene neue Verhaltensweisen werden gelernt. Ein hohes Maß an Synthetisierungsleistungen muss erbracht werden. Erziehung trägt zur Funktionalität des Menschen bei. Die Einführung in übergeordnete Raum- und Zeitpläne wird schon in der Schule geübt. Allmählich wird das disziplinierte Verhalten dem natürlichen Ablauf angepasst, wodurch Widerstand gegen die Disziplin vermieden wird und die Disziplinierung eine noch effektivere Gestalt gewinnt.

Mit der aufkommenden Arbeitsteilung korrespondiert die Entwicklung rationaler Handlungsweisen. Mäßigung, Besonnenheit, Rationalität werden in zunehmendem Maße gesellschaftlich belohnte Verhaltensweisen. Dem entspricht die Entwicklung eines differenzierteren Wahrnehmungsverhaltens, die Ausbildung des Denkens und des Abstraktionsvermögens bei einer wachsenden Zahl von Menschen, wozu die mit der Organisation schulischer Bildung und mit der Ausweitung der Schulpflicht verbreitete Erziehung einen erheblichen Beitrag leistet.

Mit der steigenden Abhängigkeit vom Funktionieren des gesellschaftlichen Ganzen wächst der Zwang zur Selbstkontrolle, die immer stärker – von entsprechenden Praktiken der Schule unterstützt – die Außenkontrolle ersetzt. Es lässt sich eine Tendenz zur Verselbstständigung der Kontrolle feststellen, durch die der Zusammenhang zwischen den Affekten und den Verhaltensweisen aufgehoben wird. Mit der auch im Rahmen der Erziehung durchgesetzten Regulierung des Trieblebens und der damit verbundenen Ausweitung des Innenlebens geht einher eine zunehmende Befriedigung von Bedürfnissen über Fantasien und Geschichten, sodass das Erleben »entkörperlicht« und »entsinnlicht« wird.

Mit der im Laufe des Zivilisationsprozesses sich differenzierenden Binnenstruktur des Menschen gelangen die gesellschaftlichen Widersprüche zunehmend in den Menschen selbst. Der Mensch muss sich mehr und mehr mit sich selbst auseinander setzen. Wo er mit sich in Widerspruch gerät und wo er von der Angst erfasst wird, nicht mehr zwischen seinen Bedürfnissen und den gesellschaftlichen Normen vermitteln zu können, entsteht das Schamgefühl als greifbarer Ausdruck des nunmehr gebrochenen Verhältnisses des Menschen zu sich selbst.

Zwar hat diese Analyse, welche die ausgesperrten Elemente des Traums der Erziehung in den Blick rückt, Berührungspunkte mit der Ideologiekritik; doch unterscheidet sie sich insofern von dieser, als sie nicht unterstellt, dass der comenianische Erziehungstraum Ideologie im Sinne falschen Bewusstseins sei. Ähnlichkeiten ergeben sich auch zu der Mythenanalyse Roland Barthes', in der ein erstes linguistisches, objektsprachliches System von einem sich darüber legenden sekundären semiologischen, metasprachlichen unterschieden wird (Barthes 1982).

Pietistische Pädagogik und Industrieschulbewegung

Bei Comenius bereits angelegt, findet die Vorstellung, dass die Erziehung der Menschen des Christen Pflicht ist, in der pietistischen Pädagogik August Hermann Franckes im 18. Jahrhundert ihre Fortsetzung. Im Unterschied zu Comenius trifft man hier eher auf eine pessimistische Anthropologie. Infolge der Erbsünde, die nicht durch gute Werke, sondern durch den Glauben selbst (sola fide) aufhebbar ist, ist jedes Kind zunächst von Natur aus schlecht, d.h. mit einem bösen Eigenwillen ausgestattet, den die Erziehung zu brechen hat, um die Einkehr ins »Innere« zu erreichen und eine »echte Herzensfrömmigkeit« zu entwickeln. Die Entwicklung von »Herzensfrömmigkeit« und »Tatchristentum« wird die vornehmliche Aufgabe der Erziehung. Beten und Arbeiten, Verbot des Spiels und harte Strafen bei Verfehlungen werden Mittel der Erziehung, um den Geist gegen die Versuchungen des Körpers zu stärken. Erziehung wird Erziehung zur Askese und Pflichterfüllung, wird zur Standes- und Berufserziehung im Sinne Luthers. Graf Ludwig von Zinzendorf, ein Schüler Hermann Franckes und Begründer des Herrenhuter Pietismus, formuliert das Ziel des Lebens so:

>»*Man arbeitet nicht allein, dass man lebt, sondern man lebt um der Arbeit willen, und wenn man nichts mehr zu arbeiten hat, so leidet man oder entschläft.*« (Ludwig v. Zinzendorf, zit. nach Blankertz 1982, S. 53)

Auf der Grundlage dieser Auffassung umfasste der Tagesablauf des Herrenhuter Waisenhauses: 3 Stunden Andachtsübungen, 6 Stunden körperliche Arbeit und 5 Stunden Unterricht.

Im Hinblick auf die Erziehung zur Arbeit gibt es zwischen der pietistischen Erziehungstheorie und der *Industrieschulbewegung,* deren zentrales Erziehungsziel der Fleiß, die »Industriösität« ist, einige Gemeinsamkeiten: Hier steht noch mehr als dort der ökonomische Nutzen des Lernens im Mittelpunkt. Diesem sind auch die vom Gutsherrn Rochow von Reckahn auf seinen Gütern eingerichteten Musterschulen verpflichtet, in denen die auf den ländlichen Lebenskreis der Schüler bezogenen Fähigkeiten ausgebildet werden sollen.

Rousseau

Mit Jean-Jacques Rousseaus 1762 erschienenem »Émile« setzt ein neuer Erziehungstraum ein, ohne den die moderne Pädagogik nicht denkbar ist. Das Neue liegt darin, dass Rousseau als erster Erziehung nicht als Mittel zur Erreichung übergeordneter Zielsetzungen begriff, sondern dass er nach den eigenen Zielen der Erziehung fragte. Erziehung sollte nicht mehr Instrument normativer Vorgaben sein, sondern sollte das *Eigene* im Kinde achten und entwickeln. Von dieser Zielsetzung erhält Erziehung nach Rousseau weitgehend ihre Begründung und Legitimation. Danach zeigen sich Mündigkeit, Selbstständigkeit und Urteilsfähigkeit eines gebildeten Menschen nicht darin, dass er als Erwachsener den Vorstellungen und Urteilen seiner Erzieher entspricht, sondern darin, dass er zu einer eigenen Position gelangt ist. Zweifel und Kritik also an einer Erziehung, die sich nicht aus dem Kind und seinem Eigenrecht auf Entwicklung herleitet, werden formuliert, auf dem Hintergrund der Erkenntnis, dass jedes vergesellschaftete Leben mit der Entwicklung einiger Möglichkeiten des Menschen andere ausschließt. Radikaler als auf den ersten Seiten des »Émile« kann diese Position kaum formuliert werden:

> *»Wir werden schwach geboren und brauchen die Stärke. Wir haben nichts und brauchen Vernunft. Was uns bei der Geburt fehlt und was wir als Erwachsene brauchen, das gibt uns die Erziehung … Alles ist gut, wie es aus den Händen des Schöpfers kommt, alles entartet unter den Händen des Menschen …«* (Rousseau 1981, S. 9)

Erkannt wird einerseits die anthropologische Angewiesenheit des Menschen auf Erziehung: der Traum der Erziehung also als Lebensnotwendigkeit. Andererseits wird die Unzulänglichkeit der faktischen Erziehung, bezogen auf die im Traum als möglich geschaute Erziehung, herausgestellt. Einerseits beinhaltet diese Erkenntnis die prinzipielle Möglichkeit zur Verbesserung und ist hierin aufklärerisch optimistisch. Andererseits wird aber auch die Macht des in allen gesellschaftlichen Verhältnissen wirkenden Negativen gesehen, das dieser Verbesserung immer wieder entgegenwirkt.

Erziehung muss die Kräfte des Menschen fördern, die ihm die Möglichkeit zur Befriedigung seiner natürlichen Bedürfnisse geben. Die Hervorbringung »künstlicher«, nicht selbstständig erreichbarer Bedürfnisse soll vermieden werden; denn sie verhindert das Glück des Kindes bzw. des Menschen. Die Liebe zum Kinde wird zu dem Prinzip der Erziehung. Mit Hilfe der Liebe gelingt es, eine Einstellung zum Kinde zu entwickeln, die das Glück seiner Gegenwart nicht der Zukunft opfert, indem es seine Gegenwart unter in der Zukunft zu erreichende Ziele subsumiert. Der Weg zu einem erfüllten gegenwärtigen Leben des Kindes, in dem es zugleich für seine Zukunft wichtige Erfahrungen macht, ist das Spiel, in dem körperliche und geistige Funktionen geübt werden und das daher ins Zentrum der Erziehung rückt. Wie Kinder vom Spiel begeistert sind, so sollen sie auch im Lernen für die Gegenstände begeistert sein.

Das Kind wird durch seine – allerdings pädagogisch arrangierte – Umwelt indirekt erzogen. In diesem Sinne soll es auch zu arbeiten lernen.

»Das Werk muss seinen Wert in sich haben, nicht weil er es gemacht hat. Hat er etwas gut gemacht, so sagt: ›Das ist gut‹. Fügt aber nicht hinzu: ›Wer hat denn das gemacht?‹ Wenn er selbst stolz und zufrieden sagt: ›Das habe ich gemacht!‹ so antwortet kalt: ›Du oder ein anderer, das ist doch gleichgültig, wenn es nur gut ist‹.« (Rousseau 1981, S. 201)

Zu Rousseaus Traum der Erziehung gehört auch die Entdeckung der Bedeutung der Jugend als eine Übergangszeit zwischen Kindheit und Erwachsenenalter: Auch hier liegt der Akzent bei den durch die Pubertät gegebenen besonderen Lebensbedingungen, der Entdeckung des Eigenrechts der Jugend, der Bedeutung der jugendlichen Seele für die Entwicklung des Menschen. Insgesamt geht es in diesem Lebenszeitraum um die Herstellung des für das Glücksempfinden so zentralen Gleichgewichts zwischen Wollen und Können.

Rousseaus Traum von den eigenen Zielen der Erziehung, vom Eigenen im Kinde, das die Erziehung fördern soll, erinnert an Hölderlins Feststellung: »Ein König ist der Mensch, wenn er träumt, ein Bettler, wenn er nachdenkt.« Zweifellos sind Rousseaus Postulate unverzichtbare Bestandteile moderner Erziehungsreflexion, auch wenn der Zweifel an dem Eigenen der Erziehung und der Menschen immer nachhaltiger wird, da dieses eher als ein kunstvoll zusammengesetztes Fremdes vom Menschen in unterschiedlicher Form Besitz ergreift. Obwohl Träume häufig das Erwachen ankündigen, setzt Rousseaus Traum von der neuen Erziehung voraus, dass man noch nicht erwacht ist.

>*Das Erwachen*« – wie Benjamin schreibt – »*als ein stufenweiser Prozess, der im Leben des Einzelnen wie der Generationen sich durchsetzt. Schlaf deren Primärstadium. Die Jugenderfahrung einer Generation hat viel gemein mit der Traumerfahrung. Ihre geschichtliche Gestalt ist Traumgestalt. Jede Epoche hat diese Träumen zugewandte Seite, die Kinderseite.*« (Benjamin 1980, S. 490)

Und Rousseaus »Émile« ist ein solcher Traum, der im Spannungsverhältnis zu seiner Epoche steht, in der die Vernunft zwar beansprucht, die Macht zu ergreifen, in der sich jedoch in ihrem Namen die Ausgrenzung des anderen vollzieht. Abgewertet werden in diesem Prozess die Selbsttätigkeit der Natur, die Träume, das Göttliche, das Nicht-der-Sprache-Zugängliche, das Geheimnisvolle. Dieser Preis ist zu entrichten für die Vereinheitlichung, Universalisierung, Abstraktheit modernen Lebens in der »Disziplinargesellschaft« (Foucault) mit ihren selbstkontrollierten, mit sich selbst identischen, im Prozess der Selbstermächtigung kolonialisierten Subjekten; in deren schlecht verheilten Wunden noch immer phantasmatische Erinnerungen an andere Formen des Lebens schmerzen.

In Basedows 1774 in Dessau gegründeter Musterschulanstalt, dem Philantropin, und im *Philantropismus* insgesamt werden viele Vorstellungen Rousseaus aufgegriffen. So die Vorstellung vom Eigenrecht des Kindes, von dem Recht auf Entfaltung seiner Möglichkeiten. Hinzu kommt hier – in Abgrenzung zu den im Verbalismus erstarrten Lateinschulen – der Versuch, moderne Sprachen, Mathematik und Naturwissenschaften in den Unterricht einzubeziehen und den Kindern eine weltoffene Bildung zu vermitteln. Ebenso wird dem Bezug der Erziehung zur Berufswelt und zum jeweiligen Stand der Kinder Bedeutung zugeordnet. Ziel ist die Herstellung eines Gleichgewichts in den jungen Menschen als Voaussetzung für eine nützliche Lebensführung.

Humboldt

Der nächste große Traum der Erziehung wird in der deutschen *Klassik* geträumt. Der Neuhumanismus bestimmt die Orientierung dieser Zeit. In ihm kommt ein ästhetisches und ein philologisches Element zur Wirkung. Winckelmanns 1755 erschienenen »Gedanken über die Nachahmung der griechischen Werke in der Malerei und Bildhauerkunst« können für den Beginn der ästhetischen Orientierung an einem idealisierten Griechenbild stehen, gegen das Nietzsche gut 100 Jahre später heftig polemisieren wird. Das philologische Element wird vor allem durch die neu entstehende Altertumswissenschaft gebildet, in der eine Neubewertung der griechischen Sprache auch als ein historisches Phänomen erfolgt. Obwohl der Neuhumanismus keine Pädagogik im engeren Sinne entwickelt hat, hat er eine eigene Bildungstheorie erarbeitet. In den klassischen Studien sah Humboldt insofern einen Bildungswert, als sie dem Individuum helfen sollten, zu sich selbst zu kommen. Zurückgewiesen wird Nützlichkeit, die bei Comenius, den Pietisten und den Philanthropen noch eine zentrale Aufgabe der Erziehung war, als Kriterium der Bildung. Man träumt von einer Bildung, die den Nützlichkeitsgesichtspunkt transzendiert: Im Sprachstudium und im Studium der Antike soll sich die Vernunft entfalten. Die so gewonnene Bildung soll zu einer allseitigen Entwicklung des Menschen führen. Diese bleibt, da prinzipiell unerreichbar, das ganze Leben lang Aufgabe. Im Bildunsprozess assimiliert die innere Kraft des Menschen die Gegenstände, mit denen er sich auseinander setzt und macht sie zu einem Teil des eigenen Wesens. Bildung vollzieht sich also in einer Begegnung zwischen dem Individuum und der Welt. Ziel ist eine das Ganze des Individuums gleichmäßig entwickelnde Bildung. Während die Bildungskraft des Individuums als eine formale Kraft begriffen wird, findet sich die materielle Seite des Bildungsprozesses, an der sich die Kraft bilden kann, im Klassischen. Wie bei Rousseau die Natur, so stellt bei Humboldt das Klassische den inhaltlichen Bezugspunkt der Bildung dar. Im Studium der Griechen kann der Mensch in elementarer Form erfahren, was den Menschen ausmacht; daher eignet sich die Beschäftigung mit ihnen besonders für die allgemeine Bildung.

Man hat diesen Bildungstraum in den 1960er- und 1970er-Jahren heftig kritisiert, da man in ihm vor allem den Rückzug des Subjekts in die Innerlichkeit sah, den man insbesondere wegen seiner Auswirkungen im Kontext der preußischen Bildungsreformen für den Rückzug des intellektuellen Bürgertums aus der Politik und die daraus resultierenden politischen Folgen verantwortlich gemacht hat. Partiell ist diese Kritik sicherlich berechtigt, doch unterschlägt sie den kritischen Aspekt einer mit der Betonung des Subjekts im Bildungsprozess gegebenen Distanz gegenüber den Anforderungen der Gesellschaft im Hinblick auf die Nützlichkeit und Funktionalität des Menschen (Heydorn 1972). Zudem enthält die Zielvorstellung einer umfassenden Allgemeinbildung für bürgerliche Demokratien einen unverzichtbaren kontrafaktischen Orientierungspunkt, der übrigens auch in der DDR im Erziehungsziel eines allseitig gebildeten sozialistischen Menschen unverzichtbar wurde.

Zielten der Traum des Comenius auf die vollständige Bildsamkeit des Menschen, der Traum Rousseaus auf die Verwirklichung des Eigenrechts des Kindes auf seine Entfaltung in einer durch Liebe bestimmten Umwelt, und der Traum Humboldts auf einen nicht durch enge Nützlichkeitsüberlegungen begrenzten, sondern mit Hilfe der griechischen Kultur gebildeten Menschen, so erhebt sich die Frage, ob nicht die vollständige Verwirklichung dieser Träume zu eher albtraumartigen Ergebnissen führen würde. Im Falle der wortwörtlichen Realisierung des comenianischen Traums entstünde eine vollends pädagogisierte Welt, in der mit der Universalisierung des Wissens eine umfassende Uniformierung und Nivellierung erfolgen würde, in deren Rahmen das Fremde assimiliert und dem bereits allseits Bekannten geopfert würde. Eine Lerngesellschaft, in der die Menschen unaufhörlich auf dem Wege wären, sich mittels immer neu erworbenen Wissens zu vervollkommnen und so ihr säkularisiertes Heil zu suchen. Damit einher ginge die Pädagogisierung und die ihr inhärente Funktionalisierung aller Lebensbereiche. Manches von diesem Traum scheint mit der in vielen Ländern realisierten allgemeinen Schulpflicht und besonders mit den von der UNESCO propagierten Vorstellungen vom lebenslangen Lernen in einer weltweiten Lerngesellschaft verwirklicht zu werden. Auch die Kulturindustrie und der Wissenschaftsbetrieb leisten ihren Beitrag dazu. Immer wieder stößt dieser Traum vom sich selbst mit Hilfe des Lernens und Wissenserwerbs ermächtigenden Menschen auf Hindernisse. Obwohl allenthalben so getan wird, als sei seine Verwirklichung lediglich eine Frage der rechten Mittel und Wege, scheint seine Umsetzung in die Praxis insgesamt kaum zu gelingen. Ähnliches gilt auch für Rousseaus Forderung nach dem Eigenrecht des Kindes auf eine selbstbestimmte Bildung und Entwicklung, die zwar seitdem im Werte- und Zielkanon neuzeitlicher Pädagogik ihren festen Platz hat, gegen die aber jede ältere Generation – oft ohne es zu wollen – verstößt, als wisse sie, dass die vollständige Realisierung den jungen Menschen ins Chaos führen würde. Im Umfeld der antiautoritären Erziehung und der Antipädagogik ließen sich für entsprechende Irrwege Belege finden. In den Laboratoriumsbedingungen für die optimale Erziehung, wie sie Rousseau im »Émile« entwickelt hat, zeigt sich zudem der Anspruch der Pädagogik auf die totale Durchdringung aller Lebensbereiche des Zöglings und ihr damit verbundener Omnipotenzzwang. Auch Humboldts Traum vom gebildeten Menschen bedürfte bei einer Verwirklichung einer Relativierung. Denn auch hier liegt lediglich ein mögliches Zielbild der Erziehung vor, das im konkreten Erziehungsgeschehen der Ergänzung bedarf.

Gelänge es der Erziehung, ihre Träume lückenlos zu verwirklichen, bestünde die Gefahr, dass diese Träume in Albträume umschlügen. Lediglich, weil es der Erziehung nicht gelingt, ihre Träume vollends zu verwirklichen, fasziniert deren utopische Schönheit. Der Hiatus zwischen Traum und Traumverwirklichung ist die Rettung des Traums und die Rettung der von den Trauminhalten überformten Wirklichkeit. Ein Zusammenfall beider in eins brächte die Implosion und damit vielleicht das Ende der Erziehung.

Albträume

Das 18. und 19. Jahrhundert haben nicht nur Träume, sondern auch *Albträume* der Erziehung produziert. Katharina Rutschkys Textsammlung »Schwarze Pädagogik« gibt von diesen ein deutliches Zeugnis. Diese Albträume bilden die andere, im Erziehungsgeschehen immer zugleich vorhandene Seite. Hier zeigen sich verdrängte, vom pädagogischen Zensor unterdrückte, nur mühselig ins Bewusstsein gelangende Regungen des Erziehers. Unverhohlen artikuliert sich allmählich der Anspruch auf Disziplinierung, Rationalisierung und Unterwerfung. Pädagogik wird angesichts dieser Fantasien zu einem Mittel der Produktion des Kindes, vor allem mit Hilfe einer sich zunehmend zu einer totalen Institution entwickelnden Schule. Im Verlauf dieses Prozesses muss der Erzieher die gewaltigen Opfer durchsetzen, die der Zivilisationsprozess mit der Domestizierung der Gefühle vom Kinde fordert. Folgt man psychoanalytischen Theoremen, so darf man vermuten, dass der Erzieher das Kind benötige, um mit seiner Disziplinierung eigene unbewusste Konflikte auszuagieren. Zwei Beispiele aus dem Werk H. J. Campes sollen diese Seiten der Erziehung und ihrer Fantasien, Phantasmen und Träume verdeutlichen:

»*Man wende alle Sorgfalt auf eine gute körperliche Erziehung, besonders auf körperliche Abhärtung der Kinder …*

Man bewahre die Jugend vor Einsamkeit und Müßiggang …

Man gebe der Jugend nie so viele, auch nicht solche Arbeit, dass sie dabei ermüden könne …

Man nehme die Jugend … vor Verführungen in Acht …

Man lasse nicht die Kinder so frühzeitig ins Bett gehen oder so spät aufstehen, dass sie vorher eine Zeit lang wachend im Bett liegen …

Man verwerfe, als ganz unnütz und schädlich, die warmen Federdecken …

Man verhindere von früh an bei Knaben, dass sie sich nicht angewöhnen, die Hände in den Hosen zu halten …

Man leide nicht, dass Mädchen im Sitzen die Schenkel übereinanderschlagen …

Man lasse nicht zwei Kinder, sowenig von einerlei, als von verschiedenem Geschlecht beisammen schlafen …

Man suche überhaupt, ihnen alles zu untersagen und sie von allem zu entfernen, wobei die Reibung der Geschlechtsteile möglich ist …

Man lasse nie Kinder von einerlei oder verschiedenem Geschlecht miteinander allein …

Man präge der Jugend früh die Regeln der Schamhaftigkeit ein …

Man entferne auch von der Jugend alle Anblicke, die auf die Ima-
gination nachteilig wirken ...« (Oest/Campe: Vollständiges System zur Verhütung der Selbstschwächung [1787], zit. nach:
Rutschky 1977, S. 304ff.).

In seinem entschiedenen Kampf gegen die Onanie verweist J. H.
Campe auf die Möglichkeit der Infibulation, die den Höhepunkt
des Kampfes der Erziehung gegen die Triebe darstellt. Zur Erläute-
rung dieses Begriffes berichtet Campe von einem Schüler, der einen
in seinen Augen lobenswerten entschiedenen Kampf gegen »das
schädliche Laster der Selbstschwächung« führte.

> *»Er nahm einen Nagel, legte die Vorhaut etwas hervorgezogen auf*
> *den Tisch, setzte den Nagel darauf und – man bewundere den tu-*
> *gendhaften Heldenmut des Knabens! – nagelte sich, indem er ei-*
> *nen derben Schlag mit einem Buche darauf versetzte, fest. Er riss*
> *hierauf den Nagel aus und wurde ohnmächtig: Nachdem er sich*
> *wieder erholt hatte, zog er durch die noch blutigen Löcher einen*
> *mit Kampferspiritus eingeweichten Faden, wie man es beim Ein-*
> *bohren der Ohrenlöcher zu machen pflegt. Durch Hilfe eines hei-*
> *lenden Balsams, den er sich von einem Wundarzt geben ließ, heil-*
> *ten die beiden Wunden nach und nach wieder zu, und es blieben*
> *an denjenigen Stellen, wo der Faden durchging, ein paar Löcher.*
> *Durch diese steckte er hierauf einen messingnen Draht, den er in*
> *der Mitte, wo er über der Eichel hinging, ein wenig gebogen hatte,*
> *damit er ihn nicht drückte. Dann krümmte er auch, durch Hilfe*
> *einer kleinen Zange, die Enden des Drahts, sodass sie das Stück-*
> *chen Vorhaut über jeglichem Loche umfassten und den Draht da-*
> *ran befestigten.«* (Campe: Die Infibulation (1787); zit. nach
> Rutschky 1977, S. 318.)

Zu den Albträumen der Erziehung gehören auch Fantasien der Be-
strafung. Dabei zeigen sich durchaus sadistische Fantasien der Erzieher. Zugleich deutet sich eine Tendenz an, von der Körperbezo-
genheit der Strafe abzugehen und Strafformen anzuwenden, die
sich auf den seelischen Innenraum des Kindes beziehen.

Schleiermacher

Im Unterschied zu den Erziehungskonzeptionen von Comenius, Rousseau und Humboldt, die der Erziehungswirklichkeit einen Traum von einer besseren Erziehung, von prinzipiell besseren Menschen, von einer besseren Welt entgegensetzten, wählte Schleiermacher einen anderen Weg, der hier abschließend auch deswegen kurz skizziert werden soll, weil er für Diltheys Konzept der Pädagogik, für die auf ihm fußende geisteswissenschaftliche Pädagogik und für neuere Ansätze der Erziehungstheorie wichtig geworden ist. Ausgangspunkt der Erziehung ist für Schleiermacher nicht die pädagogische Theorie, sondern die seiner Auffassung nach dieser vorgelagerte Erziehungswirklichkeit. Sie ist das Produkt eines historisch-gesellschaftlichen Prozesses, der zu einem erheblichen Teil von den gesellschaftlichen Machtfaktoren bestimmt wird, in den aber auch zahlreiche ihn mitbestimmende theoretische Annahmen eingehen. Somit sollte die Erziehungstheorie – und analog dazu auch die Träume der Erziehung – ihren Ausgangspunkt bei der Erziehungswirklichkeit nehmen, die der Theorie und dem Traum gegenüber eine eigene Würde hat, die auch nicht im Sinne des zweckrationalen technologischen Paradigmas der Erziehungswissenschaft eindeutig nach einer einmal entwickelten Theorie bzw. einem einmal geträumten Traum gestaltet werden kann. In den Werken Schleiermachers klingt diese Erkenntnis so:

> »Großes Gewicht also wurde … auf die äußeren Einwirkungen gelegt, und wenn die Theorie auch erst später entstand: so fehlte der erziehenden Tätigkeit doch nicht der Charakter der Kunst. Ist doch überhaupt auf jedem Gebiete, das Kunst heißt im engeren Sinne, die Praxis viel älter als die Theorie, sodass man nicht einmal sagen kann, die Praxis bekomme ihren bestimmten Charakter erst mit der Theorie. Die Dignität der Praxis ist unabhängig von der Theorie; die Praxis wird nur mit der Theorie eine bewusstere.« (Schleiermacher 1983, S. 10f.)

Während Comenius, Rousseau und Humboldt ihre Träume von einer neuen Erziehung kontrafaktisch entwarfen, ist hier die Rede von der eigenen Dignität der Erziehungswirklichkeit, die von der Theorie zu einem erheblichen Maße unabhängig sei und die durch diese lediglich eine bewusstere werde. Wie bei Heidegger und Plessner hier bereits auch die Erkenntnis, dass die Wirklichkeit des Menschen nicht theoretisch eingeholt werden kann. Die Theorie kann sie lediglich prinzipiell durchdringen und bewusster machen. Für Schleiermacher muss die *Erziehungswirklichkeit* wie ein Text mit *hermeneutischen Verfahren* aufgeschlüsselt und verstanden werden. Die in ihr wirksamen theoretischen Annahmen müssen erkannt und dann gegebenenfalls modifiziert werden. Erich Weniger hat diesen Gedanken aufgegriffen und eine Theorie ersten Grades, mit der er die in der Praxis enthaltene, dem Praktiker häufig unbewusste Theorie meint, von einer Theorie zweiten Grades unterschieden, die das Handlungsweisen des Praktikers umfasst, die jedoch nicht immer präsent, sondern häufig latent ist: Schließlich unterscheidet Weniger noch eine Theorie dritten Grades, die »das Verhältnis von Theorie und Praxis in der Praxis zu ihrem Gegenstand« hat. Ihr obliegt die Klärung des Verhältnisses von Theorie und Praxis im Handlungszusammenhang der pädagogischen Praxis (Weniger 1957, S. 7–22).

Schleiermacher hat selbst eine Reihe von Gesichtspunkten entwickelt, unter denen eine theoretische Durchdringen der historisch gewordenen Erziehungswirklichkeit möglich ist. Bekannt sind die Unterscheidungen zwischen:

> *»direkter (positiver) Erziehung und indirekter (negativer) Erziehung,*
> *Rezeptivität und Spontaneität,*
> *Unterstützung und Gegenwirkung,*
> *Bildung des Gewissens und Entfaltung der Fertigkeiten,*
> *formaler und materialer Bildung.«* (Blankertz 1982, S. 114)

Diese Gesichtspunkte liefern Kriterien für pädagogisches Handeln, das nach Schleiermachers Auffassung ein Handeln mit »gebrochener Intentionalität« ist.

Pädagogisches Handeln darf also nicht als die zweckrationale Ableitung von Verhaltensweisen aus Zielen, nicht als technisches

Verhalten verstanden werden. Diesen Sachverhalt haben auch Luhmann und Schorr gesehen, wenn sie davon sprachen, »dass das Erziehungssystem *strukturell* durch ein Technologiedefizit« geprägt sei. Allerdings meinten sie, aus diesem in sozialen Systemen bestehenden Mangel an Kausalgesetzlichkeit lediglich folgern zu können, dass es »keine objektiv richtige Technologie, die man nur erkennen und dann anwenden müsste«, gäbe. Nach ihrer Auffassung gibt es »lediglich operativ eingesetzte Komplexitätsreduktionen, verkürzte, eigentlich falsche Kausalpläne, an denen die Beteiligten sich selbst in Bezug auf sich selbst und in Bezug auf andere Beteiligte orientieren (Luhmann/Schorr 1982, S.19).

Ausblick

Im Traum der Erziehung mischen sich utopische und alptraumartige Elemente. Letztere geraten in der Erziehung immer wieder in Gefahr, verdrängt zu werden, sodass sich die Hoffnung auf die Verwirklichung der utopischen Träume ungebrochen entfalten kann. In den 1960er- und 1970er-Jahren haben entsprechende Verdrängungen sicherlich auch dazu geführt, den Traum von der Emanzipation und Demokratisierung der Gesellschaft mit Hilfe des Ausbaus und der Reform des Bildungswesens zu entwerfen. Unter Anwendung neuer Organisationsformen, Zielsetzungen, Inhalte und Mittel sowie neuer Verhaltensweisen von Lehrern und Schülern, Erziehern und Kindern sollte das Bildungswesen dazu beitragen, eine bessere Gesellschaft zu verwirklichen. Doch – um eine Formulierung von Benjamin aufzugreifen – »das kommende Erwachen steht wie das Holzpferd der Griechen im Troja des Traums« (Benjamin 1982, S. 495). Wie die List des Odysseus dazu führte, die im Holzpferd verborgenen Griechen in die Stadt Troja zu bringen und damit ihren Untergang zu besiegeln, so bewirkte das kommende Erwachen, dass der Traum von der Allmacht der Erziehung in Flammen aufging. Resignation und Orientierungslosigkeit – ein wenig vielleicht den Erfahrungen der nach der Vernichtung des Traum Trojas auf den Meeren umherirrenden Griechen vergleichbar – breiteten sich aus. Die im Bereich der Erziehung Tätigen, die ihre im Traum gefundene Sinnbestimmung verloren hatten, begannen, neue Orientierungen zu suchen. Einige fielen dabei auf alte Sinngebungen und Handlungsbestimmungen zurück; andere suchten in der *Simulation* des endgültig verlorenen Traums ihren Halt.

Aufgrund der anthropologisch gegebenen Nicht-Feststellbarkeit und der Notwendigkeit des Selbstentwurfs des Menschen ist der Traum der Erziehung des Menschen so notwendig wie die Erziehung selbst. Offen bleibt jedoch, welche Erziehungsträume geträumt werden und welche Formen der Erziehung in einer Gesellschaft und in einer historischen Periode realisiert werden. Der Traum umspielt die gegebene Lebens- und Erziehungswirklichkeit; er ergänzt sie, korrigiert sie, befriedigt in ihr unerfüllte Wünsche; der Traum durchdringt sie, weicht ihr aus, transzendiert sie; er entwirft kontrafaktisch Modifikationen und Alternativen. Die Differenz zwischen Traum und Erziehungswirklichkeit ist prinzipiell nicht aufhebbar; sie entspricht der Differenz zwischen dem Imaginären und dem Realen, zwischen denen jedoch eine eindeutige Grenzziehung nicht mehr möglich ist. Vielmehr wird zunehmend das Imaginäre real und das Reale imaginär. Dennoch bleibt der Hiatus zwischen Imagination und Realität erfahrbar, der die Möglichkeiten der Erziehung, die Wirklichkeit der Menschen zu verändern, in ihre Grenzen weist und die Beschränktheit der Bildsamkeit des Menschen deutlich werden lässt, zu deren Kompensation immer wieder die Träume und Albträume der Erziehung entstehen.

Der Pädagogische Diskurs der Moderne

Probleme, Aporien, Perspektiven

Die Pädagogik ist ein Produkt der Moderne; mit ihr ist ihr Schicksal verbunden. Mit dem Unbehagen an der Moderne korrespondiert ein Unbehagen an der Pädagogik und umgekehrt. Drei Ergebnisse konstituieren die Moderne im wörtlichen Sinne: die *Reformation*, die *Entstehung der modernen Wissenschaften* und die *Entdeckung der Neuen Welt*. Mit diesen Einschnitten gehen zahlreiche Entwicklungen einher. Zu den wichtigsten gehören die Entstehung von Rationalismus, Rationalität und Rationalisierung sowie von Universalismus, Universalität und Universalisierung. Die Entwicklung dieser für die Moderne charakteristischen Prinzipien überschneidet sich mit der Säkularisierung und Generalisierung von Normen und Werten, mit der Entstehung neuer Sozialisation- und Erziehungsmuster. Es kommt zur Ausbreitung der städtischen Lebenswelt, der Entwicklung des Bildungswesens, der Verbreiterung politischer Teilnehmerrechte, der Herausbildung von Zentralgewalten und Nationalstaaten sowie zur vermehrten Bildung von Kapital und Ressourcen und zur Steigerung der Arbeitsproduktivität und der Produktivkräfte.

Für die Pädagogik werden drei Aspekte besonders wichtig: der Zugang konkreter Individuen zu universellen Normen, die Rationalisierung der Lebenswelt und das Prinzip der Repräsentation. Diese Entwicklungstendenzen tragen erheblich zur Herausbildung einer modernen Wissenschaft und eines modernen Bildungswesens bei, die trotz ihres europäischen, d.h. bestimmten ethnischen Ursprungs Weltgeltung beanspruchen. Bereits in der Pädagogik des Comenius lassen sich die drei Prinzipien der Universalisierung, Rationalisierung und Repräsentation festmachen.

In Comenius' Ziel, eine Methode zu finden, mit der man allen alles vollständig beibringen kann, steckt der Anspruch auf *Universalität* in mehrfacher Weise. Comenius geht davon aus, dass es eine von Gott geschaffene allgemeine Weltordnung gibt, die es im Prozess der Erziehung in den Kindern zu verankern gilt. Ziel ist die Vermittlung des *ordo rerum*, der Welt als ein Allgemeines. Sodann sollen nicht mehr nur bestimmte Menschen, sondern alle erzogen werden. Damit wird bereits das Recht aller Menschen, d.h. die Demokratisierung der Bildung postuliert. Zur Begründung wird auf die Gotteskindschaft aller Menschen verwiesen. Also auch hier der Hinweis auf das Prinzip des Universellen. Schließlich soll es eine einzige allgemeine Methode geben, mit der alle Dinge der Welt allen Menschen vermittelt werden können. Diese Methode soll unabhängig von den Inhalten und den einzelnen Menschen als ein universeller allgemeingültiger Weg optimal zu lernen sein. In dem zentralen Satz der Pädagogik des Comenius »allen alles gründlich beizubringen« finden wir also dreimal die Berufung auf das Prinzip des Universellen.

Nicht anders verhält es sich mit dem Prinzip der *Rationalität*, an dem das Lernen orientiert wird, um es zu optimieren. Die Vorstellung, eine bestehende, Gott geschaffene Weltordnung im »Inneren« der Menschen abbilden zu können, impliziert Deduktionsprozesse, die nur durch die Zugrundelegung des Rationalitätsprinzips möglich sind. Man muss angeben können, wie welche Ziele und Inhalte mit welchen Mitteln im Inneren des jungen Menschen abgebildet werden können. Die dazu erforderliche Zweck-Mittel-Relation ist das Kennzeichen der Zweckrationalität. Ziele und Mittel werden in Bezug zueinander gesetzt. Man versucht die Mittel von den Zielen her zu bestimmen, um dann von den Ergebnissen her überprüfen zu können, ob die Ziel-Mittel-Relation rational war. Entscheidend ist dabei, dass die Zweck-Mittel-Relation im Mittelpunkt steht und das konkrete Individuum nur so weit in den Blick gerät, als es zur Realisierung der Zweckrationalität erforderlich ist. Auch hier setzt sich die abstrakte Allgemeinheit dieses Prinzips gegenüber den Belangen des konkreten Individuums durch. Ansatzweise tritt das Rationalitätsprinzip sogar an die Stelle des Erziehungsprinzips. Erziehung heißt: Durchsetzung der Zweck-Mittel-Relation im Menschen, zunächst in Lernprozessen, jedoch durchaus im Blick auf spätere Arbeitszusammenhänge: Bereits bei Comenius kündigt sich die bei Herbart bestimmend werdende Ersetzung der Erziehung durch ein am Zweck-Mittel-Prinzip orientiertes Handeln an.

Im »orbis pictus« wird ein drittes Prinzip der Pädagogik der Moderne sichtbar (vgl. Comenius 1992). Die Welt wird dem jungen Menschen so repräsentiert, dass sie ein sinnvolles Ganzes ist. Nicht mehr die einfache Präsentation, sondern die *Repräsentation* der Dinge in pädagogischer Absicht ist das Ziel. Die im »orbis pictus« gegebenen Begriffe und Bilder stellen nicht mehr die Dinge selbst dar; vielmehr verweisen sie auf diese. Den Kindern und Jugendlichen wird ein für sie hergestelltes Konstrukt der Welt vermittelt – eine pädagogisch aufbereitete Welt, deren Konstitution pädagogische Intention leiten und die sich neben und über andere Weltsichten legt. Die entscheidene Frage wird jetzt: Welcher Ausschnitt wird in welcher Weise den Kindern von der älteren Generation repräsentiert. Die hier beginnende Entwicklung, auf die auch Foucault in

»Die Ordnung der Dinge« hingewiesen hat, ist nicht mehr aufzuhalten und wird ein Element zur Begründung der modernen Pädagogik. Noch verweisen die Zeichen auf das Bezeichnete, ohne dass der Zeichenzusammenhang zum Problem geworden ist. Gott garantiert in der von ihm geschaffenen Welt die Gültigkeit dieses Zusammenhangs. Die Realität der Welt ist das »Buch der Natur«, das System der Zeichen, das Gott den Menschen offenbart hat. Ihre Darstellung in pädagogischer Absicht erfolgt im »orbis pictus« nach zwei Prinzipien: Anordnung und Darstellung der Gegenstände nach dem Alphabet und Zuordnung von Wort und Ding, von Zeichen und Bezeichnetem. Die pädagogische Intention der Darstellung der Welt führt zu ihrer Repräsentation im »orbis pictus«. Diese Funktionalisierung der Präsentation zur Repräsentation der Welt in pädagogischer Absicht zeigt, dass das Repräsentationsverhältnis allmählich veränderbar wird. Mollenhauer interpretiert diese Entwicklung unter Bezug auf Foucaults Interpretation von Velázquez »Las Meninas« von 1656 so:

> »Der Spiegel ist für Comenius deshalb eine pädagogische Metapher: die Bildungswelt des Kindes muss so ›konstruiert‹ werden, dass sie nicht die Oberfläche der Erscheinungen, sondern die Wirklichkeit in ihnen zuverlässig spiegelt.« (Mollenhauer 1983, S. 67)

Nach neostrukturalistischer Einsicht gelingt nun diese Spiegelung, an der die Pädagogik während der ganzen modernen Geschichte gearbeitet hat, nicht mehr. Nachdem die Zeichen zunächst eher auf die Abwesenheit der Realität zu verweisen schienen, haben sie nun begonnen, auf keine Realität mehr zu verweisen. Sie sind zu ihrer eigenen Simulation geworden; sie simulieren Wirklichkeit. Es besteht keine Möglichkeit mehr, zwischen Zeichen- und Realwelt zu unterscheiden, da es keine gesicherten Referenzpunkte gibt. Realität und Zeichenwelt werden ununterscheidbar. Um sich ihrer selbst zu vergewissern, bleibt der Pädagogik nur die Möglichkeit, an der Produktion der »Hyperrealität« der Erziehung mitzuwirken, in der Hoffnung, wenigstens so sich ihrer selbst vergewissern zu können.

Wie dem auch sei: In der Pädagogik nährt der an die prinzipielle Unterscheidbarkeit von Zeichen und Bezeichnetem gebundene

Diskurs der Moderne den Traum von der vollständigen Bildsamkeit des Menschen – die pädagogische Utopie: Indem der Mensch alles lernt, was die gottgeordnete Welt umfasst, wird er Gott ähnlich. Er bedarf dazu lediglich der richtigen Methode. Mit Hilfe des richtigen Weges kann das Kind über sich selbst hinauswachsen und zum wahren Menschen gemacht werden. Die pädagogische Arbeit geschieht im Auftrag Gottes. Die Euphorie des Pädagogen: Erziehung soll rasch, angenehm und gründlich vermittelt werden, wie es in der »Allgemeinen Didaktik« heißt. Verdrängt wird die Erfahrung, dass Lernen auch Anstrengung und Überwindung bedeutet. Mit der neuen umfassenden Methode hofft Comenius, diese eher mühevolle Seite des Lernens überwinden zu können. Zweifellos eine beträchtliche Selbsttäuschung und Selbstüberschätzung der Pädagogik, eine Omnipotenzvorstellung der Erzieher, die zu Enttäuschungen führen muss.

Für Comenius steht fest: Erziehung ist nicht allein der unter Bezug auf die Wissenschaften erfolgende Wissenserwerb. Sie hat auch die Vermittlung der als richtig geltenden Einstellungen zur Aufgabe und zielt daher auf die Entwicklung von »Frömmigkeit« und »guten Sitten«. Mit Hilfe des rechten Wissenserwerbs und der Vermittlung der richtigen Werte soll in den Jugendjahren alles, was für diese und das »künftige Leben nötig ist«, gelernt werden. Mit der Bestimmung des für die Gegenwart und für die Zukunft notwendigen Wissens werden zwei Kriterien in die Erziehungstheorie eingeführt, die bis heute Gültigkeit beanspruchen. In der Erziehung sollen für das augenblickliche Leben und für die Zukunft der Kinder bedeutsame Kenntnisse vermittelt werden. Beide Gesichtspunkte führen notwendigerweise zum Problem der Auswahl der richtigen Inhalte und Werte der Erziehung und des Unterricht und damit zur Frage nach den Kriterien und der Begründung dieser Auswahl – einem Problem, das die Bildungs- und Curriculumreform der 1970er-Jahre stark beschäftigte. Ist es schon nicht leicht, die Gegenwartsrelevanz von unterrichtlichem Wissen zu bestimmen, so enthält die Frage nach dem Zukunftsbezug der Erziehung für die Pädagogik erhebliche Schwierigkeiten. War diese Frage noch relativ leicht zu beantworten, als das Leben des Menschen bis zum Ende als von Gott bestimmt angesehen wurde, und erschien sie auch noch lösbar, solange man von einem zielgerichteten Verlauf der Geschichte ausging, durch den wenigstens die Zukunft der Menschengattung im allgemeinen als bestimmt angesehen wurde, so erscheint sie heute kaum mehr beantwortbar, seit der radikale Zweifel an der sinnvollen Weiterentwicklung der Menschheit eingesetzt hat und sich die Frage nach der Zukunft der nachwachsenden Generation mit der angstbesetzten Frage nach der Zukunft der Menschheit insgesamt überschneidet. Zudem hat die ungeheure Beschleunigung aller Lebensbereiche zum Zweifel an der teleologischen Struktur der Geschichte geführt, die noch für die säkularisierten Vorstellungen von Geschichte als Heilsgeschichte bestimmend geblieben war. Der Engel der Geschichte hat, Benjamin zufolge, sein Antlitz der Vergangenheit zugewandt. Was uns als eine Reihe von lichten im Gang der Zeit erscheinenden Ereignissen vor Augen tritt, sieht er als eine »einzige Katastrophe, die unablässig Trümmer auf Trümmer häuft und sie ihm vor die Füße schleudert. Er möchte wohl verweilen, die Toten wecken und das Zerschlagene zusammenfügen. Aber ein Sturm weht vom Paradiese her, der sich in seinen Flügeln verfangen hat und der so stark ist, dass der Engel sie nicht mehr schließen kann. Dieser Sturm treibt ihn unaufhaltsam in die Zukunft, der er den Rücken kehrt, während der Trümmerhaufen vor ihm zum Himmel wächst. Das, was wir Fortschritt nennen ist dieser Sturm« (Benjamin 1980, Bd. I,2, S. 697f.).

Die in der Pädagogik des Comenius am Anfang der Moderne und für die Pädagogik der Moderne insgesamt zentral werdenden Prinzipien der Universalität, Rationalität und Repräsentativität fördern einige Entwicklungen im Bildungswesen, die sich bei Comenius zwar ankündigen, die ihre Ausprägungen aber erst im 18. und 19. Jahrhundert erfahren. In fünf kurzen Thesen möchte ich sie in ihren zentralen Aspekten skizzieren.

Der Diskurs der Erziehung zielt auf die Selbstermächtigung und wachsende Autonomie der Menschen, zunächst im Auftrage Gottes und später unter seiner Hintansetzung. Mit diesem Prozess geht eine zunehmende Rationalisierung, Modernisierung und Zivilisierung einher. Es kommt zu einer zunehmenden, die Ausweitung des Innenraums und die psychische Differenzierung ermöglichenden Trennung von »Innen und Außen«. Die instrumentelle Vernunft steuert die Affekte und verlangt ihre Einordnung in die immer stärker ökonomisch kalkulierten Lebensvollzüge. Die Entwicklung geht bis zu einer Exterritorialisierung von Affekten und zur Dressur des Körpers. Mit Hilfe der Erziehung erfolgt eine die Menschen ökonomisch besser nutzbar machende Disziplinierung (vgl. Foucault 1978). Zahlreiche Rollen und damit verbundene neue Verhaltensweisen werden gelernt. Ein hohes Maß an Synthetisierungsleistungen muss erbracht werden. Erziehung trägt zur Funktionalität der Menschen bei. Die Einführung in übergeordnete Raum- und Zeitpläne wird schon in der Schule geübt. Allmählich wird das disziplinierte Verhalten dem natürlichen Ablauf angepasst, sodass Widerstand gegen die dadurch noch effektiver werdende Disziplin vermieden wird.

Mit der aufkommenden Arbeitsteilung korrespondiert die Entwicklung rationaler Handlungsweisen. Mäßigung, Besonnenheit, Rationalität werden in zunehmendem Maße gesellschaftlich belohnte Verhaltensweisen. Dem entspricht die Entwicklung eines differenzierten Wahrnehmungsverhaltens, die Ausbildung des Denkens und des Abstraktionsvermögens bei einer wachsenden Zahl von Menschen, wozu die mit der Organisation schulischer Bildung und mit der Ausweitung der Schulpflicht verbreitete Erziehung einen erheblichen Beitrag leistet.

Mit der steigenden Abhängigkeit vom Funktionieren des gesellschaftlichen Ganzen wächst der Zwang zur Selbstkontrolle, die immer stärker – von entsprechenden Praktiken der Schule unterstützt – die Außenkontrolle ersetzt (vgl. Guttandin/Kamper 1982). Es lässt sich eine Tendenz zur Verselbstständigung der Kontrolle feststellen, durch die der Zusammenhang zwischen den Affekten und den Verhaltensweisen aufgehoben wird. Mit der auch im Rahmen der Erziehung durchgesetzten Regulierung des Trieblebens und der damit verbundenen Ausweitung des Innenlebens geht einher eine zunehmende Befriedigung von Bedürfnissen über Fantasien und Geschichten, sodass das Erleben »entkörperlicht« und »entsinnlicht« wird.

Mit der im Laufe des Zivilisationsprozesses sich differenzierenden Binnenstruktur der Menschen gelangen die gesellschaftlichen

Widersprüche zunehmend in diese selbst. Die Mensch müssen sich mehr und mehr mit sich selbst auseinander setzen. Wo sie mit sich in Widerspruch geraten und wo sie von der Angst erfasst werden, nicht mehr zwischen ihren Bedürfnissen und den gesellschaftlichen Normen vermitteln zu können, entsteht das Schamgefühl als greifbarer Ausdruck des nunmehr gebrochenen Verhältnisses der Menschen zu sich selbst.

Im Zentrum dieser Entwicklung steht das *Subjekt*, seine Konstitution, seine Bildung, seine Stellung zur Welt und zu sich selbst. Dieses Subjekt wird der Mittelpunkt der Moderne. Handelnd gestaltet es sich und wird durch ihre Strukturen geformt. Im Namen des modernen Subjekts wird das Recht auf individuelle Freiheit, Kritik und autonomes Handeln gefordert. In seinem Zentrum wird eine sein Handeln verantwortlich steuernde Instanz vorausgesetzt. Im theologischen Diskurs wird diese Instanz durch das Gewissen gebildet, das sich im Mittelalter durch den Anspruch auf die Unterscheidung zwischen gut und böse, die Institutionalisierung von Meditation, Gebet und Ritus sowie vor allem durch die Beichte verfeinert. Im Protestantismus ist es die gleiche Instanz, die mit ihren selbstquälerischen Fragen, wie man denn einen gnädigen Gott bekomme, den wachsenden Selbstbezug des Denkens bzw. der Reflexion ausbildet. Gefordert wird als Bezugspunkt des Glaubens, des Handelns, der Wissenschaft und der Philosophie das zur Einsicht fähige und damit handlungsfähige Subjekt. Descartes »cogito ergo sum« macht die Gewichtsverlagerung zu einem abstrakten des Denken fähigen und dieser allgemeinen Fähigkeit seinen konkreten Körper unterordnenden Subjekts deutlich. Mit der Etablierung der Vernunft als oberster Gerichtsinstanz bildet sich die Selbstbeziehung des erkennenden Subjekts weiter heraus.

Diesen Prozess unterstützen Wissenschaft, Moral und Kunst, die sich bis zum Beginn des 19. Jahrhunderts als spezifische gesellschaftliche Bereiche herausbilden, in denen Fragen der Wahrheit und der Erkenntnis, des richtigen und gerechten Handelns sowie des Geschmacks behandelt werden. Das sich in der Überschneidung dieser Bereiche konstituierende moderne Subjekt löst sich allmählich aus der Verbindlichkeit traditioneller Glaubensstrukturen. Die Entzauberung der Welt ist die unausweichliche Folge, die endgültige Abspaltung des Wissens vom Glauben das Ergebnis. Wollten die mittelalterlichen Menschen und die Menschen der frühen Neuzeit noch wissen, um zu glauben, trat der Glaube als Bezugspunkt für das Wissen und das Wissenwollen, für die neuen Techniken des Entdeckens immer mehr in den Hintergrund, bis er mit dem »Tode Gottes« vollends als Bezugspunkt für das Wissen zu verschwinden schien. An die Stelle Gottes, der Nietzsche zufolge nicht von selbst starb, sondern vom Menschen getötet wurde, traten endgültig das neuzeitliche Subjekt als Bezugspunkt des Handelns.

Diese Selbstermächtigung des Subjekts ist der zentrale Aspekt der Moderne. Die Bemühungen, Freiheit, Gleichheit und Brüderlichkeit zu verwirklichen, müssen als Teil dieses Prozesses begriffen werden. Die Emanzipation des Subjekts erfolgt nicht nur im Sozialgefüge der Gesellschaft. Ebenso nachdrücklich wird sie mit Hilfe von Wissenschaft und Technik gegenüber der äußeren Natur durchgesetzt. Nachdem dieser Prozess vorwiegend als Fortschritt und Befreiung eingeschätzt worden war, enthüllt er nun allmählich seine tückischen ungewollten Nebenwirkungen. Mit der Selbstermächtigung des Subjekts gegenüber der Natur verfängt dieses sich in den Fallstricken seiner Machtausübung. Es kann seine Macht gegenüber Natur und Sozietät nicht durchsetzen, ohne selbst Gefangener seiner Machtausübung zu werden. Unwiderstehlich führt daher dieser Prozess auch zur Isolation und zur Selbstentfremdung des Subjekts. Die Hoffnungen auf die versöhnende Kraft der Vernunft, der es gelänge, diese Antinomien aufzulösen, haben sich nur teilweise erfüllt. Weder in der Religion am Beginn der Neuzeit noch in der Wissenschaft zur Zeit der Aufklärung, noch in der Kunst der Romantik reichte die versöhnende Kraft, um die in den Strukturen der Gesellschaft und des Subjekts liegenden Unvereinbarkeiten aufzulösen. Statt dessen erfuhr die sich aus dem Selbstbezug des Menschen herausbildende Vernunft im Verlauf der zunehmenden Vergesellschaftung der Menschen immer mehr ihre Grenzen.

Eine dieser Grenzen liegt darin, dass dieses Subjekt in seinem Bestreben nach Universalität seine Individualität auflöst. Nur noch das allgemeine Subjekt, nicht das individuelle Ich zählen. Mit der Herausbildung eines abstrakten Subjekts als Bezugspunkt der Bildung beginnt der umfassende Prozess der Verdrängung des Einmaligen, Konkreten, den das Bildungswesen der Moderne unterstützt. Mit der Entwicklung eines allgemeinen Subjekts wird ein Habitus hervorgebracht, der das Subjekt in Arbeitswelt, Politik und anderen Lebensbereichen zu einer kalkulierbaren Größe macht. Es muss berechenbar, zuverlässig und einsetzbar sein. Zugleich muss es über die Fähigkeit verfügen, die im Sozialisationsprozess erworbenen Kompetenzen weiterzuentwickeln und neuen Gegebenheiten anzupassen. Die Herausbildung des *Habitus eines allgemeinen Subjekts* wird daher zur vornehmlichen Aufgabe des Bildungswesens in der Moderne. In der Sprache der Pädagogik, in den Erziehungstheorien und Rahmenrichtlinien heißt dieses Ziel: Vermittlung von Allgemeinbildung.

Bei Humboldt im Neuhumanismus der deutschen Klassik findet diese Form, die Aufgaben der Erziehung zu begreifen, ihre durchaus zeitgemäße dem Entwicklungsstand der Moderne entsprechende Konkretisierung. Obwohl der Neuhumanismus keine Pädagogik im engeren Sinne entwickelt, hat er eine eigene Bildungstheorie erarbeitet. In den klassischen Studien sah Humboldt insofern einen Bildungswert, als sie dem Individuum helfen sollten, zu sich selbst zu kommen. Zurückgewiesen wird Nützlichkeit als Kriterium der Bildung. Man träumt von einer Bildung, die den Nützlichkeitsgesichtspunkt transzendiert. Im Sprachstudium und im Studium der Antike soll sich die Vernunft entfalten. Die so gewonnene Bildung soll zu einer allseitigen Entwicklung des Menschen führen. Im Bildungsprozess assimiliert die innere Kraft des Menschen die Gegenstände, mit denen er sich auseinander setzt und macht sie zum Teil des eigenen Wesens. Ziel ist eine das Ganze des Individuums gleichmäßig entwickelnde Bildung. Während die Bildungskraft des Individuums als eine formale Kraft begriffen wird, findet sich die materielle Seite des Bildungsprozesses, an der sich die Kraft bilden kann, im Klassischen. Als Ursprung der abendländischen Kultur stellt dieses den inhaltlichen Bezugspunkt der Bildung dar. Im Studium der Griechen können die Menschen in elementarer Form erfahren, was den Menschen ausmacht. Daher eignet sich die Beschäftigung mit ihnen besonders für die allgemeine Bildung. Drei Deutungen dieser Vorstellungen von Allgemeinbildung bieten sich an.

Diese Bemühungen, eine allseitig gebildete Persönlichkeit hervorzubringen, stellen den Versuch dar, den Menschen mit den Widersprüchen seiner Existenz zu versöhnen. Was sich in der Moderne infolge der Antinomien der Arbeitswelt, der Auswirkungen des bürokratischen Staates, der Explosion der Bedürfnisse, der Abstraktionen, der Vernunftsansprüche und der Wissenschaften entzweit hat und nicht mehr zu bändigen ist, soll mit Hilfe der Allgemeinbildung im Subjekt versöhnt werden. Die in Humboldts Bildungstheorie enthaltene ästhetische Komponente unterstützt diese Interpretation.

Fraglich ist allerdings, wie dieser Versuch, mit Hilfe der Allgemeinbildung den Menschen mit sich und der Welt zu versöhnen, einzuschätzen ist. Eine vor allem in den 1960er- und 1970er-Jahren entwickelte Einschätzung ist eher skeptisch. Ihr zufolge müsse man in diesem Versöhnungsanspruch eine Anpassung an die gesellschaftlichen Gegebenheiten und einen Rückzug des Subjekts in die Innerlichkeit sehen. Da diese Entwicklung zur politischen Enthaltsamkeit des intellektuellen Bürgertums und den daraus resultierenden katastrophalen Folgen geführt hat, sei sie kritisch zu sehen. Partiell ist diese Einschätzung sicher berechtigt. Dennoch unterschlägt sie einen in Humboldts Allgemeinbildungskonzeption gegebenen kritischen Aspekt. Er liegt in der in diesem Bildungsprozess dem Subjekt möglichen Distanz zu den Anforderungen der Gesellschaft im Hinblick auf die Nützlichkeit und Funktionalität des Menschen. Zudem enthält diese Vorstellung von Allgemeinbildung auch eine kontrafaktische und damit potenziell kritische Perspektive den gesellschaftlichen Bedingungen gegenüber.

Schließlich ist Allgemeinbildung in Gefahr, zu enzyklopädischem Wissen zu werden, das, um eine universelle Bildung zu erreichen, in immer umfangreicherer Weise angeeignet werden soll. Unter Bezug auf den Nutzen und Nachteil der Geschichte hat Nietzsche die Überfrachtung des gymnasialen Unterrichtskanons mit Unterrichtsstoff scharfsinnig kritisiert. Zu viel Geschichte und zu viel nur enzyklopädisch gespeichertes Wissen führen zwangsläufig zu einer antiquarischen den Lebensbezug eher erstickenden denn fördernden Bildung. An diesem Umschlag von Allgemeinbildung zu antiquarischer Bildung kritisiert Nietzsche: Sie führe zur Schwächung der Lebenskraft der Schüler; sie bewirke ein Überlegenheitsgefühl gegenüber anderen historischen Epochen; sie verhindere die Reifung des Einzelnen und der Gemeinschaft durch Überlastung mit Überkommenem; sie produziere das Gefühl der Epigonalität der eigenen Epoche; sie bewirke schließlich Ironie und Zynismus mit ihren selbstzerstörerischen Kräften. Nietzsche formuliert hier Einsprüche des Konkreten, Gegenwärtigen gegenüber dem historisch-überhistorisch Allgemeinen, die bis in die Gegenwart hinein Gültigkeit beanspruchen.

Der für die Moderne charakteristische Versuch, mit Hilfe der Allgemeinbildung ein allgemeines Subjekt herzustellen, ist ambivalent. Einerseits gewinnt dieses allgemeine Subjekt ein bis dahin vom Menschen nicht gekanntes Ausmaß an Freiheit in der Verfolgung seiner individuellen Interessen in einem privatrechtlich gesicherten Handlungsraum, in der gleichberechtigten Teilnahme am politischen Willensbildungsprozess, in der persönlichen Autonomie und Möglichkeit zur Selbstverwirklichung sowie im Bildungsprozess. Andererseits zeigt sich schon bald die drückende Last einer zu einer antiquarischen historischen Bildung degenerierten Allgemeinbildung, die die Kraft verliert, im Angesicht der Zukunft »aus der höchsten Kraft der Gegenwart die Vergangenheit (zu) deuten« (Nietzsche). Nachdem diese Kritik von Benjamin und Adorno wieder aufgenommen worden war, wird sie im Zusammenhang mit der Kritik an der Moderne neu artikuliert. Dabei ist es unerheblich, ob die in dieser Kritik herausgearbeiteten Aspekte ansatzweise bereits im Verlauf der Geschichte der Moderne artikuliert worden sind, oder ob sie heute – manchmal unter Absehung ihrer historischen Vorläufer – neu entdeckt werden. Entscheidend ist, dass die Kritik an der Moderne deren Anderes ins Bewusstsein rückt und damit Korrekturen an den bisherigen Vorstellungen der Moderne vornimmt.

Nachhaltige Einsprüche gegen eine reduzierte Moderne werden bereits in der Romantik vorgebracht, ohne dass sie jedoch – soweit ich sehe – in der Pädagogik Entsprechungen haben. Im »Ältesten Systemprogramm« von 1796/1797 wird eine neue Mythologie gefordert, die die Poesie als Lehrmeisterin der Menschheit einsetzt. Im Rahmen dieser Mythologie soll nicht mehr die Religion, nicht die Vernunft und nicht die Wissenschaft, sondern die Kunst als öffentliche Institution die Sittlichkeit des Volkes stärken (vgl Frank 1982). »Die Kunst ist« – wie Schelling es formuliert – »eben deswegen dem Philosophen das höchste, weil sie ihm das Allerheiligste öffnet, wo in ewiger und ursprünglicher Vereinigung gleichsam in einer Flamme brennt, was in der Natur und in der Geschichte gesondert ist, und was im Leben und Handeln, ebenso wie im Denken ewig sich fliehen muss« (vgl. Schelling 1970). Also Poesie und Kunst als die neuen Möglichkeiten, dem Menschen zu einer Versöhnung mit sich und der Welt zu helfen. Schlegel denkt ähnlich, wenn er schreibt: »Denn das ist der Anfang aller Poesie, den Gang und die Gesetze der vernünftig denkenden Vernunft aufzuheben und uns wieder in die schöne Verwirrung der Fantasie, in das ursprüngliche Chaos der menschlichen Natur zu versetzen, für das ich kein schöneres Symbol bis jetzt kenne, als das bunte Gewimmel der alten Götter.« In die gleiche Richtung gehen Nietzsches Überlegungen. Vom »kommenden Gott« Dionysos wird Ähnliches erwartet (vgl. Frank 1982). Der abwesende, in den Mysterien wieder geborene Gott soll vom Wahnsinn befreit zurückkehren und die Menschen versöhnen. In allen drei Zeugnissen geht es um die Selbstübersteigerung des Subjekts, seine Transzendierung und Selbstvergessenheit. Deutlich wird die Schattenseite der Selbstauslieferung des Subjekts an Emanzipation, Fortschritt und Selbstermächtigung artikuliert und der Versuch gemacht, dieser zu entkommen. Ob Mythos, Poesie und Kunst – oder gar das Gesamtkunstwerk – mehr als punktuelle Erfahrungen gesteigerten Lebens gewähren können, erscheint mir – auch nach den politischen Erfahrungen des 20. Jahrhunderts – eher zweifelhaft.

Immerhin zeigt sich *das Andere des Diskurses der Moderne*, das die Pädagogik bislang kaum im Blick hatte, dem sie sich jedoch stellen muss, wenn sie nicht in überholten Bezugsrahmen stecken bleiben will. Wie wird sich die Pädagogik mit den Vorstellungen von der Selbstüberwindung und Selbstentsagung der Subjektivität, mit Perspektiven, wie sie aus der Selbstüberschreitung oder gar Selbstauslöschung des Subjekts resultieren, in Zukunft auseinander setzen und welche Konsequenzen werden sich daher für ihr Selbstverständnis ergeben? Diese Fragen hatten durch die Rezeption französischer Autoren an Brisanz gewonnen, die man unter dem Sammelbegriff Neo-Strukturalismus zusammenzufassen versucht hatte (vgl. Frank 1984), die unter Bezug auf Hegel, Schelling und vor allem Nietzsche das Andere des Diskurses der Moderne in den Mittelpunkt gestellt und dazu beigetragen hatten, diese Seite der Moderne auch bei uns wieder zu thematisieren. Zu diesen nach wie vor aktuellen Überlegungen möchte ich folgende fünf Gesichtspunkte zur Diskussion stellen.

»Die Herrschaft des Mensch über sich selbst, die sein Selbst begründet, ist virtuell allemal die Vernichtung des Subjekts, in dessen Dienst sie geschieht, denn die beherrschte unterdrückte und durch Selbsterhaltung aufgelöste Substanz ist gar nichts anderes als das Lebendige, als dessen Funktion die Leistungen der Selbsterhaltung einzig sich bestimmen, eigentlich gerade das, was erhalten werden soll« (vgl. Horkheimer/Adorno 1971). Die Identitätsausbildung als Ziel der Erziehung geschieht dadurch, dass die innere und die äußere Natur der Repression unterworfen werden. Das identische Selbst kann nur durch die Opferung der Natur gewonnen werden, d.h. durch den Abbruch der Kommunikation mit der in Folge dieser Prozesse dem Selbst anonym gewordenen Natur, die hinter seinem Rücken wieder ihre Macht entfaltet, sei es, dass sie ihre »heilende«, den Menschen mit sich versöhnende Kraft entzieht, sei es, dass sie sich ihm infolge der Unterwerfung versagt. Der Zwang zur rationalen Bewältigung der Natur produziert den Zwang, sich einem Bildungsprozess auszusetzen, dessen Ergebnis das isolierte, auf Machtakkumulation ausgerichtete, abstrakte Subjekt ist, dessen mit sich identische Aufgeklärtheit in Gefahr gerät, in Mythos umzuschlagen.

In die gleiche Richtung weist die Forderung nach paralogischen Wissensbeständen, also Wissenszusammenhängen, die bereit sind, das Paradoxe in sich aufzunehmen, ohne es durch den gewaltsamen Ausschluss von Alternativen zu beseitigen (vgl. Lyotard 1982). Ziel ist ein Wissen, das seinen fragmentarischen Charakter zum Prinzip und zur Methode macht und auf die Herstellung von nicht mehr erreichbaren zwingenden Kontingenzen und Systematiken verzichtet. Für die Pädagogik ergibt sich daraus der Verzicht auf den Zwang, systematische Erziehungstheorien zu entwerfen und sie zur

Grundlage pädagogischen Handelns zu machen. Diese Einsicht radikalisiert den in der geisteswissenschaftlichen Pädagogik wiederholt formulierten Zweifel an der Möglichkeit von Theorien zur Steuerung pädagogischen Handelns.

Der Dekonstruktion geht es nicht darum, von festen Standpunkten aus überkommene Sinnzusammenhänge und Deutungen zu wiederholen oder weiter zu differenzieren. Statt dessen gilt es, den festen Ort, den z.b. die tradierten Disziplinen bieten, zu verlassen und sich auf den unsicheren Boden eines nicht von den Wissenschaftsdisziplinen vermessenen Grundes zu begeben. Überkommenes muss zerstört und wieder neu zusammengesetzt werden. Statt fester Bezugspunkte wird die wissenschaftliche Erkenntnis Positionen des Gleitens, des Dazwischen, des Auf-der-Grenze einnehmen müssen. Aus den Elementen der zerstörten Sinnzusammenhänge gilt es neue Gebäude eines Wissens zu entwerfen, das für das Nicht-mit-sich-Identische bzw. für Paralogien offen ist.

»Mit versteckten, stets gefährlichen Bewegungen, die immer wieder dem zu verfallen drohen, was sie dekonstruieren möchten, müssen, im Rahmen der Vollendung, die kritischen Begriffe in einen vorsichtigen und minutiösen Diskurs eingebettet werden …, muss mit äußerster Sorgfalt ihre Zugehörigkeit zu jener Maschine bezeichnet werden, die mit ihrer Hilfe zerlegt werden kann. Zugleich gilt es, die Spalte ausfindig zu machen, durch die noch unnennbar durchschimmert, was nach der Vollendung (unserer Epoche) kommt.« (vgl. Derrida 1974, 1976).

Die subjektzentrierte Vernunft findet nur unzulängliche Wege, sich dem zweckrationalen Handeln der kapitalistisch organisierten Unternehmen und des bürokratischen Staatsapparats zu widersetzen. Der Akkumulationszwang, die Effizienzsucht und die damit gegebene Verdinglichungsmacht mit dem Ausschluss der missachteten Teile sind die Folge. Diesen Mechanismen lässt sich das *Heterogene*, das bis dahin Ausgeschlossene entgegenstellen, das sich den Imperativen der Nützlichkeit und Berechenbarkeit widersetzt. Die Souveränität des Menschen ließe sich danach nicht mittels einer Herrschaft der Vernunft, sondern eher mittels des Heterogenen herstellen. Das heißt, Grenzüberschreitungen, Ekstase, Selbstauflösung werden wichtige Voraussetzungen für die Souveränität des Menschen, die ohne diese Erfahrungen nicht zur Entfaltung kommt (vgl. Bataille 1974).

Schließlich ist zu überprüfen, ob die Moderne und mit ihr die Pädagogik nicht als eine Mischung von Diskursen und Praktiken zu begreifen ist, in denen die Subjekte, aber auch die Institutionen weniger wichtig sind als im Allgemeinen angenommen wird. Welche Folgen ergeben sich für die Pädagogik daraus, wenn es hinter diesen Diskursen keine Wirklichkeit oder Wahrheit gäbe? Von dieser Frage ausgehend kommt es darauf an, die pädagogischen Diskurse zu beschreiben und herauszuarbeiten, wie man in welchen Zusammenhängen und zu welcher Zeit über Erziehung spricht. Nach dieser Auffassung konstituiert sich Erziehung in Diskursen und in ihnen in unterschiedlicher Weise. Die Art der Diskurse hängt von Faktoren wie Sprecher, Adressat, Inhalt, Form usw. ab. Möglicherweise liegt das bestimmende Element in der Differenz, die ein Diskurs zu einem anderen, zu einer anderen Zeit und zu einem anderen Kontext hat. Zwar gestalten bestimmte Praktiken die Diskurse und werden von ihnen mitbestimmt. Doch erziehen möglicherweise weniger die handelnden Subjekte als die diese konstituierenden Diskurse und Praktiken. Historisch gesehen beständen bei allen Differenzen im Detail der pädagogische Diskurs der Moderne darin, das allgemeine Subjekt als Bezugspunkt der Erziehung und diese als Bezugspunkt des allgemeinen Subjekts erst zu konstituieren. Das allgemeine Subjekt und die Erziehung wären also in erheblichem Maße das Produkt einer bestimmten Form des Sprechens. Eine Diskursanalyse hätte die kontingenten Anfänge dieser Diskurse und die Gründe für ihre Veränderungen herauszuarbeiten. Wahrscheinlich liegt der Grund für den Diskurswechsel in den machtbestimmten, sie begründeten Praktiken. Dann wären die Diskurse und die Diskursveränderungen eher ein Produkt der Macht als der in sie eingefügten Subjekte. »Wo sich die Seele zu einen behauptet, wo sich das Ich eine Identität oder Kohärenz erfindet, geht die Genealogie auf die Suche nach dem Anfang … Die Analyse der Herkunft fährt zur Auflösung des Ich und lässt an den Orten und Plätzen seiner leeren Synthese tausend verlorene Ereignisse wimmeln« (vgl. Foucault 1974, 1977). Diese Position verabschiedet die auf Sinnverstehen ausgerichtete Hermeneutik und eine globale Geschichtsschreibung. Es gibt keinen übergreifenden Sinn; statt seiner lassen sich nur Diskurse, Zeichenformationen, Machtspiele identifizieren. Einer der die Moderne bestimmenden Diskurse ist der der Repräsentation, in dem die Zeichen, ohne als solche erkannt zu sein, der Repräsentation der Dinge dienen und in dem sich die Vorstellung der Subjekte mit den Objekten weitgehend treffen, um eine Ordnung der Repräsentation herzustellen. Von diesem Diskurs unterscheiden sich Diskurse, die die metaphysisch verbürgte Entsprechung von Welt und Sprache für nicht gegeben halten. Hier muss sich das vorstellende Subjekt zum Objekt machen, um sich »über den problematischen Vorgang der Repräsentation selbst Wahrheit zu verschaffen. Der Begriff der Selbstreflektion geht in Führung, und die Beziehung des vorstellenden Subjekts zu sich selber wird zum einzigen Fundament letzter Gewissheiten« (vgl. Habermas 1985).

Von dieser Sicht ausgehend lassen sich Weisen der Welterzeugung heraustreiben. Für die Gegenwart gilt, dass wir keinen festen Bezugsrahmen haben. Wir erzeugen unsere Bezugsrahmen und Weltsichten und zwar in sehr unterschiedlicher Weise, ohne dass diese sich auf eine einzige gültige reduzieren ließe. Die Schaffung einer Welt ist in der Regel eine Umschaffung, in der Komposition und Dekomposition, Gewichtung und Ordnen, Tilgung und Ergänzung sowie Deformation eine Rolle spielen. Danach haben wir alle Schwierigkeiten mit der Wahrheit und sind nur zu einer relativen Realität fähig.

»Ironischerweise wird also unsere Leidenschaft für eine Welt zu verschiedenen Zeiten und für verschiedene Zwecke auf viele verschiedene Weisen befriedigt. Nicht nur Bewegung, Ableitung, Gewichtung und Ordnung sind relativ, sondern auch Realität.« (vgl. Goodman 1984)

Die Vervollkommnung des Individuellen

Anthropologie und Bildungstheorie Wilhelm von Humboldts

Mit Humboldt erreichen Traum und Diskurs von Erziehung und Bildung eine neue Qualität. Die Allgemeinbildung des Individuums ist die vornehmliche Aufgabe. Mit ihrer Hilfe soll der Einzelne auf die Anforderungen seines zukünftigen Lebens vorbereitet werden. Im Weiteren sollen drei auf das Verhältnis von Bildung und Anthropologie bezogene Aspekte analysiert werden. So soll Humboldts Entwurf einer »vergleichenden Anthropologie« auf seine Bedeutung für eine historisch-pädagogische Anthropologie untersucht werden. Dann sollen Humboldts Vorstellungen über den Zusammenhang zwischen Bildung und Mimesis dargestellt werden. Schließlich soll die wechselseitige Verschränkung zwischen Sprache, Anthropologie und Bildungstheorie in Humboldts Denken rekonstruiert werden. In der Verfolgung dieser Fragen werden eine Rolle spielen: Das Verhältnis von Individuum und Gesellschaft, Überkommenem und Neuem, Wirklichkeit und Einbildungskraft, Außen und Innen, Besonderem und Allgemeinem, Historischem und Universellem, Sprache und Sprachen. Für die Bearbeitung der genannten Frage- und Problemstellungen verdienen einige frühe Schriften Humboldts besondere Aufmerksamkeit. So spielt für seine Anthropologie der 1797 geschriebene »Plan einer vergleichenden Anthropologie« eine zentrale Rolle. Das Gleiche gilt für den im selben Jahr verfassten, vor allem für die Bildungstheorie wichtigen Text »Über den Geist der Menschheit«. Diese Untersuchung ergänzt den 1794/95 verfassten Aufsatz »Theorie der Bildung des Menschen«. Ebenfalls 1794/95 entstand die Untersuchung »Über Denken und Sprechen«, deren Anliegen durch zahlreiche Untersuchungen zur vergleichenden Sprachwissenschaft fortgeführt wird. Auch die bereits 1792 entwickelten »Ideen zu einem Versuch, die Gränzen der Wirksamkeit des Staats zu bestimmen« sind für die von uns verfolgte Fragestellung wichtig. In diesen Schriften, die fast alle erst von Leitzmann in der Akademieausgabe am Anfang des 20. Jahrhunderts veröffentlicht wurden, finden sich viele später von Humboldt weiter geführte Überlegungen im Ansatz.

Zur Rezeption Humboldts

Neben diesen für die Bearbeitung der genannten Fragestellungen wichtigen Schriften des jungen Humboldt sei auf eine Reihe wichtiger Auseinandersetzungen mit seinem Werk verwiesen, die das den weiteren Ausführungen zugrunde liegende Humboldt-Verständnis beeinflusst haben, sei es, dass sie dazu angeregt haben, sich von ihnen abzugrenzen, sei es, dass sie neue Sichtweisen entwickelt haben, die in die folgende Untersuchung eingegangen sind. Im Einzelnen seien genannt: Eduard Spangers frühe Schrift »Wilhelm von Humboldt und die Humanitätsidee« (1909), Theodor Litts »Das Bildungsideal der deutschen Klassik und die moderne Arbeitswelt« (1957), Clemens Menzes »Wilhelm Humboldts Lehre und Bild vom Menschen« (1965) und »Die Bildungsreform Wilhelm von Humboldts« (1975), Hans-Joachim Heydorns »Über den Widerspruch von Bildung und Herrschaft« (1970), Dietrich Benners »Wilhelm von Humboldts Bildungstheorie« (1990), Jürgen Trabants »Apeliotes oder Der Sinn der Sprache« (1986) und »Traditionen Humboldts« (1990) sowie Hans-Josef Wagners Untersuchung zur »strukturalen Bildungstheorie Humboldts« (1995). Die Sicht Humboldts unterscheidet sich in diesen Studien außerordendlich. In den Auffassungsdifferenzen wird die Vielschichtigkeit und Komplexität des Humboldtschen Denkens sichtbar, das sich linearen, auf Eindeutigkeit und Widerspruchsfreiheit zielenden Interpretationen widersetzt. Nicht zuletzt hierin liegen Reiz und Aktualität des Humboldtschen Denkens.

Historische Anthropologie »avant la lettre«?

Lange ist Humboldts eigenständiger Beitrag zur Anthropologie nicht gesehen worden. Zu stark galt das Interesse philosophischer und pädagogischer Anthropologie dem Universellen und zu sehr ging es einher mit der Vernachlässigung des Besonderen, als dass die Fruchtbarkeit der Herderschen und Humboldtschen Überlegungen begriffen werden konnte, in deren Mittelpunkt die Wertschätzung des Besonderen und seine Verbindung mit dem Allgemeinen stand. Unter dem Einfluss der Philosophischen Anthropologie Schelers, Plessners und Gehlens ging es um »*Die* Stellung *des* Menschen im Kosmos«, »*Die* conditio humana«, »*Den* Menschen«. Auch in der pädagogischen Anthropologie der 1960er- und 1970er-Jahre war unter dem Einfluss der philosophischen Anthropologie das Interesse auf *das* Kind als »homo educandus« gerichtet (Wulf/Zirfas 1994). Die Folge waren eher allgemeine Aussagen über das Kind, seine Bildsamkeit und seine Bestimmung, die von den jeweiligen historischen und kulturellen Bedingungen abstrahierten. Weniger galt das Interesse historisch oder kulturell unterschiedlichen Kindheiten, wie sie im Rahmen der angelsächsischen »cultural anthropology« untersucht werden. Erst in den frühen 1990er-Jahren änderte sich das Interesse durch die »Entdeckung« der zweifachen Geschichtlichkeit und des Arbeitsfeldes »Historische Anthropologie« (Kamper/Wulf 1982ff.; Gebauer u.a. 1989; Kamper/Wulf 1994).

In den 1990er-Jahren finden sich zahlreiche Versuche, diese Bemühungen auch für die Entwicklung einer *historisch-pädagogischen Anthropologie* fruchtbar zu machen (Wulf 1994; Wulf/Zirfas 1994; Mollenhauer/Wulf 1996; Liebau/Wulf 1996; Liebau/Miller-Kipp/ Wulf 1999; Bilstein/Miller-Kipp/Wulf 1999; Schäfer/Wulf 1999). Auf dem Hintergrund dieser Bemühungen entstehen neue Verständnismöglichkeiten für Humboldts »vergleichende Anthropologie«, deren Bedeutung in ihrem Versuch zu sehen ist, eine allgemeine mit einer besonderen Perspektive zu verschränken.

Vergleichende Anthropologie

Wie sieht nun Humboldts Konzept einer »vergleichenden Anthropologie« aus? »Ihre Eigentümlichkeit besteht darin, dass sie einen empirischen Stoff auf spekulative Weise, einen historischen Gegenstand philosophisch, die wirkliche Beschaffenheit des Menschen mit Hinsicht auf seine mögliche Entwicklung behandelt« (Humboldt 1960, Bd. I, S. 352). Anthropologie soll also weder ausschließlich empirisch noch allein philosophisch betrieben werden; vielmehr komme es darauf an, Empirie und Philosophie zu verschrän-

ken, d.h. einen historischen Gegenstand philosophisch so zu durchdringen, dass in der Behandlung der jeweiligen Beschaffenheit des
Menschen seine mögliche Entwicklung sichtbar wird. Mit dieser
Verbindung von Philosophie und Empirie, von Transzendentalem
und Historischem gilt es eine philosophisch angeleitete historisch-
anthropologische Untersuchung der *»Verschiedenheit der Köpfe«*
vorzunehmen. Insofern diese auch Entwicklungsmöglichkeiten zeigen soll, überschneiden sich ihre Intentionen mit denen der Bildung und der Bildungstheorie. Beiden geht es nicht um die Verwirklichung einer allgemeinen Norm, sondern um die Erkenntnis
der Differenzen zwischen Kulturen, historischen Epochen und Individuen.

Anthropologische Forschung will die »Eigenthümlichkeiten des
moralischen Charakters der verschiedenen Menschengattungen neben einander aufstellen und vergleichend beurteilen« (Humboldt
1960, Bd. I, S. 337). Die Erkenntnis des »moralischen Charakters«
erscheint als Hauptziel von Anthropologie. In Übereinstimmung
mit dem Sprachgebrauch der Zeit bezeichnet »moralisch« die »kulturellen« Aspekte des Charakters. Aufgabe der Anthropologie ist es
also, die kulturellen Ausprägungen der verschiedenen »Menschengattungen« bzw. der verschiedenen Gesellschaften zu erforschen. So
wichtig die Erkenntnis der unterschiedlichen »Charaktere« ist, so
notwendig ist die Erkenntnis der Gesamtheit der Individuen und
Gesellschaften. Nur in dieser Gesamtheit erscheint das »Ideal der
Menschheit«. Und so heißt es folgerichtig:

> *»Ein Mensch ist nur immer für Eine Form, für Einen Charakter
> geschaffen, ebenso eine Classe der Menschen. Das Ideal der
> Menschheit aber stellt so viele und mannigfaltige Formen dar, als
> nur immer mit einander verträglich sind. Daher kann es nie an-
> ders, als in der Totalität der Individuen erscheinen.«* (Humboldt
> 1960, Bd. I, S. 339f.)

Anthropologie zielt also einerseits auf die Erforschung der Differenzen zwischen den Gesellschaften, Kulturen und Individuen; andererseits gilt es gerade in der Mannigfaltigkeit der Unterschiede
und in den Kontingenzen das »Ideal der Menschheit« zu begreifen.

Da als Aufgabe anthropologischer Forschung die Erkenntnis des »Charakters« verschiedener Gesellschaften, Menschengruppen und Individuen angegeben wird, bedarf es einer genaueren Bestimmung des Begriffs. Humboldt sieht sie durch Mannigfaltigkeit in Einheit gegeben, wenn er schreibt:

> »Was sich in der Seele des Menschen bewegt, seine Gedanken, Empfindungen, Neigungen und Entschlüsse, und wie, in welcher Folge und Verknüpfung sie wirken, sind also die Punkte, worin sein Charakter besteht – das Verhältniss und die Bewegung seiner Kräfte, zugleich und als Eins gedacht.« (Humboldt 1960, S. 453)

Diese *Mannigfaltigkeit* in *Einem* macht das Spezifische jedes Charakters – seine Gestalt aus. Ihre innere Einheit und Struktur gilt es zu erkennen. Sie ist der Ausgangspunkt der Handlungen des Einzelnen. Sie bildet zugleich auch die Grenze der Angemessenheit allgemeiner anthropologischer Aussagen und verweist auf die Notwendigkeit mimetischer Annäherung an das anders nicht Erfassbare des Individuellen.

Der vergleichenden Anthropologie obliegt es, den »Charakter« aus den »Aeusserungen des ganzen Menschen« zu rekonstruieren. Dabei gilt es, seine individuellen Merkmale, das Verhältnis der ihn bewegenden Kräfte, seine »innere Beschaffenheit und Vollkommenheit«, weniger seine »Tauglichkeit zu äußeren Zwecken« zu erfassen. Entscheidend ist es, in seiner Erforschung das Zufällige vom Wesentlichen zu trennen, ihn in seiner zeitlichen Genese zu sehen und seine geschichtliche Bedingtheit und Zukunftsoffenheit zu begreifen. Schließlich gilt es, die Vielfalt der Erscheinungen in die »höchste Einheit« zusammenzuziehen. Der Anthropologie kommt somit die Aufgabe zu, »den Umfang der, ohne Verletzung der Idealität, möglichen Verschiedenheit im Menschengeschlecht zu erforschen« (Humboldt 1960, Bd. I, S. 354–355). Ergänzt wird diese Bestimmung durch den Anspruch, »die mögliche Verschiedenheit der menschlichen Natur in ihrer Idealität auszumessen; oder, was dasselbe ist, zu untersuchen, wie das menschliche Ideal, dem niemals Ein Individuum adäquat ist, durch viele dargestellt werden kann« (Humboldt 1960, Bd. I, S.350).

Ziel anthropologischer Forschung ist also die Erkenntnis der Mannigfaltigkeit und das Zusammenfügen der Vielheit zu einem komplexen Verständnis des Menschen, das nicht darauf gerichtet ist, Widersprüche durch Vereinfachung und Abstraktion auszuschalten. Anthropologie bemüht sich um eine *komplexe Sicht* des Menschen. Sie richtet sich daher auf die zwischen den Kulturen, den verschiedenen historischen Epochen, Gruppen und Individuen gegebenen Differenzen. Diese muss sie benennen, herausarbeiten und auf den Begriff bringen, ohne die Sicht auf das Gemeinsame, erst Differenzen Ermöglichende aus den Augen zu verlieren.

Im Zentrum der Anthropologie steht die Erforschung des *Individuellen* mit den Unterschieden, die dieses erst konstituieren. Dabei handelt es sich um:

- Unterschiede zwischen den Menschen im Hinblick auf ihre Beschäftigung, die Ergebnisse ihres Fleißes und die Art ihrer Bedürfnisbefriedigung;
- Unterschiede im Äußeren, im Körperbau und Verhalten, in der Physiognomie, der Sprache und den Gebärden;
- Unterschiede zwischen den Geschlechtern in Bezug auf Körperbau, intellektuelle Fähigkeiten, ästhetischen Charakter, Empfindungsvermögen und Willen.

Trotz ihrer Fokussierung auf das Individuelle zielt die anthropologische Erkenntnis auch auf ein synthetisches Verständnis eines Gesamts des Menschen.

Dieser Aufgabe der Anthropologie sollen *drei Methoden* dienen. In der einen wird der Mensch als Objekt und als Gegenstand gesehen, der empirisch zu erforschen ist. Hierzu steht das Methodenspektrum *naturwissenschaftlicher Forschung* zur Verfügung. Die zweite Methode richtet sich auf die Erforschung der Geschichtlichkeit und Gesellschaftlichkeit des Menschen. Hier spielen *historisch-hermeneutische* Verfahren eine entscheidende Rolle. *Philosophische Reflexion* und *ästhetisches Urteil* bilden schließlich die dritte Methode der Anthropologie. Für die Fruchtbarkeit anthropologischer Forschung ist die Verbindung der verschiedenen Methoden von entscheidender Bedeutung. Zu einem Modell für anthropologische

Forschung wird Humboldt später die Sprache mit ihrer Manifestation in einer Vielzahl von Sprachen.

Für Humboldt sind Erkenntnis und Bildung des Menschen eng miteinander verbunden. Menschenbildung ist ohne Menschenerkenntnis, ohne Anthropologie nicht möglich. Anthropologie zielt ihrerseits auf die Bildung des Menschen und seiner Gattung. Das Verhältnis zwischen Anthropologie und Bildungstheorie ist kontingent, d.h. es bestehen mehrere Möglichkeiten, dieses Verhältnis zu bestimmen und eine Möglichkeit durch eine Entscheidung zu verwirklichen.

Kontingenz bezeichnet eine für die anthropologische Forschung charakteristische Verbindung von Verfügbarkeit und Unverfügbarkeit im Erkennen und Handeln.

»Kontingent ist, was auch anders möglich ist, und es ist auch anders möglich, weil es keinen notwendigen Existenzgrund hat.« (Makropoulos 1994, S. 278)

Einerseits ist kontingent, was sich der Planung entzieht und als unverfügbar erkennbar wird. Aristoteles hat hierfür die Kategorie des Zufalls eingeführt. Sein »wie es sich gerade ergibt« wurde im Mittelalter mit »contingere« übersetzt. Andererseits ist aber auch alles kontingent, was erkennbar und gestaltbar ist. Im Unterschied zu Beziehungen, die als eindeutig angesehen werden, verweist der Begriff der Kontingenz auf Möglichkeiten, zwischen denen zu entscheiden ist, also auf Erkenntnis- und Handlungsspielräume. Begreift man das Verhältnis von Anthropologie und Bildung als kontingent, so folgt daraus der offene und wandelbare Charakter dieses Verhältnisses und die Notwendigkeit, es jeweils im Einzelnen zu bestimmen. Voraussetzung für ein kontingentes Verhältnis zwischen anthropologischer Forschung und Bildungstheorie ist die Offenheit von Anthropologie und Bildungstheorie im Hinblick auf ihre Erkenntnis- und Handlungsmöglichkeiten, die in jeder spezifischen historischen Situation der Einschränkung durch Entscheidungen bedarf.

Durch die Erforschung differenter Kulturen, Gruppen und Individuen wird ein anthropologisches Wissen erworben, das auch zu einem verbesserten Verständnis jeder individuellen Kultur, Gruppe oder Person beiträgt. Durch die Kenntnis des Ähnlichen wächst die Kenntnis von Kontingenzen und damit von Möglichkeiten der Selbsterkenntnis. Die Bemühung um das Andere führt zum Verständnis des Eigenen und seiner Möglichkeiten. Jedes Individuelle hat nur *eine* Ausprägung, die sich jedoch in einem kontingenten Verhältnis zum Ähnlichen und Fremden verstehen lässt. Diese Kontingenzerfahrung zwischen dem eigenen Individuellen und dem Anderem ist ein wesentliches Moment im Bildungsprozess. Anthropologische Erkenntnis ist für Humboldt nicht nur Wissen um des Wissens willen, sondern auch Erkenntnis zur Anbahnung von Bildungsprozessen, deren Ziel die Vervollkommnung des Individuellen ist.

Mit dem Verständnis von Anthropologie als »vergleichender« erzeugt Humboldt ein Interesse an *Differenz* und damit *Kontingenz* zwischen dem jeweils Individuellen. Diese Fokussierung führt zum Verständnis der Geschichtlichkeit und der kulturspezifischen Ausprägung des Individuellen. So gesehen, lässt sich Humboldt als ein Vorläufer der *Historischen Anthropologie* und der *Kulturanthropologie* begreifen. Sein über das Interesse am Individuellen hinausreichendes Bemühen um ein Gesamtverständnis des Menschen, das die Differenzen und Kontingenzen einbezieht, stellt für die Historische Anthropologie und die Kulturanthropologie eine Herausforderung dar.

Bildung und die Grenzen des Staates

Voraussetzung für die Humboldtsche Bildungstheorie ist die Entdeckung des Individuums als Initiator, Träger und Bezugspunkt von Bildungsprozessen. Diese *Wertschätzung des Individuellen* mit seiner Mannigfaltigkeit findet sich – wie wir gesehen haben – auch in Humboldts Anthropologie. Deutlich artikuliert sie sich bereits in Humboldts Jugendschrift »Ideen zu einem Versuch, die Gränzen der Wirksamkeit des Staats zu bestimmen« (1792). Hier entwickelt Humboldt seine Sicht über die notwendige *Begrenzung der Macht des Staates*. Formuliert werden diese Einsichten auf dem Hintergrund der Erfahrungen mit dem absolutistischen Staat und mit der Französischen Revolution, die Humboldt als »Geschichtszeichen« zwar begrüßt, die er aber wegen ihrer Grausamkeiten durchaus ambivalent einschätzt. Geklärt werden muss im Verhältnis zum Staat, »zu welchem Zweck die ganze Staatseinrichtung hin arbeiten, und welche Schranken sie ihrer Wirksamkeit setzen soll?« (Humboldt 1960, Bd. I, S. 56). Um die Mannigfaltigkeit der verschiedenen Staatsbürger zur Entfaltung kommen zu lassen, muss der Staat seine Wünsche begrenzen, das Gemeinwesen nach seinen Gesichtspunkten zu beherrschen. Dies ist umso mehr erforderlich, als er gar nicht in der Lage ist, der Vielfalt und Differenziertheit gesellschaftlichen und gemeinschaftlichen Lebens adäquat zu begegnen. Nur mit Hilfe der Begrenzung der Macht des Staates können sich Gleichheit und Freiheit der Bürger entwickeln. Die Einschränkung der Staatsmacht ist eine notwendige Voraussetzung für die Ausbildung der *Mannigfaltigkeit und Vervollkommnung des Gemeinwesens*. Durch die Begrenzung staatlicher Macht soll den Bürgern eine ihre Individualität entwickelnde universelle Bildung ermöglicht werden, die sie befähigt, an der öffentlichen Politik teilzunehmen und diese zu gestalten. Zweck des Staates ist also nicht mehr er selbst, sondern das Wohl seiner Bürger. Dieses kann in modernen Gesellschaften nicht länger durch vorgegebene gesellschaftliche Gesamtziele bestimmt werden. Vielmehr müssen die Individuen ihre Ziele selbst setzen und verwirklichen. Gesellschaftliche Entwicklung hängt daher ebenso von der Bildung der einzelnen Gesellschaftsmitglieder ab wie deren Bildung von dem ihnen im Staat zugebilligten Entwicklungsspielraum. Da in den modernen Staaten die Identität zwischen Mensch und Bürger nicht mehr gegeben ist, müssen diese Gesellschaften Ziel und Beschaffenheit der Entwicklung den Individuen freigeben. Eine für alle Gesellschaftsmitglieder verbindliche Festlegung ist unmöglich. Bestimmung erscheint nur als *Selbstbestimmung der Individuen* möglich. Die dazu erforderlichen Bedingungen zu sichern, ist Pflicht des Staates. Die Selbstbestimmung der Individuen ist deren Aufgabe.

Wie Fichte hat Humboldt die *Unhintergehbarkeit des Individuums* deutlich gesehen. Jeder Reflexion und jedem Handeln geht es voraus und ist damit uneinholbar. In Fichtes Formulierung ist das Selbstbewusstsein »eine Tätigkeit, der ein Auge eingesetzt ist«. Im Unterschied zu Fichte, in dessen Sicht das Ich in seiner Unhintergehbarkeit sich die Welt als Nicht-Ich gegenübersetzt, geht Humboldt von einem gleichursprünglichen Verhältnis von Ich und Welt aus, »in dem die Rezeptivität und Spontaneität des Ich als gleichursprünglich vorausgesetzt sind und das Ich anfänglich zwar als ganz und gar unbestimmt gedacht, alle Erfahrung aber als Resultat einer über Spontaneität und Reflexivität des Ich vermittelten Wechselwirkung mit der Welt gedeutet wird« (Benner 1990, S. 32). Daher sind Bestimmungen des Individuums von außen, die ihm keine Möglichkeit zur Selbestimmung lassen, problematisch und verstoßen gegen die *unbestimmte Bildsamkeit* jedes Einzelnen, deren Gestaltung ihm obliegt. An dieser Unbestimmtheit der Bildsamkeit ist festzuhalten, damit Bildung nicht zur Anpassung des Menschen an vorgegebene gesellschaftliche Bedingungen oder zu eigenem Habitus der Herrschaft über die Welt verkommt.

Im zweiten Teil seiner Abhandlung über die Grenzen des Staates bestimmt Humboldt Ziel und Sinn menschlichen Lebens:

> *»Der wahre Zweck des Menschen – nicht der, welchen die wechselnde Neigung, sondern welchen die ewig unveränderliche Vernunft ihm vorschreibt – ist die höchste proportionierlichste Bildung seiner Kräfte zu einem Ganzen. Zu dieser Bildung ist Freiheit die erste und unerlässliche Bedingung. Allein außer der Freiheit erfordert die Entwicklung der menschlichen Kräfte noch etwas andres, obgleich mit der Freiheit eng verbundenes, Mannigfaltigkeit der Situationen. Auch der freieste und unabhängigste Mensch, in einförmige Lagen versetzt, bildet sich minder aus.«* (Humboldt 1960, Bd. I, S. 64)

Auf dem Hintergrund unserer bisherigen Überlegungen liegt es nahe, diese Stelle nicht so zu interpretieren, als ginge es Humboldt um eine harmonische Bildung, in der das Ich mit der Welt und mit sich zur Übereinstimmung kommt. »Höchste Bildung« bedeutet in unserem Verständnis nicht eine hohe allgemeinverbindliche Bildungsnorm, die es in den Individuen zu verankern gilt. Ebenso wenig bedeutet »proportionierte Bildung« allgemein verbindliche Proportionen von Bildungsinhalten. Vielmehr wird man Benners Deutung folgen können, der auf das antinomische Verhältnis zwischen den beiden Begriffen verwiesen hat:

>*Je höher unter den Bedingungen moderner Arbeitsteilung der Grad der individuellen Bildung in einem bestimmten Gebiet oder Bereich, umso unproportionierlicher verhalten sich die anderen Gebiete oder Bereiche, welche auch immer es seien, zu diesem. Je proportionierlicher umgekehrt die Entwicklung aller Gebiete oder Bereiche der Bildung, umso weniger unterscheiden sich diese hinsichtlich ihrer Entfaltung und umso geringer ist, in der Regel wenigstens, die Höhe und der Grad ihrer individuellen Ausprägung.*« (Benner 1990, S. 49)

Damit der Einzelne diese Antinomie angemessen bearbeiten kann, bedarf es zweier Bedingungen, der »Freiheit« des Einzelnen, seinen Bildungsprozess mit den in ihm enthaltenen Antinomien zu bestimmen, und der »Mannigfaltigkeit« und Vielgestaltigkeit der Bildungssituationen.

Als Sinn menschlichen Lebens wird die Bildung der Kräfte angesehen. Diese Kräfte unterscheiden das Organische vom Anorganischen und sind charakteristisch für alles Lebendige. Mit jeder Individuation sind sie in unterschiedlicher Weise gegeben. Sie sind es, die der Bildung bedürfen und die zugleich die Bildsamkeit ausmachen. Menze bestimmt ihre anthropologische und bildungstheoretische Bedeutung zutreffend:

>*Die Kraft als das Apriori im Menschen bedeutet also, dass der Mensch seiner Natur nach Tätigkeit, Energie ist, dass er als Mensch immer als ein Tätiger erscheint, dass die so verstandene Tätigkeit der Grundzug seines Wesens ist.*« (Menze 1965, S. 100)

Diese Kraft ist Bedingung jedes Menschen und jedes Lebewesens. Als solche bleibt sie rätselhaft und unergründlich. Insofern diese (Lebens-)*Kraft* das Individuum konstituiert, treibt sie auch seine Bildungsprozesse voran. Bildungsprozesse sind *energetisch*. Sie werden dadurch gestaltet, dass sich die menschliche Energie auf ein

Außen richtet. »Da jedoch bloße Kraft einen Gegenstand braucht, an dem sie sich üben, und die bloße Form, der reine Gedanke, einen Stoff, in dem sie, sich darin ausprägend, fortdauern könne, so bedarf auch der Mensch einer Welt außer sich. Daher entspringt das Streben, den Kreis seiner Erkenntnis und seiner Wirksamkeit zu erweitern ...« (Humboldt 1960, Bd. I, S. 235). Die innere Natur des Menschen bedarf also eines Außen, um sich zu bilden. Menschliches *Denken* und *Handeln* kann sich nur mit Hilfe der Bearbeitung eines Außen, eines »Nicht-Menschen, d.i. der *Welt*«, gestalten. Nur durch die Arbeit an einem Außen kann die mit der energetischen menschlichen Struktur gegebene Unruhe befriedigt werden und eine »innere Verbesserung und Veredlung« geschehen. Bildung heißt »Verknüpfung unseres Ichs mit der Welt zu der allgemeinsten, regesten und freiesten Wechselwirkung« (Humboldt 1960, S. 235).

Bildung als Mimesis

So begriffene *Bildungsprozesse sind mimetisch*. Mimesis meint hier nicht nur »Nachahmung«, sondern auch »Anähnlichung«, »Darstellung«, »Ausdruck«. Wenn von dem mimetischen Charakter vieler Bildungsprozesse die Rede ist, dann wird Mimesis nicht auf Kunst, Dichtung und Ästhetik eingeschränkt. In Humboldts Verständnis spielen mimetische Fähigkeiten in fast allen Bereichen menschlichen Vorstellens, Denkens, Sprechens und Handelns eine Rolle und stellen eine unerlässliche Bedingung für die »Verknüpfung unseres Ichs mit der Welt« dar. Mit Hilfe mimetischer Prozesse findet eine Ausweitung des Individuums auf die Außenwelt hin und eine Anähnlichung an diese statt. Diese Anähnlichung an Welten außerhalb des Individuums führt zur Gestaltung der nach außen gerichteten für das menschliche Leben charakteristischen Energie. In Humboldts Verständnis ist diese Gestaltung des Außen zugleich eine Gestaltung des Innen, also Bildung. Insofern Bildung nicht auf Herrschaft, sondern auf die Formung der Kräfte des Individuums in einer herrschaftsfreien Begegnung mit äußeren Welten zielt, ist sie mimetisch. In der Anähnlichung an äußere Welten führen mimetische Prozesse zur Aneignung des Fremden. Mit Hilfe seiner mimetischen Fähigkeiten weitet sich das Individuum zum Fremden hin aus und macht es zu einem Teil seiner inneren Bilder-, Klang- und Vorstellungswelt. Dadurch wird Außenwelt zu Innenwelt. Diese den Bildungsprozess konstituierende Transformation vollzieht sich durch die Überführung der Außenwelt in Bilder und durch deren Aufnahme in die innere Bilderwelt des Individuums. Mit Hilfe der Einbildungskraft werden diese Bilder in der inneren Bilderwelt mit anderen Erinnerungs-, Wunsch- und Vorstellungsbildern verbunden. Mit Hilfe der Verbildlichung des fremden Außen wird es Teil des Innenraums des Individuums, der dadurch erweitert wird. Mittels dieser mimetischen Verknüpfung erschließt sich das Individuum die Welt und wird durch sie gleichzeitig erschlossen. Diese Ähnlichmachung von Geist und Welt bewirkt die Bildung des Individuums.

In der Mimesis von Außenwelt, von Gegenständen und anderen Menschen wird die Erfahrung der Differenz der Außenwelt, ihrer Nicht-Identität mit der eigenen Welt gemacht. Das Sich-Anähneln an das Außen führt nicht zur Aufhebung dieser Differenz zwischen Innen und Außen. Käme es dazu, verkäme Mimesis zur Mimikry, zu Anpassung an eine Außenwelt unter Absehung der gestaltenden Kräfte und Energien des Individuums. Der individuelle Charakter dieser Energien sichert die Mannigfaltigkeit mimetischer Prozesse und ihrer Ergebnisse. Seine mimetischen Fähigkeiten führen das Individuum dazu, sich auf die Welt einzulassen, sich von ihrer Neuheit und Fremdheit faszinieren zu lassen, sich an dem Prozess der Verinnerlichung des Außen zu erfreuen und sich in dieser Freude selbst zu erfahren.

Mimetischen Prozesse sind *sinnlich*. Sie vollziehen sich über Augen, Ohren, Tasten, Riechen und Schmecken. Doch sie können sich auch auf imaginäre Welten richten und sich der Einbildungskraft bedienen. Sie zielen auf Unbekanntes und produzieren in der Begegnung neue Erfahrungen, in denen Fremdes zu Bekanntem wird. Im mimetischen Verhalten kommt es zur Verschränkung eines aktiven Zugehens auf die Welt mit einer eher passiven Aufnahme im Inneren des Individuums. Dabei sichert die Rezeptivität die Ähnlichkeit, die Aktivität die individuelle Differenz der Verarbeitung. Mimetische Prozesse sind keine bloßen Imitationsprozesse; in ihrem Verlauf entsteht immer auch Neues. In der mimetischen Auseinandersetzung mit der Welt schafft jedes Individuum aufgrund seiner jeweiligen Voraussetzungen Neues. Die Unterschiedlichkeit der Individuen sichert so auch die Mannigfaltigkeit mimetischer Bildungsprozesse. Freiheit, Selbsttätigkeit und Eigengestaltung sind daher deren unerlässliche Bedingung.

Bildungsprozesse vollziehen sich stets in spezifischen historisch-kulturellen Kontexten, die ihrerseits nicht voraussetzungslos sind, sondern an Vorausgegangenes anknüpfen. Das Lernen der Sprache ist beispielsweise ein solcher in hohem Maße mimetischer Prozess, in dem es immer schon Vorausgehendes gibt, das nachgeahmt wird, dem man sich anähnelt und das dabei gemäß der eigenen Individualität gestaltet wird. Für viele dieser Lern- und Bildungsprozesse sind Vorbilder, auf die sich der junge Mensch richtet, von entscheidender Bedeutung. Dabei ist es besonders deren »individuelle Orginalität«, die zur Nachahmung herausfordert:

> »*Jene ausgezeichneten Menschen, die uns hier zum Vorbilde dienen, haben … immer eine entschiedene orginelle Individualität.*« (Humboldt 1960, Bd. I, S. 512)

Die in dieser originellen Individualität liegende Überlegenheit und Differenz fordert das mimetisches Vermögen heraus. Der junge Mensch will werden wie das Vorbild. Seine mimetischen Kräfte sind so zwingend, dass er sich ihrer Wirkungen nicht erwehren kann. Nach Platons Auffassung muss die Auswahl der Vorbilder daher sorgfältig kontrolliert werden. Ähnlich ist auch Humboldt von der Bedeutung der Vorbilder für die Bildung und Selbstbildung des Menschen überzeugt. In der »individuellen Orginalität« ausgezeichneter Menschen erfährt man etwas von seinen Möglichkeiten. Nicht, dass man wie sie werden könnte. Doch sprechen sie die in jedem Menschen enthaltenen Möglichkeiten an und fordern heraus, diese zu entwickeln.

Die Mimesis eines Vorbilds meint die Herstellung eines kontingenten Verhältnisses zwischen einem Vorbild und einem sich mimetisch auf dieses beziehenden Menschen. Das Ergebnis dieses Verhältnisses ist von den jeweiligen Bedingungen des Vorbilds und des sich mimetisch zu ihm Verhaltenden abhängig und ist daher nur unzulänglich voraussagbar. Das mimetische Verhältnis wird durch den Bezug zu einem Vorgegebenen bestimmt, ist jedoch offen in seinem Ergebnis. Denn es ist kein Zweck-Mittel-Verhältnis, in dem Ziele die Ergebnisse vorbestimmen. Mimetische Prozesse vollziehen sich mit »gebrochenen Intentionen«. Sie finden statt, ohne dass zu ihrem Beginn schon deutlich wäre, in welche Richtung sie sich entwickeln und was ihre Ergebnisse sein werden. Ihr *offener Charakter* unterscheidet sie von eher zielgerichteten und ergebnisorientierten Imitationsprozessen. In mimetischen Prozessen lässt sich ein Individuum von einem Gegenstand oder anderen Menschen in Bann ziehen, setzt sich einem Prozess der Anähnlichung aus und kann sogar in Gefahr geraten, sich an das Vorbild oder die Bezugswelt zu verlieren. In dieser Angleichung zeigen sich Kraft und Macht mimetischer Prozesse mit ihren tief greifenden Wirkungen auf das Individuum.

Humboldt begreift Bildung weitgehend als mimetisch, d.h. als nicht-teleologisch, unbestimmt und offen. Bildung zielt auf die Vermittlung zwischen äußeren historisch-gesellschaftlichen und inneren individuellen Bedingungen. Für das Gelingen dieser Prozesse bedarf es *individueller Freiheit* und vielfältiger gesellschaftlich geschaffener Bildungsmöglichkeiten. Nur so können die mit dem Ziel »höchster« und »proportionierlichster« Bildung verbundenen Ansprüche und *Konflikte* bearbeitet werden. Die Ergebnisse dieser Bildungsprozesse sind zukunftsoffen. *Zukunftsoffenheit* bedeutet: Das Unbekannte und Ungewisse der Zukunft und das *Unabschließbare* menschlicher Bildung werden als konstitutive Elemente in den Bildungsprozess einbezogen, in dem die damit gegebenen *Unsicherheiten* nicht durch vermeintliche Sicherheiten verdeckt werden.

Selbstmimesis

Die mimetische Bewegung des Individuums richtet sich nicht nur nach außen und zielt nicht nur auf eine Anähnlichung an das Außen. Bereits in der frühen Schrift »Über den Geist der Menschheit« betont Humboldt die zentrale Bedeutung des Individuums und des

Subjekts für die Anthropologie und die Bildungstheorie. Nach diesen Überlegungen liegt die Bestimmung des Menschen in ihm selbst. Bildung wird auch als eine selbstbezogene mimetische Bewegung des Individuums begriffen. Humboldt bestimmt ihr Ziel:

>»*Der Mensch muss daher Etwas aufsuchen, dem er, als einem letzten Ziele, alles unterordnen, und nach dem er, als nach einem absoluten Maßstab, alles beurtheilen kann. Dies kann er nicht anders, als in sich selbst finden, da in dem Inbegriff aller Wesen sich nur auf ihn allein alles bezieht; er kann sich aber weder auf seinen augenblicklichen Genuss, noch auf sein Glück überhaupt beziehen, da es vielmehr ein edler Vorzug seiner Natur ist, den Genuss verschmähen und das Glück entbehren zu können; es kann daher nur in seinem inneren Werth, in seiner höheren Vollkommenheit liegen.*« (Humboldt 1960, S. 507)

Nur durch eine freie Selbsttätigkeit kann das Individuum seine »höhere Vollkommenheit« finden. Nur in diesem Prozess realisiert der Einzelne seine Einmaligkeit; nur in seinem Verlauf kann er seine Bestimmung finden. Diese Selbsttätigkeit ist eine innere geistige Lebenskraft«, mit deren Hilfe das Individuum sich so gestaltet, dass es zur Übereinstimmung mit seiner Würde kommt, die als das Spezifikum des Menschen begriffen wird. Diese nur schwer bestimmbare Kraft lässt sich mit der Einbildungskraft gleichsetzen, mit deren Hilfe sich der Einzelne auf sich selbst und damit auf die Menschheit beziehen kann:

>»*Die Aufforderung an die Selbstbildung des Menschen besteht also darin, dieser lebendigen Kraft folgend, als Person eine Individualität zu werden, die an keinem Punkt ihres Lebens ihren Endzweck erreichen und ihr Maß erfüllen kann, sondern immer bestrebt bleibt, dem ›Geist der Menschheit in der höchsten Stärke und in der grössten Ausdehnung‹ Ausdruck zu verleihen, d.h., der Mensch soll die Erhöhung seiner Kräfte und die Veredlung seiner Persönlichkeit, mithin die Moralisierung seiner Lebenspraxis bewirken und diese zugleich zur Totalität der Welterfahrung entgrenzen.*« (Herrmann 1994, S. 145f.)

Die nach außen und die nach innen gerichtete Mimesis könnte den Menschen vor der Entfremdung vor der Welt und vor der Selbstentfremdung bewahren. Durch beide Formen der Entfremdung verfehlte der Mensch seine Potenziale und verlöre er die Möglichkeit der Selbstvervollkommnung.

Sprache

Humboldts Arbeiten zur Sprache führen seine Überlegungen zur Anthropologie und zur Bildungstheorie zusammen und fügen ihnen neue Dimensionen hinzu. Schon in seinem frühen Aufsatz von 1793 »Über das Studium des Altertums und des Griechischen inbesondere« stellt Humboldt einen Zusammenhang zwischen den Griechen und der Eigenart ihrer Sprache fest. In seinem Fragment »Über Denken und Sprechen« betont er den engen Zusammenhang zwischen Sprache und Individualität. Humboldt unterscheidet Denken von Gedachtem und sieht in der Reflexion das Spezifische des Denkens. In der Reflexion stellt sich der Denkende Gegenstände gegenüber, fasst sie zu Einheiten zusammen und muss sie benennen. Humboldt begreift, dass die Sprache den Weltbezug des Menschen bestimmt, aus dem es kein Heraustreten gibt. Daher sind die Unterschiede zwischen den verschiedenen Sprachen und den durch sie begründeten Weltsichten nicht aufhebbar. Jede Sprache muss in ihrem historisch-individuellen Charakter begriffen werden. Wird dieser aus den Augen verloren, wird das Eigentümliche der jeweiligen Sprache verkannt. Die Vielfalt der Sprachen garantiert die Mannigfaltigkeit der Kulturen und Individuen. Sie ist Voraussetzung für die Vielgestaltigkeit der Individuen und ihrer Bildungsprozesse. Sprache ist die Fähigkeit, Gedanken zu erzeugen, Verstand und Sinnlichkeit zu verküpfen.

> *»Die Sprache ist daher, wenn nicht überhaupt, doch wenigstens sinnlich das Mittel, durch welches der Mensch zugleich sich selbst und die Welt bildet oder vielmehr seiner dadurch bewusst wird, dass er eine Welt von sich abschneidet.«* (Schiller/Humboldt; zit. nach Trabant 1990, S. 38)

Danach ist Sprache nicht bloß Zeichen oder Mittel der Mitteilung. Sie ist vielmehr Mittel der Bildung des Denkens, des Selbst und der Welt. Durch die Verbindung von Sinnlichkeit und Verstand kommt es zur Zeugung des Gedankens. Dieses Erzeugen, Ausdrücken und Wieder-Wahrnehmen des Gedankens ist nur möglich, da der Gedanke als Wort erzeugt wird.

> *»Hierzu ist die Sprache unentbehrlich. Denn indem in ihr das geistige Streben sich Bahn durch die Lippen bricht, kehrt das Erzeugniss desselben zum eigenen Ohre zurück. Die Vorstellung wird also in wirkliche Objectivität hinüberversetzt, ohne darum der Subjectivität entzogen zu werden.«* (ebd. S. 42)

Mehr noch als die Kunst bedarf die Sprache des Anderen.

> *»Dieses An-den-Anderen Gerichtetsein, die Alterität des Gedanken-Worts, erschöpft die Entäußerungen der Sprache noch nicht. Der Andere muss nicht nur hören, er muss auch erwidern ... Die Sprache fordert, dass der Andere seinerseits wirklich materiell Sprache produziert, wirklich ein Sprecher wird. Die Sprache hebt den Schein, das Als-Ob der Kunst, in wirkliche wechselseitige Produktivität auf.«* (Trabant 1990, S. 42f.)

Analog zur Anthropologie und zur Bildungstheorie versteht Humboldt die historisch-empirische Vielfalt der Sprachen als Reichtum der Welt und des Menschen. Die Vielzahl der Sprachen stellt kein großes Hindernis zur Verständigung des Menschen dar. Ist ein Individuum als Kind in eine Sprache hineingewachsen, kann es andere Sprachen lernen und sich in diesen verständigen. Zwischen Angehörigen verschiedener Sprachen ist Verständigung möglich. Wie in der Anthropologie, in der die Erforschung der Mannigfaltigkeit der Kulturen auch das Wissen über den Menschen vermehrt, vergrößert die Erforschung der *Verschiedenheiten* der Sprachen auch das Wissen über »Sprache«. Sprache macht die Welt erst zu einer menschlichen; sie übersetzt die Welt in eine Welt des Menschen. Ihre Grenzen bilden die Grenzen der Kultur und des Individuums. Die Sprachbedingtheit der Kultur und des Individuums ist unaufhebbar. Sie ist Reichtum und Begrenzung in einem. Sprache stellt einen Zwischenbereich zwischen Welt und Individuum dar, der historisch geworden ist und sich in stetigem Wandel befindet und der für die Bildung des Individuums von entscheidender Bedeutung ist. Über die Sprache finden Erweiterung und Kultivierung des Individums, seine Selbsterweiterung und Entwicklung statt. Sprache ist Medium eines zukunftsoffenen Bildungsprozesses, in dessen Verlauf immer wieder auch Widersprüche und Konflikte verarbeitet werden müssen. Stichwortartig lässt sich die anthropologische und bildungstheoretische Bedeutung der Sprache wie folgt skizzieren:

- Erst durch die Sprache wird der Mensch zum Menschen. Nicht kann das Menschsein von der Sprachfähigkeit getrennt werden. Daher greifen Vorstellungen zu kurz, die behaupten, der Mensch erfinde die Sprache und komme lediglich dadurch zu seiner Vervollkommnung.
- Sprache ermöglicht menschlichen Ausdruck und menschliche Gemeinschaft. Ohne sie fehlte dem Menschen ein wesentliches Ausdrucksmittel, wäre er kein soziales Wesen.
- Jede Sprache ist eine spezifische Weltsicht; diese Weltsicht ist unhintergehbar; das Individuum kann keinen Standpunkt außerhalb dieser Sprache und ihrer Weltsicht finden. Sprache ist Vermittlung von Welt und Individualität.
- Sprache ist Voraussetzung von Bildung und erlaubt es, sich die Welt zu erschließen und durch die Welt erschlossen zu werden. Sie schafft ein individuelles Welt- und Selbstverständnis.
- Sprache ist Kraft zur Gestaltung des Individuums und der Welt. Sie ist mit der spontanen und kreativen Energie des Individuums verbunden und ermöglicht Individuation.

Insofern menschliche Reflexivität und Denken an Sprache gebunden sind, der Mensch aber nicht vollständig in seinem sprachlichen Sein aufgeht, ist in der Sprache auch die Unergründbarkeit des Menschen erfahrbar. Die sprachlich erfahrbare Offenheit und Unergründbarkeit menschlicher Existenz ist ein konstitutives Element einer historisch-pädagogischen Anthropologie und einer auf ihr fußenden Bildungstheorie.

Ausblick

Im Denken Humboldts sind Sprache, Bildung und Anthropologie
eng miteinander verbunden. Menschsein bedeutet sprachfähig und
bildsam sein. In anthropologischer Hinsicht ist entscheidend, *wie
welche Sprache welchen Menschen* bildet. Wichtig ist nicht die Feststellung einer allgemeinen Sprachfähigkeit und Bildsamkeit, sondern die jeweilige historisch-kulturelle Ausprägung von Sprache
und Bildung. Sie zu erforschen ist Aufgabe der Sprachanthropolo-
gie und der pädagogischen Anthropologie. Trotz dieses für seine
Zeit außergewöhnlichen Interesses am Individuellen und den damit
verbundenen Unterschieden trifft Humboldts Auffassung aus heutiger Sicht dort auf ihre Grenzen, wo sie an der Idealität des Menschen und seiner Bildung, wo sie im Geiste ihrer Zeit an der Gewissheit der Perfektibilität des Einzelnen und der Menschengattung
und an der Übereinstimmung beider Ziele angesichts einer ihrer
Realisierung förderlichen Natur festhält. Nach den Ereignissen unseres Jahrhunderts gewinnt die Einsicht in die Unverbesserlichkeit
menschlicher Existenz heute ein größeres Interesse. Sie erfordert
die Radikalisierung der im Denken Humboldts in diese Richtung
weisenden Überlegungen.

Soziale Mimesis

Ging es im vorherigen Teil um die Rekonstruktion des Imaginären und des Diskurses von Erziehung sowie ihres Anspruches auf Vervollkommnung der Menschen, so stehen im Mittelpunkt des folgenden Teiles Prozesse sozialer Mimesis, denen eine wichtige Rolle für das Verständnis der sozialen Welt zukommt. Als Mimesis wird die menschliche Fähigkeit bezeichnet, Verhalten und Ereignisse sinnlich nachzuvollziehen, symbolisch zu wiederholen und körperlich darzustellen. Mimesis ist nicht nur ein ästhetischer, sondern auch ein anthropologischer Begriff. Er bezeichnet nicht Prozesse bloßer Imitation, sondern verweist auf den kreativen Charakter mimetischer Prozesse. Mimetisch sind Prozesse, die sich auf andere Handlungen oder Welten beziehen, die sich als körperliche Aufführung oder Inszenierungen begreifen lassen, die eigenständige Handlungen sind, die aus sich heraus verstanden und auf andere Handlungen oder Welten bezogen werden können. Diese mimetischen Prozesse können diachron oder synchron sein. Als Formen der Erinnerung können sie sich auf Vergangenes, als Formen unmittelbarer Verarbeitung auf Gegenwärtiges richten. Sie enthalten eine Komponente, die durch die »Welt« konstituiert wird, auf die sie sich richten, und eine individuelle Komponente, die durch die Besonderheit des Einzelnen, seine historische und kulturelle Situation, seine individuelle Konstitution und Lebensgeschichte bestimmt wird. Mimetische Prozesse sind insofern nicht bloß reproduktiv, sondern kreativ, als der Einzelne Aspekte der Welt, auf die er sich richtet, mit Aspekten seiner schon bestehenden Welt in Beziehung setzt. Dies geschieht wie beim »Spinnen eines Fadens«, indem »Faser an Faser« gedreht wird, sodass »viele Fasern einander übergreifen«. Welche Fäden verwendet werden, ist unterschiedlich, sodass ein kompliziertes für mimetisches Handeln charakterisiertes Netz von Ähnlichkeiten entsteht, in dem sich Unterscheidungen mit Hilfe des Konzepts der »*Familienähnlichkeit*« (Wittgenstein) vornehmen lassen. Mit ihrer Hilfe werden *Gesten, Rituale und Spiele* gelernt. Mimetische Prozesse schaffen das für die Performanz von Gesten, Ritualen und Spielen erforderliche *praktische Wissen*. Auch *Gesten und Rituale der Arbeit* werden so gelernt und schreiben sich ein in die Dynamik von Erziehung und Bildung zur Vervollkommnung des Menschen. Viele dieser Prozesse werden über *Bilder* initiiert und gesteuert. Diesen und der Bildung der sie generierenden und verarbeitenden Fantasie kommt eine oft unterschätzte Bedeutung für menschliche Bildungsprozesse zu.

Mimesis, Geste, Ritual

Mimesis

Wenn von Mimesis in Gesten und Ritualen die Rede ist, so gehe ich von den folgenden drei Voraussetzungen aus (vgl. Gebauer/Wulf 1992, 1998; Wulf 1989a): Einmal darf Mimesis nicht nur als ein Begriff der Ästhetik begriffen werden, der in erster Linie die Nachahmung der Natur durch die Kunst bezeichnet. Vielmehr ist Mimesis ein anthropologischer Begriff. Dies zeigt bereits die Verwendung des Begriffes in der Antike. Zum anderen darf Mimesis nicht als bloße Nachahmung im Sinne der Herstellung von Kopien verstanden werden. Schließlich verweist bereits der sprachgeschichtliche Ursprung und der frühe Verwendungszusammenhang von Mimesis auf die Rolle, die Mimesis für die Inszenierung körperlichen Verhaltens, für die Kultur des Performativen spielt. Bereits in vorplatonischer Zeit wird als Mimos bezeichnet, wer bei den Feiern der Reichen zu deren Unterhaltung komische Szenen aufführt.

Mimesis als anthropologischer Begriff

Schon Aristoteles weist darauf hin, dass Mimesis dem Menschen angeboren ist;»sie zeigt sich von Kindheit an, und der Mensch unterscheidet sich von den übrigen Lebewesen, dass er in besonderem

Masse zur Nachahmung befähigt ist und seine ersten Kenntnisse durch Nachahmung erwirbt – als auch durch die Freude, die jedermann an Nachahmung hat.«« In anthropologischer Hinsicht ist diese besondere Fähigkeit zur Mimesis an die Frühgeburt des Menschen und seine dadurch bedingte Angewiesenheit auf Lernen, seine residuale Instinktausstattung und den Hiatus zwischen Reiz und Reaktion gebunden. Greifbar wird diese Fähigkeit in ihren historischen Ausprägungen, sodass es sinnvoll erscheint, sich mit Mimesis in einer historisch-anthropologischen Betrachtungsweise auseinander zu setzen.

Mimesis als kreative Nachahmung

Mimesis bedeutet nicht die lediglich kopierende Imitation eines Vorbildes. Mimesis bedeutet, etwas »zur Darstellung bringen«, etwas »ausdrücken«, sich einer Sache oder einem Menschen »ähnlich machen«, ihr oder ihm nacheifern. Mimesis bezeichnet die Bezugnahme auf einen anderen Menschen oder auf eine andere »Welt«, in der Absicht, ihm oder ihr ähnlich zu werden. Mimesis kann sich auf das Verhältnis von vorgegebener und dargestellter »Wirklichkeit« beziehen; dann bezeichnet Mimesis ein Repräsentationsverhältnis. Mimesis kann aber auch die »Nachahmung« von etwas bezeichnen, das es selbst nicht gegeben hat, etwa die Darstellung eines Mythos, der immer nur in dieser Darstellung gegeben ist und dem kein bekanntes Modell außerhalb dieser Darstellung zugrunde liegt. Mimesis hat hier eine konstitutive Funktion. Entsprechendes gilt, wenn Mimesis den Prozess der »Vorahmung« bezeichnet, wie das in Formen magischer Mimesis der Fall ist. Mimesis bezieht sich also nicht notwendig auf eine »Wirklichkeit«.

Mimesis als performative Darstellung und Inszenierung

Mimesis bezeichnet die menschliche Fähigkeit, innere Bilder, Imaginationen, Ereignisse, Erzählungen, den »Plot« einer Handlungsfolge zur Darstellung zu bringen und szenisch zu arrangieren. Körperlicher Ausdruck und körperliche Inszenierung werden zum Ausgangspunkt für mimetische Prozesse. Mit Hilfe der Wahrnehmung erfolgt eine Mimesis dieser Prozesse, in deren Verlauf sich Anähnlichung und Aneignung vollziehen. Die unterschiedlichen Voraussetzungen der Prozesse mimetischer Anähnlichung an Vorbilder lassen Unterschiedliches entstehen. Die Unterschiedlichkeit ihrer Ergebnisse sichert die Entstehung von Neuem aus der Mimesis des Vorgefundenen. Mimesis wird im Weiteren als Fähigkeit zur Darstellung und Inszenierung von Gesten und Ritualen sowie als Fähigkeit zur Anähnlichung und Aneignung von Gesten und Ritualen begriffen.

Gesten

Gesten lassen sich als Bewegungen des Körpers begreifen. Sie gehören zu seinen wichtigsten Darstellungs- und Ausdrucksformen. Da menschliche Körper stets in einer historisch-kulturellen Zurichtung in Erscheinung treten, müssen auch ihre Gesten in ihrem jeweiligen Kontext gelesen werden. Der Versuch, Gesten als universelle Körpersprache zu begreifen, hat nicht die in ihn gesetzten Erwartungen erfüllt. Historische und kulturanthropologische Studien zeigen, wie unterschiedlich Gesten in verschiedenen Kulturen und historischen Zeiten verstanden werden (vgl. Bremmer/Roodenburg 1992). Gesten sind signifikante Bewegungen des Körpers, denen eine Intention zugrunde liegt, ohne dass sich ihre Darstellungs- und Ausdrucksformen aus dieser vollständig erklären ließen. Die Differenz zwischen Gesten als körperlichen Darstellungs- und Ausdrucksformen und der sprachlichen, mit Hilfe von Interpretationen ermittelten Bedeutung von Gesten ist unaufhebbar. Gesten enthalten einen über ihre Intentionalität hinausgehenden Gehalt, der nur im mimetischen Nachvollzug erfahrbar wird.

In jeder verbalen Kommunikation und in jeder soziale Interaktion spielen Gesten eine zentrale Rolle. Sie haben eine Mitteilungsfunktion, deren Bedeutung auch im Rahmen der Sozialpsychologie und Ethnologie zum Thema wird. E.-T. Hall hat interessante Untersuchungen zur Proxemik vorgelegt, in denen er gezeigt hat, wie der

Einzelne mit Hilfe seines Körpers und seiner Gestik symbolische Räume um sich herum entwickelt (vgl Hall 1959). In der Kinesik, in der Erforschung von Körperbewegungen, hat Birdwhistell Kodes non-verbaler Kommunikation analysiert (vgl. Birdwhistell 1954, 1970). In der Ethologie werden Ähnlichkeiten zwischen menschlichem und tierischem Verhalten, menschlichen und tierischen Ausdrucksformen untersucht. Darwins Studie über den »Ausdruck der Gemütsbewegungen bei dem Menschen und den Thieren« ist in diesem Zusammenhang nach wie vor eine lesenswerte, diese Forschungsrichtung begründende Schrift (vgl. Darwin 1979). Morris und andere haben den Ursprung und die Verteilung von Gesten in Europa untersucht, Ähnlichkeiten und Unterschiede empirisch erhoben, verglichen und analysiert (vgl Morris et al. 1979). Diese Untersuchung aufgreifend, hat Calbris eine Semiotik der Gesten in Frankreich vorgelegt (vgl. Calbris 1990), die detaillierte Informationen über den Umgang mit Gesten enthält. Auch die Sprachwissenschaft hat die Bedeutung körperlicher Gesten seit längerem entdeckt und ihre Funktion für das Sprechen hervorgehoben. Verschiedentlich wird die Vermutung geäußert, dass die Gesten des Körpers Vorformen der Sprache darstellen, die für die Herausbildung des Sprechens wichtig waren und die für die Entwicklung von Gedanken und Sätzen sowie deren Verständnis nach wie vor unerlässlich sind. Aus allen diesen Untersuchungen wird deutlich, wie zentral Gesten für Darstellung, Ausdruck und Verständnis sozialen Handelns und Sprechens sind. Zugleich zeigen sie, dass Gesten nur in begrenztem Maße bewusst eingesetzt und gesteuert werden können. Im Grenzgebiet zwischen Gestik und Mimik treten weite Bereiche der Gestik nicht ins Bewusstsein und entziehen sich daher einer Steuerung und der Kontrolle.

Gesten sind Versuche, aus Situationen des bloßen Im-Körper-Seins herauszutreten und über den Körper zu verfügen. Voraussetzung dafür ist die exzentrische Position des Menschen. Diese beinhaltet, dass der Mensch nicht nur wie das Tier ist, sondern dass er aus sich heraustreten und sich zu sich selbst verhalten kann. Imagination, Sprache und Handeln werden durch diese vermittelte Unmittelbarkeit der exzentrischen Position möglich (vgl. Plessner 1983). Von Gesten, die intentional gehandhabt werden und dabei voraussetzen, dass der Einzelne über seinen Körper verfügen und ihn einsetzen kann, lassen sich Formen mimischen Körperausdrucks unterscheiden, die sich der Steuerung und der Kontrolle entziehen. Dazu gehören die mimischen Ausdrucksformen der Freude und des Lachens, des Schmerzes und des Weinens, aber auch weniger eindeutige Ausdrucksformen wie Stirnrunzeln, Kopfschütteln oder die erhobene bzw. die gebeugte Haltung des Kopfes. Während Gesten Intentionen ausdrücken, artikulieren sich im mimischen Ausdruck Gefühle. Der mimische Ausdruck ist unmittelbar und unwillkürlich. Gesten formen das mimische Material und verwenden es für eine Sprache der Gesten, die nicht universell, sondern kultur-, zeit- und situationsspezifisch ist. Gesten haben eine Stellvertreterfunktion und sind repräsentativ.

Im Unterschied zum mimischen Körperausdruck sind Gesten ablösbar, gestaltbar und lernbar. Während in der Mimik Ausdruck und Gefühl, Form und Inhalt, seelischer Gehalt und körperliche Ausdruckserscheinung zusammenfallen, zeigen sich in der Gestik zwischen diesen Aspekten Differenzen, die eine intentionale Gestaltung der Gesten möglich macht. Vollkommene Gesten erreichen ein hohes Maß künstlicher Natürlichkeit und suggerieren die Verschränkung von seelischem Gehalt und körperlicher Ausdruckserscheinung. Insofern der Mensch Gesten als Ausdruck seiner selbst von innen und außen wahrnehmen kann, gehören sie zu den wichtigsten menschlichen Ausdrucks- und Erfahrungsmöglichkeiten. In Gesten verkörpert sich der Mensch und erfährt er sich in der Verkörperung. Im sozialen Umgang mit Gesten und Ritualen wird körperliches Sein in Haben umgewandelt. Dieser Transformationsprozess ermöglicht menschliche Existenz. Zur Aufführung und Gestaltung von Ritualen und Rollen bedarf es spezifischer Gesten. Besonders bei Ritualen und Rollen im Bereich von Religion und Politik, in denen das repräsentative Element wichtig ist, kommt der Inszenierung und dem Arrangement entsprechender Gesten erhebliche Bedeutung zu.

Insofern der Mensch ist, ohne sich zu haben, und Gesten Entäußerungen sind, kann er über seine Gesten auch ein Verhältnis zu seinem Körper und zu seinem Inneren gewinnen. In einem mimetischen Verhältnis zu seinen Gesten erlebt er sich in seinen Repräsentationen. In Mimik und Gestik entäußert er sich und erfährt über die Reaktionen anderer Menschen auf seine Entäußerungen, wer er ist bzw. wie er gesehen wird. Die Bilder- und Körpersprache der Gestik ist ein kulturelles Produkt, mit dessen Hilfe der Einzelne geformt wird und an dessen Ausarbeitung er selbst beteiligt ist. Mit dem mimetischen Erwerb von Gesten findet eine Einfügung in kulturelle Körper- und Bildtraditionen statt, die im Umgang mit Gesten aktualisiert und auf jeweils gegebene Bedingungen bezogen werden. In Gesten kommt eine körperliche Konfiguration, eine innere Intention und ein vermitteltes Verhältnis zur Welt zum Ausdruck. Organempfindungen und seelische Empfindungen fallen in der Geste zusammen. Daher ist auch die Frage nicht beantwortbar, welche Anteile in einer Geste der Freude ihrer körperlichen und welche ihrer psychischen Seite zukommen. In der Leiblichkeit der Geste findet die Untrennbarkeit der beiden Dimensionen ihren Ausdruck.

Gesten werden aus kulturell geformtem und stilisiertem mimischen Ausdrucksmaterial erzeugt. Wie dieses mimische Rohmaterial der Gestik entsteht, hat die Forschung immer wieder beschäftigt. Verschiedene Erklärungsversuche liegen vor. Ausgehend von dem Funktionsverlust einzelner Organe wie des Blinddarms und ihrer damit verbundenen Rückbildung erklärt Darwin den mimischen Ausdruck als Rest einer einst zweckmäßigen Funktion. Auf der Grundlage dieses Theorems lässt sich dann die Verzerrung der Mundlinie mit der charakteristischen Entblößung der Eckzähne im Falle der Wut damit erklären, dass der frühe Menschen ein ausgebildetes Gebiss hatte, das beim Angriff und bei der Verteidigung für eine Drohgebärde eingesetzt werden konnte. Vermutet wird, dass die mimische Mundbewegung den Rückbildungsprozess der Eckzähne überdauerte. Die Analogisierung zwischen der aktuellen Mimik und ihrer archaischen Funktion wird als Erklärung für bestimmte in der menschlichen Mimik auftretende Ausdrucksformen angesehen. Entsprechende Erklärungen werden für das Stirnrunzeln bei Zorn oder für die Mimik des bitteren bzw. süßen Gesichts gegeben, die auf bestimmte Geschmacksempfindungen zurückgeführt wird. Weitere Gesichtspunkte zur Erklärung der mimischen Voraussetzung der Gestik lassen sich anführen. Dazu gehören die

Prinzipien der Assoziation zwischen ähnlichen Empfindungen und Reaktionen (1), der Abfuhr überschüssiger Energie (2) und des Kontrastes (3).

Unabhängig von Darwin vertrat Piderit die These: Mimik sei eine Handlung mit fiktivem Objekt. Dieses Theorem verweist auf die Bedeutung von Imagination und Mimesis für Mimik und Gestik. Nach dieser Auffassung bezieht sich der mimische Ausdruck auf etwas Fiktives und bildet sich in Bezug auf diese Fiktion heraus. Das Fiktive kann etwas Vergangenes, etwas Gegenwärtiges oder etwas Zukünftiges sein. Der mimische Ausdruck ist eine mimetische Reaktion auf eine Fiktion. Im Theater werden Mimik und Gestik mimetisch auf den imaginierten »Plot« und seine szenische Darstellung bezogen. Dabei wird die weitgehend unbewusste Mimik in Gestik transformiert und stilisiert. Sie wird zu einem Element im szenischen Arrangement, das für die mimetische Verarbeitung der Inszenierung des Stückes durch den Zuschauer von zentraler Bedeutung ist.

Gesten sind nicht Formen unmittelbaren Ausdrucks. Unmittelbarer Ausdruck artikuliert sich nur in der Mimik. Nur schwer können die sich hier zeigenden Gefühle und Empfindungen verborgen werden. Die Zeichen des Körpers, seine Symptome, seine »Sprache« gelten als unverfälschter Ausdruck des menschlichen Inneren, der menschlichen Seele. Die Physignomik Lavaters und seiner Nachfolger hat versucht, diesen Zusammenhängen auf die Spur zu kommen. Doch entziehen sie sich dem identifizierenden Zugriff weitgehend, ohne dass dadurch das Interesse an diesen Zusammenhängen aufgehört hätte. Mimik und Gestik des Alltags verweisen auf ein Körperwissen, das sie hervorbringt und verständlich macht. Dieses Wissen entsteht nicht aus der Analyse und Erklärung von Gesten. Im Vollzug sozialer Prozesse wird es mimetisch erworben.

Gesten spielen im Prozess der menschlichen Selbstdomestikation eine wichtige Rolle. In ihnen fallen Innen und Außen zusammen. Der Weltoffenheit des Menschen geschuldet, schränken sie diese Bedingung des Menschseins gleichzeitig durch Konkretisierungen ein. Diese Begrenzung der kulturell und historisch zugelassenen gestischen Ausdrucksmöglichkeiten schafft soziale Zugehörigkeit und Sicherheit. Über die Vertrautheit mit bestimmten Gesten stellt sich Vertrautheit mit einzelnen Menschen und Gruppen ein. Man weiß, was bestimmte Gesten bedeuten, wie sie einzuschätzen, wie sie zu beantworten sind. Gesten machen menschliches Verhalten kalkulierbar. Sie sind Teil der Sprache des Körpers, die den Angehörigen einer Gemeinschaft viel übereinander mitteilt. Selbst wenn diese Botschaften eher Teil der unbewussten Fremd- und Selbstwahrnehmung sind, als dass sie zu bewusstem Wissen über den anderen, seine Empfindungen und Intentionen werden, ist ihre soziale Bedeutung äußerst groß. Sie gehen in das soziale Wissen ein, das der Einzelne im Laufe seiner Sozialisation erwirbt und das für die angemessene Steuerung seines sozialen Handels eine große Rolle spielt.

Die Bedeutung von Gesten ändert sich in Abhängigkeit von Raum und Zeit. Unterschiede lassen sich im Hinblick auf Geschlecht und Klasse feststellen. Manche Gesten sind geschlechts- oder klassenspezifisch; andere scheinen keine geschlechts- und klassenspezifischen Differenzen zu enthalten. Wieder andere Gesten sind an soziale Räume, Zeitpunkte und Institutionen gebunden. Institutionen wie Kirchen, Gerichte, Krankenhäuser und Schulen verlangen den Gebrauch bestimmter Gesten und sanktionieren deren Vernachlässigung. Über die Forderung, institutionsspezifische Gesten zu vollziehen, setzen Institutionen ihren Machtanspruch durch. Im Vollzug dieser Gesten werden die institutionellen Werte und Normen in die Körper der Angehörigen bzw. der Adressaten der Institutionen eingeschrieben und durch wiederholte »Aufführungen« in ihrer Gültigkeit bestätigt. Zu diesen institutionsspezifischen Ausdrucksformen des Körpers gehören noch heute Gesten der Demut (Kirche), der Achtung (Gericht), der Rücksichtnahme (Krankenhaus), der Aufmerksamkeit und des Engagements (Schule). Bleiben diese ritualisierten Gesten aus, empfinden die Vertreter von Institutionen dieses Ausbleiben als Kritik an der soziale und gesellschaftlichen Legitimität ihrer Institutionen. In der Regel sind Sanktionen die Folge. Da sich in diesen Institutionen häufig Menschen befinden, die von ihnen abhängig sind, hat die Androhung von Sanktionen ihre Wirkung. Über die Mimesis institutionsspezifischer Gesten unterwerfen sich die Angehörigen der Gesellschaft dem normativen Anspruch der Institutionen.

Auch geschlechtsspezifische Unterschiede werden über Gesten inszeniert, wiederholt und bestätigt. So zeigen sich etwa geschlechtsspezifische Unterschiede in der Art, wie Frauen und Männer sitzen, welchen Raum sie beim Sitzen einnehmen und wie sie ihre Beine beim Sitzen arrangieren. Entsprechendes kommt beim Sprechen, Essen und Trinken zum Ausdruck. Auch klassenspezifische Unterschiede zeigen sich in der jeweiligen Verwendung von Gesten. Im Hinblick auf Fragen des Geschmacks hat Bourdieu diese Differenzen untersucht und deutlich gemacht, dass sich über »feine Unterschiede« soziale Hierarchien etablieren und verfestigen. Für die Wahrnehmung dieser Unterschiede spielen Differenzen in den körperlichen Gesten und Ausdrucksformen eine wichtige Rolle. In seinen Untersuchungen zum Zivilisationsprozess hat Elias gezeigt, wie die Gesten des Hofes vom Bürgertum nachgeahmt und allmählich übernommen und dabei verändert werden (vgl. Elias 1979). Molières Komödien thematisieren die in diesem Transformationsprozess auftretenden Schwierigkeiten und spotten über die lächerlich wirkenden Gesten der Bürger, die um vermehrte soziale Anerkennung buhlen. Wie sich die Macht in den Körpern festsetzt und auch ihre Ausdrucks- und Darstellungsformen, ihre Gesten, in ihrem Sinne zurichtet, hat Foucault in »Überwachen und Strafen« gezeigt (vgl. Foucault 1977). Körpergesten dienen somit dazu, soziale und kulturelle Differenzen herzustellen, ausdrücken und zu erhalten. Sie vollziehen sich in einem historisch-kulturellen machtstrukturierten Kontext, aus dem heraus sich erst ihre Bedeutung erschließt.

Gesten geben Auskunft über zentrale Werte einer Gesellschaft und erlauben einen Einblick in »Mentalitätsstrukturen«. Am Beispiel des Gestengebrauchs im Mittelalter lässt sich zeigen, welche Funktion Gesten in unterschiedlichen Bereichen einer Gesellschaft haben und wie sich aus ihrer Verwendung Aufschlüsse über das Verhältnis von Körper und Symbol, Gegenwart und Geschichte, Religion und Alltag gewinnen lassen (vgl. Schmitt 1990). Gesten begleiten die gesprochene Sprache, haben aber auch ein »Eigenleben« ohne unmittelbaren Bezug zum Sprechen. Oft sind ihre Bedeutungen nicht eindeutig. Verschiedentlich transportieren sie Botschaften, die das Gesprochene ergänzen, sei es, dass sie einzelne Aspekte verstärken, relativieren oder durch Widerspruch infrage stellen. Häufig sind die in Gesten zum Ausdruck gebrachten Gehalte dichter mit den Gefühlen des Sprechenden verbunden als seine verbalen Aussagen. Sie gelten als »sicherer« Ausdruck des inneren Lebens eines Menschen als die stärker vom Bewusstsein gesteuerten Worte.

Individuen, Gruppen, Institutionen inszenieren das soziale Leben. Sie entwickeln Choreografien menschlicher Gemeinschaft. Diese Inszenierungen von Körpern, Gesten und rituellen Ausdrucksformen lassen sich wie Texte lesen bzw. entschlüsseln. Clifford Geertz hat diese Sicht des Sozialen als Text für die Kulturanthropologie fruchtbar gemacht (vgl. Geertz 1983). Sein Versuch, die soziale Realität durch »dichte Beschreibung« zu erfassen, entspricht dieser Auffassung von der Lesbarkeit des Sozialen. Innerhalb des Spektrums der sozialen Inszenierungen des Körpers kommen Gesten und Ritualen zentrale Bedeutung zu. Sie sind Teil der Zeichen-, Körper- und Sozialsprache und können wie die abstrakteren Zeichen eines Textes gelesen werden.

Um Gesten lesen und entschlüsseln zu können, müssen sie mimetisch erfasst werden. Wer eine Geste wahrnimmt, versteht sie, indem er sie nachahmt und so den spezifischen Charakter ihrer körperlichen Ausdrucks- und Darstellungsform begreift. Obwohl Gesten bedeutungsvoll und einer Analyse zugänglich sind, erfasst erst der mimetische Nachvollzug ihren symbolisch-sinnlichen Gehalt. So wichtig die Differenzierung unterschiedlicher Bedeutungsaspekte von Gesten ist, erst mit Hilfe der Mimesis kann die körperliche Darstellungs- und Ausdrucksseite der Geste aufgenommen werden. Über die Mimesis der gestischen Inszenierung erfolgen deren körperliche Verarbeitung, die sich demgemäß in einem anderen Medium als dem der verbalen Kommunikation vollzieht. Über die mimetische Perzeption der Geste wird der spezifische Charakter des körperlichen Selbstausdrucks eines anderen Menschen erfasst. In der »Anähnlichung« an die Gesten eines Anderen werden seine Körperlichkeit und seine Gefühlswelt erfahren. In der Mimesis der Gesten eines anderen Menschen findet eine Überschreitung der personalen Grenzen des Sich-mimetisch-Verhaltenden in Richtung auf die körperliche Darstellungs- und Ausdruckswelt des anderen statt. Die Erfahrung eines Außen wird möglich.

Dieses »Heraustreten« des Sich-mimetisch-Verhaltenden aus seinen Strukturen in die gestische Darstellungs- und Ausdruckswelt eines anderen Menschen wird als bereichernd und lustvoll erlebt. Es führt zur Erweiterung der Innenwelt durch die aisthetisch-mimetische Aufnahme eines Außen und ermöglicht lebendige Erfahrungen. Lebendig sind diese Erlebnisse, weil die mimetischen Kräfte es erlauben, die Eigenart des anderen in der Wahrnehmung zu erfassen. In diesem Prozess erfolgt weniger eine Reduktion der Gesten des anderen auf den Bezugsrahmen des Sich-mimetisch-Verhaltenden als vielmehr eine Ausweitung der Wahrnehmung auf die Gesten und die Bezugspunkte des anderen. Obwohl beide Bewegungen nicht eindeutig voneinander abgrenzbar sind, liegt der Schwerpunkt der Bewegung in einer Erweiterung des mimetisch Wahrnehmenden in die Darstellungs- und Ausdruckswelt anderer hinein. Durch diese Orientierung der mimetischen Bewegung erfolgt weniger eine Einverleibung des Wahrgenommenen als eine Ausweitung des Sich-mimetisch-Verhaltenden auf die Körpergesten des anderen hin. Diese Erweiterung nach Außen führt zu einer lustvollen Bereicherung des Lebens, in der bereits Aristoteles ein besonderes Merkmal der Mimesis sah.

In sozialen Situationen sind Gesten Mittel der Sinngebung. Sie drücken Gefühle aus und artikulieren Stimmungen. Sie lassen sich als deren körperlich-symbolische Darstellungen begreifen. Häufig sind die sich in den Gesten artikulierenden Gefühle und Stimmungen weder denen bewusst, die die Gesten vollziehen, noch gelangen sie ins Bewusstsein derer, die diese Gesten wahrnehmen und auf sie reagieren. In dieser Wirkung unterhalb des Bewusstseins liegt ein wesentlicher Teil ihrer sozialen Bedeutung. Dies gilt auch für die von Institutionen suggerierten Gesten und die in ihnen enthaltenen Werte, Normen und Machtansprüche. Auch sie werden von denen, die mit den Institutionen in Berührung kommen, wahrgenommen und mimetisch verarbeitet, ohne dass dieser Prozess über das Bewusstsein läuft. Häufig stellen Institutionen Typen von Gesten bereit, die in ihrem Rahmen« über lange Zeiträume entstanden sind und mit deren Hilfe ihre Vertreter die gesellschaftlichen Ansprüche der Institutionen zum Ausdruck bringen. Indem die Repräsentanten dieser Institutionen sich der »bereitstehenden« Gesten bedienen, stellen sie sich in die Tradition dieser Institutionen und ihrer sozialen Ansprüche. Dieser Prozess führt einmal zur Übernahme der in der Institution bereits vorgeformten sozialen Gesten. Zum anderen bewirkt sein mimetischer Charakter, dass die zum institutionellen Potenzial gehörenden Gesten nicht bloß reproduziert, sondern von den Vertretern der Institutionen in der Übernahme gestaltet werden können. Die Mimesis von institutionell vorgeformten Gesten eröffnet den Repräsentanten der Institutionen ein hohes Maß gestalterischer Freiheit. Dieser Freiheitsspielraum führt zu einer allmählichen Veränderung gestischer Darstellungs- und Ausdrucksformen und ihrer Bedeutung. In der Mimesis institutionell bereitstehender Gesten findet gleichzeitig eine Darstellung vorhandener Traditionen und ihre Veränderung statt. Dieser Prozess beinhaltet keine bloße Nachahmung der Gesten, sondern ihre kreative Ausgestaltung in Form und Bedeutung. So verändern in der Form gleich gebliebene Gesten im Verlauf neuer gesellschaftlicher Entwicklungen ihre soziale Bedeutung. Untersuchungen zur Geschichte von Gesten und ihrer Entwicklungen haben dies eindeutig belegt. Insofern Institutionen ihre Machtansprüche in den Gesten ihrer Repräsentanten »verkörpern«, werden diese Machtansprüche auch über die Mimesis dieser Verkörperungen wahrgenommen und aufrecht erhalten. Die Adressaten dieser Ansprüche werden in den mimetischen Prozess der Übernahme und kreativen Ausgestaltung der institutionellen Werte und Normen einbezogen. Wie die Adressaten institutioneller Handlungen in der Mimesis institutioneller Gesten deren Wirkungen mitgestalten, wirkt auf Form und Gehalt der Gesten der Repräsentanten der Institutionen zurück. Diesem Wechselverhältnis zwischen den Vertretern und den Adressaten institutioneller Gestik kommt für das Verständnis der sozialen Funktion von Gesten eine zentrale Bedeutung zu. Über die Mimesis der institutionellen Gesten stellt sich bei den Vertretern und den Adressaten von Institutionen eine Identifikation mit der Institution her, deren Ansprüche und Geltung durch den Vollzug der Gesten jedesmal bestätigt werden. Gesten werden zu Emblemen von Institutionen, über die sich die Abgrenzung zu anderen Institutionen und sozialen Feldern vollzieht. Wer Form und Bedeutung derartig emblematischer Gesten teilt, identifiziert sich mit der Institution, in deren Rahmen sie erzeugt werden. Über den mimetischen Vollzug von Gesten wird eine soziale Gemeinsamkeit erzeugt, in deren Rahmen die sozialen Beziehungen unter anderem mit Hilfe von Gesten geregelt werden. Gefühle der Zugehörigkeit werden durch den rituellen Vollzug von Gesten erzeugt und bestätigt. Dies gilt nicht nur für Institutionen, sondern auch für professionelle, schichten-, geschlechts- oder funktionsspezifische Gruppen.

Geste sind körperliche Bewegungen, deren kulturelle Bedeutung sich im Verlauf historischer Prozesse ändert. So hat das Sitzen in der heutigen Gesellschaft eine andere Funktion als im Mittelalter oder zu Beginn des Sesshaftig-Werdens des Menschen. Bereits innerhalb begrenzterer historischer Zeiträume wie der Zeit des Mittelalters wandelt sich die Bedeutung von Gesten. Soziales Handeln ist gestisch oder wird von Gesten begleitet, die seine Intentionen verdeutlichen. Um Gesten in ihrer körperlichen und symbolischen Beschaffenheit zu erfassen, zu reproduzieren und zu verändern, spielt Mimesis eine entscheidende Rolle. Insofern Mimesis die Fähigkeit ist, ein Verhältnis zur Welt körperlich auszudrücken und darzustellen, bringt sie auch neue Gesten hervor. Für diese Produktion neuer Gesten verwendet sie gestische Elemente, die sie aus ihrem traditionellen Kontext löst und in den neuen Kontext einbringt und entsprechend seinen Erfordernissen verändert. Oder sie erfindet aus dem Potenzial körperlicher Ausdrucksmöglichkeiten neue gestische Formen. Dies geschieht zum Beispiel bei den Gesten des Telefonierens, Fotografierens, Filmens und Video-Machens.

Alle Gesten haben die geringe Instinktgebundenheit und Exzentrizität des Menschen zur Voraussetzung. Sie sind Bewegungen des Körpers, ohne sich auf ihre Körperlichkeit reduzieren zu lassen. Gesten liegt eine Intentionalität zugrunde, ohne dass sie in ihre Zielgerichtetheit aufgehen. Gesten sind Ausdruck und Darstellung von Gefühlen und sind auf Gegenstände und andere Menschen bezogen. In Gesten erfährt der Mensch sich und die Welt gleichzeitig. In der Regel erfolgt in ihnen eine für Gesten charakteristische Einschränkung der Perspektive. In Gesten gestaltet der Mensch die Welt und wird gleichzeitig durch sie gestaltet. So gesehen, sind Gesten rückbezüglich, d.h. reflexiv.

Gesten sind Ausdruck und Darstellung körperbezogenen praktischen Wissens. Mit Hilfe von Analyse, Sprache und Denken können sie nicht erworben werden. Vielmehr bedarf es zu ihrem Erwerb der Mimesis. Durch die Nachahmung von Gesten und Anähnlichung an sie gewinnt der Sich-mimetisch-Verhaltende eine Kompetenz, Gesten szenisch zu entwerfen, einzusetzen und nach den Umständen zu verändern. Historische Untersuchungen ihrer anthropologischen Funktion verdeutlichen die starke gesellschaftliche und kulturelle Bedeutung szenischen Verhaltens. Mit Hilfe von Gesten werden soziale Kontinuität erzeugt und gesellschaftliche Veränderungen angekündigt und im menschlichen Verhalten durchgesetzt. Unter Beibehaltung des gestischen Arrangements werden häufig tief greifende, auf den ersten Blick kaum bemerkte Bedeutungsveränderungen durchgesetzt. Der historische Wandel von Gesten erstreckt sich auf ihre Bedeutungen, ihr körperlich-sinnliches Arrangement oder auf beides. Der mimetische Erwerb gestischer Kompetenz sichert die Fähigkeit, Gesten mit Hilfe von Körperbewegungen aufführen, sie in unterschiedlichen sozialen Kontexten einzusetzen und an die jeweiligen Erfordernisse anzupassen. Im mimetischen Erwerb werden Gesten inkorporiert. Sie werden Teil der Körper- und Bewegungsfantasie und damit eines körperbezogenen praktischen Wissens. Dieses gestische Körperwissen entsteht weitgehend unabhängig vom Bewusstsein und damit von den Distanzierungsmöglichkeiten der Beteiligten, entfaltet aber gerade deswegen nachhaltige Wirkungen.

Rituale

In einer ersten Annäherung lassen sich Rituale als Handlungen ohne Worte begreifen, die sich in Gesten ausdrücken. Lévi-Strauss hat sie als eine Sprache neben der Sprache (paralanguage) bezeichnet, die als Handlung nicht auf Worte reduzierbar sind. Rituale sind körperliche Bewegungen, die einen Anfang und ein Ende haben, die gerichtet sind und die den Beteiligten eine Position zuweisen. Rituale lassen sich als symbolische kodierte Körperprozesse begreifen, die soziale Realitäten erzeugen und interpretieren, erhalten und verändern. Sie vollziehen sich im Raum, werden von Gruppen ausgeführt und sind normativ bestimmt. Sie umfassen standardisierte Elemente und ermöglichen Abweichungen von diesen. Im Vollzug von Ritualen werden durch die Körperbewegungen Emotionen erzeugt, die ihrerseits zur Veränderung der rituellen Handlungen beitragen. Dadurch entsteht das konstruktive soziale Potenzial von Ritualen.

Über rituelles Handeln und Verhalten werden soziale Normen in die Körper eingeschrieben. Mit diesen Einschreibungsprozessen werden Machtverhältnisse inkorporiert. Diese Prozesse verlaufen weitgehend außerhalb des Bewusstseins der Beteiligten und entfalten daher umso nachhaltigere Wirkungen. Ritualisierungen erzeugen soziale und häufig konfliktreiche Situationen, für deren Entwirrung es oft erheblicher Anstrengungen der Beteiligten bedarf.

Rituale lassen sich als symbolische Aufführungen begreifen, die sich von anderen Inszenierungen wie Theater, Oper oder Happening dadurch unterscheiden, dass sie in erster Linie von und für die am Ritual Beteiligten durchgeführt werden (vgl. Balandier 1992).

Rituale sind selbstbezüglich. Wer sie inszeniert und aufführt, ist auch ihr Adressat. In den differenzierten modernen Gesellschaften greift diese Unterscheidung nicht immer; häufig gibt es auch Bezugspunkte außerhalb der Rituale aufführenden Gruppen, auf die hin sie inszeniert und realisiert werden. Viele Rituale kultureller Minderheiten lassen sich beispielsweise erst dadurch begreifen, dass man ihren Bezug zur Mehrheitskultur berücksichtigt. Die Mehrheitskultur bildet das »Andere« der Minderheitenkultur, von dem sich die Minderheit mit Hilfe ihrer Rituale abgrenzt.

Rituale erzielen ihre soziale Wirkung dadurch, dass sie sich der menschlichen Körper bedienen. Wenn Rituale symbolisch kodierte Bewegungen des Körpers sind, finden sie in einem historischen und kulturellen Kontext statt, doch können sie nicht auf ihre symbolische Bedeutung reduziert werden. Sie stellen körperliche Handlungen dar. Als solche sind sie unmittelbar mit der Wahrnehmung, der Aisthesis, verbunden. Kein Ritual, zu dessen Vollzug und Verständnis es nicht der Sinne bedarf. Rituale stellen gleichsam »Fenster« dar, durch die hindurch die Dynamik betrachtet werden kann, mit deren Hilfe Menschen ihre kulturelle Welt einschließlich Familie und Schule schaffen, erhalten und verändern.

Rituale sind Konstrukte der Forschung, deren konstruktiver Charakter manchmal die Gefahr mit sich bringt, das Verhältnis von Handlung und Handlungsdeutung in unzulässiger Weise zu vereinfachen. Konstrukte gehen von bestimmten konzeptuellen Voraussetzungen und den in ihnen enthaltenen Werten und Normen aus. Angesichts dieser Situation kommt der Kontextualisierung von Ritualen besondere Bedeutung zu. Sie relativiert deren herausgehobenen Charakter und führt zur Vorsicht gegenüber der Generalisierung von Aussagen über ihre soziale Funktion.

In der kulturanthropologischen Erforschung von Ritualen und Ritualisierungen lassen sich drei Schwerpunkte unterscheiden. Beim ersten stand die Erforschung von Ritualen im Zusammenhang mit Religion, Mythos und Kultus (Max Müller, Herbert Spencer, James Frazer, Rudolf Otto). Beim zweiten Schwerpunkt dienten Rituale dazu, Werte und Strukturen der Gesellschaft zu analysieren; herausgearbeitet wurde der Funktionszusammenhang zwischen Ritual und Gesellschaftsstruktur (Fustel de Coulanges, Emil Durkheim). Beim dritten Schwerpunkt wurden Rituale als Texte gelesen; Ziel war die Entschlüsselung der kulturellen und sozialen Dynamik der Gesellschaft. Hier richtete sich die Aufmerksamkeit auf die Bedeutung von Ritualen für kulturelle Symbolisierung und soziale Kommunikation (Victor Turner, Clifford Geertz, Marshal Sahlins).

Insofern das Lesen von Ritualen eine mimetische Tätigkeit ist, berühren meine Überlegungen über das Verhältnis von Mimesis und Ritual den dritten Schwerpunkt, der kulturelle Phänomene zunächst als Text zu lesen versucht. Bisher liegt keine mimetische Theorie des Rituals vor. In ihrem Rahmen wäre zu zeigen, dass sich Rituale als Phänomene sozialer Mimesis begreifen lassen. Eine solche Betrachtungsweise könnte eine Reihe neuer Perspektiven für das Verständnis von Ritualen und Ritualisierungen und rituellem Verhalten entwickeln. Als körperliche, sinnliche und imaginäre Inszenierungen sozialer Verhältnisse werden Rituale zu einem wichtigen Forschungsgebiet historischer Anthropologie.

Um die soziale Bedeutung von Ritualisierungen und rituellem Verhalten zu verdeutlichen, sollen zunächst Rituale anlässlich zentraler Lebenseinschnitte von kalendarischen Ritualen unterschieden werden. Zu den von Ritualen begleiteten zentralen Lebenseinschnitten gehören Geburt, Pubertät, Heirat, Scheidung, Tod. In diesen Zusammenhang gehören auch Rituale der Statuserhöhung, etwa am Ende der Schulzeit, des Studiums oder bei der Übernahme höherer Ämter. In diesen Fällen sind die Rituale an individuelle, familiale und an im Rahmen kleinerer Gruppen begangene Ereignisse gebunden.

Während zu anderen Zeiten die Handlungsspielräume bei der Durchführung von Ritualen relativ gering waren, so stehen heute überlieferte Rituale zur Disposition der Individuen. Individuen können und müssen entscheiden, in welchem Ausmaß sie sich auf Rituale einlassen, sie ändern oder neu gestalten. Trotz Vergrößerung des Handlungsspielraums sind die Handlungsmöglichkeiten des Einzelnen eingeschränkt. In vielen Fällen gelingt es nur unter großer individueller Anstrengung, Rituale bzw. ritualisiertes Handeln zu modifizieren, außer Kraft zu setzen oder gar zu vermeiden.

Bei den kalendarischen Ritualen ist die Situation nicht anders. Im Unterschied zu den anlässlich zentraler Lebenseinschnitte eher individuell oder in kleineren Gruppen vollzogenen Ritualen handelt es sich bei den kalendarischen Ritualen um solche, die von großen Kollektiven gleichzeitig begangen werden. Zwar geht von diesen Ritualen eine starke Aufforderung zum Nachvollzug, zur sozialen Mimesis aus, doch hat sich auch in diesem Bereich der individuelle Entscheidungs- und Handlungsspielraum im Vergleich zu früher erhöht. In Ritualen liegen tradierte Sozialformen vor, die Jahr für Jahr, Generation für Generation Familien und Individuen auffordern, sich auf sie einzulassen. Daher bedarf es schon einer ausdrücklichen Entscheidungsanstrengung, in einer Familie mit kleinen Kindern das Weihnachtsfest anders als gewöhnlich zu begehen.

In solchen Situationen kommt es zur Mimesis von Sozialformen mit allen im mimetischen Handeln gegebenen Möglichkeiten individueller Abweichung und Ausgestaltung. Erst der im mimetischen Handeln gegebene Spielraum macht eine individuelle Aneignung von Ritualen möglich. Bestünde dieser unterschiedliche Spielraum zur individuellen Aus- und Eigengestaltung nicht, würde es sich um ein kopierendes oder Simulacren herstellendes, nicht jedoch um ein mimetisches Verhalten handeln. Auch hätte es dann nicht die vom mimetischen Verhalten ausgehenden sozialen Wirkungen. Erst durch die Mimesis kollektiver kultureller Traditionen kommt es zu einer Selbstvergewisserung des Miteinanders, der Gemeinschaft und der Kommunität. Von dieser von den Prozessen sozialer Mimesis ausgehenden Kohäsionswirkung wird erwartet, dass sie auch künftig die Kommunität zusammenhält.

Einen Schritt weiter im Verständnis der Funktion und der Struktur von Ritualen führen van Genneps Überlegungen zu den Übergangsritualen, den »rites de passage« (vgl. van Gennep 1986). Van Gennep bestimmt sie als Riten, die einen Orts-, Zustands-, Positions- oder Altersgruppenwechsel begleiten und unterscheidet drei Phasen: die Trennungs-, die Schwellen- und die Anbindungsphase. In der ersten Phase erfolgt die Loslösung eines Einzelnen oder einer Gruppe von einem früheren Punkt in der Sozialstruktur oder von einer Reihe kultureller Bedingungen. In der zweiten Phase, der Übergangs-, Transitions- oder Schwellenphase, gerät das Subjekt in eine ambivalente Situation, in der weder die Merkmale der vergangenen noch die der erwarteten zukünftigen Situation gegeben sind. In der dritten Phase ist der Übergang und die Angliederung an die neue Situation vollzogen.

Für das Verständnis von Übergangsritualen ist die Situation des Schwellenzustands, der Liminalität, von besonderem Interesse. Unsicherheit und Ambiguität sind für den Zwischencharakter dieser Transitionsphase von einem niederen zu einem höheren Zustand charakteristisch. Häufig sind diese Übergangsphasen durch ihren herausgehobenen Charakter bestimmt. So kommt es in Stammesgesellschaften z.B. in Pubertätsriten zur Einübung von ansonsten nicht geforderten Verhaltensweisen. Zu diesen gehören Demut und Schweigen, Verzicht auf Essen und Trinken, körperliche Torturen und Demütigungen, die Unterwerfung unter die Autorität der Gemeinschaft. Vielfältige Formen der Erniedrigung gelten als Vorbereitung auf die folgende Statuserhöhung. Man könnte von einer eigenen Pädagogik des Schwellenzustands sprechen. In ihrem Mittelpunkt steht die Zerstörung der bisherigen sozialen Identität, die Herstellung eines Zwischenstadiums der Leere mit der Vorbereitung auf eine neue soziale Identität. In modernen Gesellschaften gibt es ähnliche, allerdings in ihrer Ausprägung und Intensität reduzierte Übergangsrituale wie das Abitur in Deutschland oder die Graduierung in den angelsächsischen Ländern. In den mit diesen Ritualen verbundenen Prüfungssituationen lassen sich durchaus Momente einer Übergangssituation mit Formen der Erniedrigung der Prüflinge sehen, für die sie später mit dem neuen sozialen Status des Studenten bzw. des Akademikers belohnt werden. Der in Intensität und Zielrichtung unterschiedliche Charakter dieser Rituale legt die Frage nahe, wieweit man den Begriff des Rituals, des Ritus, des ritualisierten Verhaltens, der Ritualisierung fassen darf.

Prinzipiell lässt sich eine eher »weiche« von einer eher »harten« Definition des Rituals unterscheiden (vgl. Grimes 1985, 1996; Bell 1992). In einer »harten« Definition sollen die Grenzen der Gültigkeit des Begriffs bestimmt werden. Hier wird nach Beispielen und Modellen für das Gemeinte gesucht, die sich notwendigerweise auf bekannte und in der Regel nicht umstrittene Merkmale beziehen. Bei solchen Definitionsverfahren kommt es darauf an, Rituale, Riten, Ritualisierungen, Zeremonien, Sitten, Gebräuche, Gewohnheiten voneinander abzugrenzen. Ein solches Verfahren ergibt einen Gewinn an Differenzierung und Erkenntnis. Die Nachteile »harter« Definitionen sind die Vorteile »weicher« Bestimmungen. »Weiche« Definitionen ermöglichen es, die Aufmerksamkeit auf die Bereiche »zwischen« den Definitionen, auf die Übergänge zwischen den Phänomenen, auf das ihnen Gemeinsame zu legen. Dadurch werden sie der Komplexität der untersuchten Erscheinungen eher gerecht. Sie gewähren eine größere Offenheit gegenüber neu auftauchenden Phänomenen. Angesichts der Vielschichtigkeit und Vieldeutigkeit von Ritualen werden in der kulturanthropologischen Forschung eher »weiche« Definitionen bevorzugt. Der Vorschlag Wittgensteins, die Aufmerksamkeit auf »Familienähnlichkeiten« zwischen verwandten Phänomenen zu legen und dabei eher die Prozesse der Veränderung zwischen diesen Phänomenen als die Suche nach einem Gemeinsamen im Auge zu haben, weist in die gleiche Richtung.

Victor Turner hat in seinen Arbeiten zur Theorie des Rituals darauf aufmerksam gemacht, dass den Schwellenzuständen in

Stammesgesellschaften und in modernen Gesellschaften für die gesellschaftliche Struktur und für die Kommunität erhebliche Bedeutung zukommt (vgl. Turner 1982, 1969). Unter dem Einfluss des angelsächsischen Pragmatismus versteht Turner Gesellschaft zunächst als ein »strukturiertes und oft hierarchisch gegliedertes System politischer, rechtlicher und wirtschaftlicher Positionen mit vielen Arten der Bewegung«, die Menschen im Sinne eines »Mehr« oder »Weniger« trennen. In diesem Verständnis kommt den institutionellen Rollenbeziehungen der Gesellschaftsmitglieder zentrale Bedeutung zu. Da in ihnen vieles ausgespart bleibt, erschöpft sich gesellschaftliches Leben nicht in diesen Stukturverhältnissen. Der in diesem Strukturmodell von Gesellschaft nicht beachtete Bereich wird vor allem in den Schwellenphasen sichtbar. Man kann diesen Bereich als »unstrukturierte oder rudimentär strukturierte und relativ undifferenzierte Gemeinschaft«, als Kommunität, bezeichnen. Gesellschaftliches Leben lässt sich dann als dialektischer Prozess zwischen Kommunität und Struktur, zwischen Homogenität und Differenzierung, zwischen Gleichheit und Ungleichheit, zwischen Gegenwart und Vergangenheit, zwischen Gesetz und Brauch begreifen.

In Schwellenphasen nehmen die Individuen nicht mehr ihren frühen und noch nicht ihren zukünftigen Ort in der gesellschaftlichen Struktur ein. Diese Transitions- oder Liminalphasen bieten der Kommunität die Möglichkeit, Individuen für Veränderungen in gesellschaftlichen Positionen, also in ihrer Rolle in der gesellschaftlichen Struktur vorzubereiten. In diesen aus der Strukturordnung herausgenommenen Übergangsphasen werden häufig intensive Gemeinschaftserfahrungen gemacht. Was unter »Gemeinschaft« zu verstehen ist, ist nicht leicht bestimmbar. Nach wie vor gilt, »dass es außer der Vorstellung, dass Menschen in Gemeinschaft verbunden sind, keine Übereinstimmungen hinsichtlich des Wesens von Gemeinschaft gibt« (vgl. Hillery 1955, S. 185). Greift man mit Turners Überlegungen über die sich in Schwellenphasen intensiv äußernde Gemeinschaft auf Bestimmungen Bubers zurück, so ergibt sich folgendes Verständnis:

»*Gemeinschaft aber … ist das Nichtmehrnebeneinander-, sondern Beieinandersein einer Vielheit von Personen, die, ob sie auch mitsammen sich auf ein Ziel zubewegen, überall ein Aufeinanderzu, ein dynamisches Gegenüber, ein Fluten von Ich und Du erfährt: Gemeinschaft ist, wo Gemeinschaft geschieht.*« (vgl. Buber 1984, S. 185)

Im Unterschied zur normen- und regelgeleiteten eher abstrakten Sozialstruktur werden in der Gemeinschaft Spontaneität und Unmittelbarkeit artikuliert und entwickelt. Im Einzelnen lassen sich mehrere Arten von Kommunitäten unterscheiden. Existenzielle oder spontane Gemeinschaften lassen sich identifizieren. Sie entstehen beispielsweise unter Jugendlichen und bleiben unterschiedlich lang bestehen. Mit Hilfe neuer Rituale und Ritualisierungen artikulieren sie Widerstände gegen die Erwachsenenkultur und bilden ihre Gruppenidentität heraus. Von diesen lassen sich unterscheiden eher auf Dauer gebildete Dorf-, Haus- und ideologische Gemeinschaften. Sie haben häufig religiöse, weltanschauliche oder utopische Ziele und grenzen sich mit Hilfe von Ritualen ab und konstituieren sich dadurch als Gemeinschaft.

Versucht man das Verhältnis zwischen Struktur und Gemeinschaft bzw. Kommunität metaphorisch zu fassen, so böte sich vielleicht Laotses Metapher vom Wagenrad an. Danach entsprächen Speichen und Nabe des Rades der festen Struktur der Gesellschaft, die Freiräume zwischen den Speichen der Gemeinschaft bzw. Kommunität. Die Leere zwischen den Radspeichen versinnbildlicht die Unstrukturiertheit des Mit- und Zwischenmenschlichen, in dem Wünsche, Gefühle, spontane Reaktionen wichtig sind. Während Strukturen eine analytisch bestimmbare Ausrichtung haben und auf bereits realisierte Ordnungen und Schemata verweisen, enthält das hier als Kommunität Bezeichnete neben seiner prinzipiellen Unbestimmbarkeit auch ein virtuelles Element, das zu gesellschaftlichen Innovationen führen kann. Der Rückgriff auf eine Metapher verdeutlicht, wie schwierig es ist, den Begriff Kommunität zu präzisieren. Im Falle der gesellschaftlichen Struktur geht es beispielsweise um Rollenverhalten. Für dieses hat die Rollentheorie zahlreiche Kriterien von der Empathie bis zur Rollendistanz entwickelt, mit denen sie komplexes Rollenverhalten beschreibt. Im Unterschied zu den gesellschaftlichen Strukturen gestaltet sich die Beschreibung von Spontaneität und Unmittelbarkeit in der Kommunität viel schwieriger.

Ein Beispiel für eine Gemeinschaft in einer gesellschaftlichen Randsituation mit eigenen, sie konstituierenden und erhaltenden Ritualen stellen die Kibbuzim in Israel dar. In den Kibbuzim erfolgt eine Verbindung von religiöser Orientierung, ökonomischer Struktur und spezifischem Lebensgefühl, die über bestimmt Rituale ausgedrückt und dargestellt wird und die über bestimmte Darstellungs- und Ausdrucksformen erfahrbar und vermittelbar wird. Auch innerhalb der Jugend bilden sich existenzielle, häufig spontane Gemeinschaften, Jugendkulturen am Rande der Gesellschaftsstruktur. Ihnen dienen Rituale und rituelles Verhalten zur Selbstinszenierung der Gemeinschaft, zur Abgrenzung in einer liminalen Situation, zur Intensivierung des Gemeinschaftsgefühls. In der Inszenierung und Aufführung ihrer Rituale leisten Jugendliche in diesen Gemeinschaften Widerstand gegen die Ansprüche der Gesellschaft auf Eingliederung und verweisen auf ihre Übergangssituation zwischen Kindheit und Erwachsensein und ihr Recht, anders zu sein (vgl. Hall/Jefferson 1993). Eine Politik der Lebensstile entsteht, in der sich der Widerstand jugendlicher Kommunitäten gegen die Welt der Erwachsenen und deren Eingebundenheit in die Strukturen der Gesellschaft artikuliert. Betont wird das Recht auf Spontaneität, Unstrukturiertheit, Unmittelbarkeit und Freiheit. Mit Hilfe ritueller Inszenierungen werden Gemeinsamkeiten und Unterschiede so in Szene gesetzt, dass sich Selbst-, Welt-, und Wir-Gefühl ausdrücken und so darstellen, dass sie zur Mimesis herausfordern. Durch die sich in der Folge ergebenden Prozesse werden Lebensgefühl und Gemeinschaftszugehörigkeit intensiviert.

Mit dem Begriff der Inszenierung möchte ich auf den Zusammenhang zwischen Mimesis, Ritual und Theater verweisen, der weitere Aufmerksamkeit und Entfaltung verdient. Kulturelle Aufführungen wie Rituale, Zeremonien, Gewohnheiten sind Darstellung und Ausdruck sozialen Lebens. Sie sind Selbstdarstellungen von Gemeinschaften und Individuen, die in ihrem szenischen Charakter nicht auf sprachliche Erklärungen reduzierbar sind. Ihre leiblichen und szenischen Darstellungen enthalten etwas, das nicht anders als körperlich und szenisch ausdrückbar ist. Über die Mimesis der leiblichen und szenischen Darstellung können diese Ausdrucksformen erfasst, verstanden und weitergegeben werden. Durch Prozesse, der Ausweitung und der Anähnlichung an das szenische Verhalten anderer Menschen werden Erfahrungen mit deren spezifischer, nicht hintergehbarer Leiblichkeit gemacht. Ihre symbolisch kodierten leiblichen Darstellungs- und Ausdrucksformen werden gelernt, mit den dem Einzelnen bekannten Kodierungen in Verbindung gebracht und individuell unterschiedlich verarbeitet. Innerhalb symbolisch kodierter körperlicher Darstellungs- und Ausdrucksformen kommt Ritualen eine besondere Bedeutung zu. Rituale sind szenische Aufführungen von Gemeinschaften, die ihren Charakter weitgehend mit Hilfe der Rituale inszenieren, erhalten und transformieren.

Über die Mimesis sozialer Handlungen und sozialen Verhaltens wird auch die ludische, eng mit dem Mimetischen verbundene Seite menschlichen Verhaltens erfahren (Schechner 1985). Da die ludische Komponente ritueller Handlungen Raum für die individuelle Ausgestaltung und Variation, aber auch für Distanzieren und grundlegende Veränderung gewährt, trägt sie viel zur Erhaltung und Wirkung von Ritualen bei. Die ludische Seite gewährt Entscheidungsmöglichkeiten, ohne dass die Rituale Teile ihrer Funktion und Macht verlören. Mit einem sich innerhalb fester gesellschaftlicher Strukturen vollziehenden Handeln steht das ludische Element in Spannung. Es zeigt sich daher auch eher an den Rändern gesellschaftlicher Arbeit und Struktur, also im Bereich von Kommunität und Gemeinschaft. Dies ist um so mehr der Fall, als das Ludische von der Unsicherheit und Unentschiedenheit, Spontaneität und Unmittelbarkeit »lebt«, für die in gesellschaftlichen Rollenzusammenhängen und Strukturen wenig Platz ist.

Soziales Handeln, das eher vom Zusammengehörigkeitsgefühl einer Kommunität motiviert und bedingt wird, wird wie das Ludische häufig durch ein inneres Fließen getragen. Die Qualität des Fließens vermittelt dem Handelnden Intensität und innere Befriedigung. Für kreative Tätigkeiten ist dieses innere Fließen eine wichtige Voraussetzung. Diese Bedingung gilt für künstlerische und wissenschaftliche, soziale und kommunikative Tätigkeiten gleichermaßen. Mihaly Csikszentmihalyi hat diese Prozesse näher untersucht, ihren autotelischen Charakter herausgearbeitet und für sie den Begriff »Flow-Erlebnis« geprägt (vgl. Csikszentmihalyi 1985). Für das szenische Arrangement und die Kontinuität der szenischen Aufführung von Ritualen ist dieses »Fließen« im Inneren der Handelnden von zentraler Bedeutung. Das im »Erlebnis des Fließens« liegende Gefühl der Zufriedenheit stellt das Gefühl der Zusammengehörigkeit her. Dieses ergibt sich auch in ritualisierten Handlungen. Für das Erlebnis des Fließens und seine Kommunität stiftenden Wirkungen sind die mimetischen Fähigkeiten der Mitglieder einer Gemeinschaft wichtig. Diese Fähigkeiten ermöglichen eine Anähnlichung der Handelnden aneinander und lassen dadurch das gemeinsame bzw. Gemeinschaft stiftende Fließ-Erlebnis entstehen. Das Einander-ähnlich-Werden im gemeinsamen Vollzug von Ritualen geschieht über eine sinnlich-körperliche (mimetische) »Ansteckung«, die sogar zur Zurückstellung individueller Verhaltenssteuerung und Verantwortung führen kann. In solchen Situationen droht Mimesis in Mimikry umzuschlagen und das Gemeinschaft stiftende Ritual zum bloßen Anpassungszwang für Individuen zu verkommen.

Insofern sich Rituale auf vorausgehende Muster beziehen und diese in jeder Aufführung neu gestalten, enthalten sie Elemente der Nachahmung, sind sie mimetisch. Da die Mehrzahl von Ritualen in einer Gruppe bzw. Gemeinschaft vollzogen wird, ist es gerechtfertigt, im Zusammenhang mit der Aufführung von Ritualen von sozialer Mimesis zu sprechen. Als Formen sozialer Mimesis verweisen Rituale auf die sinnliche Dimension. Rituale inszenieren Körper und mit den körperlichen Bewegungen Empfindungen und Gefühle, Wünsche und Sehnsüchte. In diesen Inszenierungen verbinden sie Aisthesis und Ausdruck, Handeln und Verhalten zu einem sozialen Geschehen, das zur Nachahmung und Mitwirkung auffordert. Sich körperlich ausdrückende Handlungen, Verhaltensweisen und Reaktionen werden nachgeahmt und als Bilder, Lautfolgen, Bewegungssequenzen im Sich-mimetisch-Verhaltenden erinnerbar. Sie werden Teil der inneren Vorstellungs-, Klang- und Bewegungswelt, werden der Einbildungskraft verfügbar und können in neuen Zusammenhängen aktiviert und transformiert werden. Mit Hilfe sozialer Mimesis werden Verhaltensweisen und Handlungsformen durch neue überlagert und erweitert.

Rituelle Prozesse vollziehen sich in sozialen Institutionen wie Familie, Schule und Betrieb, deren Strukturen die Möglichkeiten und Grenzen dieser Prozesse bestimmen (vgl. Goffman 1974; Moore/Meyerhoff 1977; Soeffner 1995.). Über das mimetische Einbezogenwerden in diese entstehen die in den institutionellen Strukturen enthaltenen Machtverhältnisse. Die mimetischen Fähigkeiten nehmen die in den symbolischen Kodierungen der institutionellen Strukturen enthaltenen Widersprüche gleichzeitig auf und verarbeiten sie. Über die mimetische Beteiligung an den institutionellen Ritualen werden die Werte und Normen der Institutionen in die Körper der Beteiligten eingeschrieben. Diese Transmission institutioneller Werte, Strukturen und Handlungsformen gibt den sozialen Institutionen Dauer und Kontinuität und ermöglicht ihren Wandel und ihre Weiterentwicklung.

Durch die Mimesis von Ritualen und Ritualisierungen wird praktisches Wissen erworben. Praktisches Wissen ist habituelles Wissen, das sich wesentlich über Ritualisierungen bildet. Es ist das Ergebnis von Erfahrungen, die aus früherem Handeln stammen und die zum Ausgangspunkt künftiger Handlungen werden. Praktisches Wissen ist kein regelgeleitetes oder analytisches Wissen, sondern Handlungswissen. Es lässt sich daher logisch und begrifflich nur unzulänglich erfassen. Versuche, Eindeutigkeit zu schaffen, scheitern daran, dass praktisches Wissen nicht ausreichend definierbar ist. Jede Deutung und Interpretation schreibt ihm eine Eindeutigkeit und Logik zu, die es im Augenblick des Handelns nicht hat und derer es zu diesem Zeitpunkt auch nicht bedarf. Mit Hilfe ritueller Mimesis wird ein praktisches Köperwissen erzeugt, das zur Gestaltung der vielschichtigen, widersprüchlichen und theoriewiderständigen Lebenspraxis beiträgt.

Mit Hilfe von Riten und Ritualisierungen werden Vorbilder und Modellsituationen erzeugt, die zum Ausgangspunkt von Mimesis werden. Mimetische Prozesse können sich auch auf Repräsentationen beziehen, die aus Kunst, Dichtung oder Wissenschaft stammen. Reale Rituale und imaginäre Ritualisierungen, rituelle Handlungen und Szenen können also in gleicher Weise zu Bezugspunkten sozialer Mimesis werden.

Rituale und Ritualisierungen können bei Neurotikern leere Handlungsformen mit Zwangscharakter sein. Sie können Kompromissbildungen zwischen kontroversen Bestrebungen darstellen und eine Ordnungsfunktion erfüllen. Rituale und Ritualisierungen erlauben unterschiedliche Empfindungen, Gefühle und Deutungen und stellen über ihren körperlichen Vollzug trotz seiner Mehrdeutigkeit eine Gemeinsamkeit her. Rituale und Ritualisierungen können daher einen starken Beitrag zur Konfliktregelung leisten.

Der mimetische Charakter von Ritualen und Ritualisierungen gewährt den an ihnen Beteiligten die Erfahrung von Sinn. Über die Wiederholung ritueller Handlungen versuchen Organisationen und Institutionen Sinn zu erzeugen und den Anschein zu erwecken, als seien ihre Organisationsformen und Strukturen unveränderbar. Erst in Krisensituationen wird diese Selbstgewissheit der Institutionen erschüttert.

In solchen Krisensituationen kann die soziale Kraft von Ritualen so erschüttert werden, dass sie nicht mehr die Kommunität zusammen binden. Die Situation wird so verworren, dass sich die Gemeinschaft bedroht fühlt. In solchen krisenhaften Momenten wird ein Verantwortlicher gesucht, dem die Schuld zugewiesen wird und auf dessen Kosten die Kommunität ihre Ordnung wieder herstellt. Durch die Schaffung eines Sündenbocks entsteht ein neues Ritual der Krisenbewältigung (vgl. Girard 1987, 1988). Die Mimesis dieses Rituals der Schuldübertragung führt dazu, dass ein Opfer für die Probleme der Gemeinschaft gesucht und gefunden wird. Der Stellvertretercharakter des Opfers darf der Kommunität nicht bewusst werden. Denn sonst funktioniert der rituelle Mechanismus der Krisenbewältigung durch die Schaffung eines Sündenbocks mit der damit verbundenen Entlastung der Kommunität von ihrer Verantwortung für die Krise nicht. Derartige Rituale der Produktion und Opferung von Sündenböcken spielen für die Erhaltung des Zusammengehörigkeitsgefühls der Gemeinschaft eine große Rolle. Nur wenn diese Mechanismen durchschaut werden, besteht eine Möglichkeit, die in ihnen enthaltene Gewalt zu reduzieren oder sogar außer Kraft zu setzen.

Bildungsinstitutionen nutzen diese Möglichkeiten von Ritualen und Ritualisierungen in besonderem Maße. Rituale ermöglichen es den Institutionen, ihre gesellschaftlichen Funktionen zu erfüllen, ohne dass diese vollständig durchschaubar sind. Angesichts dieser Situation läge in der ethnografischen Erforschung von Ritualen und Ritualisierungen in Familie, Schule und in außerschulischen Bildungsinstitutionen eine lohnende Aufgabe (Wulf u.a. 2001).

Geste und Ritual der Arbeit

Methodische Überlegungen

Arbeit und Bildung lassen sich als die beiden zentralen Strategien menschlicher Vervollkommnung begreifen, deren Gelingen und Misslingen in einer Analyse des Zivilisationsprozesses rekonstruiert werden können. Diese Annahme führt zu zwei methodischen Konsequenzen. Um zu verstehen, auf welche Ziele Arbeit und Bildung als Strategien der Vervollkommnung ausgerichtet sind, bedarf es einmal einer *historischen*, zum anderen einer *ethnologischen* Analyse beider Strategien. In inhaltlicher Hinsicht unterscheiden sich also Arbeit und Bildung als Strategien der Vervollkommnung in Abhängigkeit von der jeweiligen Kultur und der jeweiligen historischen Periode. Dabei kommt dem Verständnis der Differenzen zwischen den Kulturen und den historischen Zeiten heute mehr Interesse zu als dem Festhalten an scheinbar universellen eurozentrischen und unhistorischen Aussagen. Begriffe wie Arbeit, Bildung, Vervollkommnung bedeuten in verschiedenen Kulturen und historischen Zeiten Unterschiedliches. Bei der Verwendung derselben Begriffe besteht die Gefahr, Gleiches zu unterstellen, obwohl Unterschiedliches gemeint wird. Im Rahmen historisch-anthropologischer Arbeitsweisen gilt es, die durch dieselbe Begrifflichkeit überdeckten Differenzen herauszuarbeiten und auf den Begriff zu bringen.

Ausweitung und Verknappung der Arbeit: Ein antinomisches Verhältnis

Als im Oktober 1993 der VW-Konzern die Vier-Tage-Woche ohne Lohnausgleich einführte, war dies ein nicht mehr übersehbares Zeichen dafür, dass der Arbeitsgesellschaft die Arbeit ausging. Manche hatten das seit langem vorausgesehen. So schreibt Hanna Arendt in prophetischer Voraussicht:

> »Was uns bevorsteht, ist die Aussicht auf eine Arbeitsgesellschaft, der die Arbeit ausgegangen ist, also die einzige Tätigkeit, auf die sie sich noch versteht. Was könnte verhängnisvoller sein?« (Arendt 1981, S. 11–12)

Alle Industrienationen begreifen sich weitgehend als *Arbeitsgesellschaften*. Arbeit ist die »einzige Tätigkeit, auf die sie sich noch« verstehen. Seit dem Beginn der Neuzeit und vor allem mit dem Beginn der Moderne und der Industrialisierung ist Arbeit in wachsendem Maße zu *dem* bestimmenden Merkmal des Lebens geworden. Große Teile des individuellen und des gesellschaftlichen Selbstverständnisses definieren sich hierüber. Wird Arbeit knapp oder fehlt sie gar ganz, kommt es zu individuellen und gesellschaftlichen Sinnkrisen. *Daher ist* Arbeitslosigkeit der »Grundskandal unserer Gesellschaft«. Sie enthält dem Menschen das vor, was er zur Minimalexistenz benötigt … »Arbeitslosigkeit ist ein Gewaltakt, ein Anschlag auf die körperliche und seelisch-geistige Integrität, auf die Unversehrtheit der davon betroffenen Menschen« (Negt 1984, S. 8). Heute sind vier Millionen Menschen in Deutschland, zwanzig Millionen in der Europäischen Union und fünfunddreißig Millionen in Europa von Arbeitslosigkeit betroffen. Die nachhaltig gehegte Hoffnung, durch wirtschaftliches Wachstum genügend Arbeitsplätze zu schaffen, um die *verfestigte Arbeitslosigkeit* zu überwinden, erweist sich als trügerisch. Die Erklärung der Massenarbeitslosigkeit mit zu hohen Lohnkosten und zu starrer Lohnstruktur greift zu kurz. Weitere Gründe sind:

- Der Umbau der ostdeutschen Wirtschaft von einer ehemals planwirtschaftlichen zu einer marktwirtschaftlichen;
- die internationale konjunkturelle Lage;
- die technologische Revolution, in deren Verlauf die technikbedingte Produktivitätsrate die Wachstumsrate übersteigt, sodass mehr Arbeitsplätze verloren gehen als durch Wachstum geschaffen werden.

Zwar werden die Phänomene verfestigter Arbeitslosigkeit von Wirtschaft und Politik gesehen, doch wird konsequent vermieden, sie politisch in Angriff zu nehmen. Vielmehr wird suggeriert, auch diese Form der Arbeitslosigkeit sei mit den bewährten auf Wachstum zielenden wirtschaftspolitischen Maßnahmen überwindbar. Geflissentlich übersehen wird dabei folgender Sachverhalt. In den 1980er-Jahren entstand ein starkes Wirtschaftswachstum mit einem erheblichen Anstieg verfügbarer Einkommen. Doch wurde dieses Wirtschaftswachstum nur in begrenztem Maße beschäftigungswirksam. Daher kam es zu einer Spaltung der Gesellschaft in einen großen am wirtschaftlichen Wachstum teilhabenden und einen immer größer werdenden vom wirtschaftlichen Wachstum ausgeschlossenen Teil. Die sozialen und politischen Folgen dieser Entwicklung zu einer *Zweiklassengesellschaft* mit einer schnell wachsenden Zahl von Armen, zu denen Arbeitslose, Sozialhilfeempfänger und Obdachlose gehören, sind kaum abschätzbar. Politische Radikalisierung und Zunahme von Gewalt sind die sichtbaren Ausdrucksformen wachsender gesellschaftlicher Konflikte.

Neben dem familialen und sozialen Leben bestimmen die meisten Menschen in unserer Gesellschaft den *Sinn ihres Lebens* am stärksten über Arbeit. Mit Hilfe von Arbeit können die materiellen Erfordernisse befriedigt und soziale und personale Anerkennung gewonnen werden. Die Teilhabe an der gesellschaftlich organisierten Arbeit sichert die soziale Anerkennung des Einzelnen. Arbeit hat eine subjektive, eine soziale und eine gesellschaftliche Bedeutung. Über die verschiedenen Bedeutungen von Arbeit und ihre Veränderung können weder die Gesellschaft noch das Individuum frei verfügen. Für den Einzelnen bildet sich der Sinn seiner Arbeit im Verlauf seines Lebens. Der Prozess der Sinnstiftung über Arbeit beginnt in der Familie, wird in der Schule fortgesetzt und steigert sich in der Arbeitswelt. Die mit Arbeit verbundenen Werte und Normen strukturieren und gestalten das Leben. Zu ihnen gehören Motivation und Engagement, Rationalität und Präzision, Gewissenhaftigkeit und Pflichterfüllung, Kreativität und Innovationsbereitschaft. Schon in der Kindheit wird die Übernahme dieser Werte angestrebt. Später werden sie kontinuierlich angebahnt und eingeübt. Die Arbeitswelt wird schließlich *die* gesellschaftliche Institution zur Einschreibung dieser Werte in die Körper der Arbeitenden.

Arbeit fordert die Leistungsfähigkeit heraus, sichert die *Existenz* und hilft dem Individuum zu *Sinn* und *Identität*. Geht der Gesellschaft die Arbeit aus oder ist sie nicht mehr bezahlbar, muss über ihre gesellschaftliche Funktion und ihre Verteilung neu entschieden werden. Im Zusammenhang mit diesen Entscheidungsprozessen müssen Formen der Arbeitszeitverkürzung erörtert werden. Voraussichtlich wird sich die Richtung der Entwicklung nicht umkehren, die im letzten Jahrhundert zu einer Halbierung der wöchentlichen Arbeitszeit von 70 auf 35 Stunden und der Lebensarbeitszeit von 110.000 auf 55.000 Stunden geführt hat. Die Erfindung neuer Technologien schafft eine zunehmende Verknappung der Arbeit. Denn diese Technologien führen zwar zu wirtschaftlichem Wachstum, bewirken aber zugleich wegen der mit ihnen verbundenen Rationalisierungen und Effektivitätssteigerungen die Verringerung der gesellschaftlich vorhandenen Arbeit. Bisher hat sich die Verringerung der Arbeitsmöglichkeiten besonders auf die Bereiche Landwirtschaft und Industrie erstreckt. Doch kann selbst die rapide Ausweitung des Dienstleistungssektors, in dem heute schon mehr als 50 Prozent aller Berufstätigen arbeiten, diese Gesamtentwicklung der *Reduzierung von Arbeit* infolge von Rationalisierung und Effizienzsteigerung nicht kompensieren.

Die Zukunft der Arbeit wird auch durch die demographische Entwicklung in den kommenden Jahrzehnten bestimmt. Danach dürfte Arbeit in den nächsten 10–15 Jahren weiterhin knapp bleiben. Kommt es allerdings zu dem ohne Zuwanderungen unvermeidbaren Bevölkerungsrückgang von derzeit 80 Millionen auf 65 Millionen Menschen im Jahre 2030, dann gibt es möglicherweise mehr Arbeit, als von den Erwerbstätigen bewältigt werden kann.

Gibt es keine diese Entwicklung kompensierenden Maßnahmen, wird sich die Zahl der Erwerbstätigen im Vergleich zu 1990 um 10 Prozent auf unter 50 Prozent der Bevölkerung verringern. Muss man heute über die Verteilung knapper werdender Arbeit nachdenken, so muss man mittelfristig wieder mit der Verlängerung der Arbeitszeit rechnen. Diskutiert werden müssen dann die Verkürzung der Ausbildungszeiten und die Verlängerung der Lebensarbeitszeit durch das Angebot *altersgerechter Arbeitsmöglichkeiten*. Diese beiden in den nächsten Jahren gegenläufigen Tendenzen machen eine Zunahme der Flexibilität in der Gestaltung der gesellschaftlichen Arbeit erforderlich.

Als eine wesentliche Maßnahme zur Steigerung der Flexibilität wird von Wirtschaftswissenschaftlern die *Entkopplung von Arbeitszeit und Betriebslaufzeit* vorgeschlagen. Mit dieser Maßnahme hofft man die Wettbewerbsnachteile zu kompensieren, die sich dadurch ergeben, dass in Deutschland mit 1.600 Stunden weniger als in den USA mit 2.000 oder in Japan mit 2.100 Stunden gearbeitet wird. Die sich aus den hohen Arbeitskosten in Deutschland mit 40,48 DM pro Arbeitsstunde, den USA mit 25,57 DM und Japan mit 29,63 DM pro Arbeitsstunde ergebenden Wettbewerbsnachteile sollen dadurch ausgeglichen werden, dass die Betriebe längere betriebliche Arbeitszeiten mit flexibleren individuellen Arbeitszeiten verbinden können. Je nach Auftragslage könnte dann der Sonnabend zeitweilig wieder zu einem normalen Arbeitstag werden. Auch sollte es Möglichkeiten für *eine* kapazitätsorientierte variable Arbeitszeit mit Teilzeitarbeit, mit schwingenden Arbeitswochen, mit »Sabbaticals«, mit längeren Betriebsarbeitszeiten geben. Schließlich gälte es, die Externalisierung vieler Betriebsfunktionen mit Hilfe von Werkverträgen, Leihkräften und Subunternehmern zu erleichtern. Der Volkswirtschaftler und Finanzwissenschaftler Bert Rürup folgert aus solchen Überlegungen:

»Die Arbeit der Zukunft wird inhaltlich qualifizierter, komplexer und informationsverarbeitungsorientierter. Diese geänderten Arbeitsinhalte werden von einer ›weiblichen‹, ›älteren‹, ›kleineren‹ und ›ausländischer‹ werdenden Erwerbsbevölkerung, in weniger wöchentlichen Arbeitsstunden, aber bei einer längeren Lebensar-

> *beitszeit und in flexibleren, mehr als bislang auf die individuellen und betriebstypischen Erfordernisse ausgerichteten Organisationsformen ausgeführt werden. Fest steht ferner, dass die Zukunft der Arbeit nicht mehr durch unsere gegenwärtige ›Zeitkultur des freien Wochenendes‹ und die Dominanz des ›Normalarbeitsverhältnisses‹ der arbeitsrechtlichen Basis des ›erfüllten Arbeitslebens‹ gekennzeichnet wird.«* (Rürup 1994, S. 49f.)

Die Grenzen derartiger Überlegungen bestehen darin, dass ihr Ausgangspunkt eher das Unternehmen und seine Wettbewerbsfähigkeit ist. Weniger wird in solchen Überlegungen der einzelne Mensch gesehen, für den der Verlust von Arbeit oft mit Schuldzuweisungen und Entwertungen verbunden ist und für den Arbeit wesentlich mehr als materielle Existenzsicherung ist, dem sie ein Gefühl persönlicher und sozialer Sicherheit gibt und dem sie soziale Anerkennung, Selbstachtung und Selbstverwirklichung vermittelt. Aus solchen Überlegungen ergeben sich viele Fragen:

- Wie kann verhindert werden, dass die für Deutschland charakteristische Verbindung von Wohlstand und sozialer Sicherheit die Wettbewerbsfähigkeit zerstört?
- Wie kann vermieden werden, dass das Auseinanderklaffen der Lebenssituation zwischen Menschen mit Arbeit und Langzeitarbeitslosen zu sozialen Krisen führt?
- Wie kann Arbeit so verteilt und organisiert werden, dass trotz der hohen Personalkosten die Wettbewerbsfähigkeit auch im Vergleich mit Billiglohnländern erhalten bleibt?
- Kann ein »zweiter Arbeitsmarkt« Hilfe bringen, der für größere Bevölkerungsguppen zwischen dem Arbeitsmarkt und der Arbeitslosigkeit mit Steuergeldern eingerichtet wird?
- Kann die Erwerbsarbeit dadurch ausgedehnt werden, dass neue – möglicherweise zunächst einmal geringer bezahlte – Arbeitsfelder wie Hausarbeit, Altenpflege, ehrenamtliche Tätigkeiten identifiziert werden?
- Sind Formen begrenzter Subsistenzwirtschaft denkbar, in denen beispielsweise in den ländlichen Gegenden ein Teil der Haushalte einige Lebensmittel selbst erwirtschaften?

● Können neue Arbeits- und Lebensformen dadurch geschaffen werden, dass eine aufkommensneutrale ökologische Steuerreform entwickelt wird, in deren Rahmen anstelle der Produktivität der Arbeit die Produktivität der Energie gesteigert wird?

Gesten der Arbeit

Diese Skizzierung der gegenwärtigen gesellschaftlichen Situation der Arbeit macht deutlich, dass Gesten und Rituale der Arbeit, wie sie sich in der bürgerlichen, kapitalistisch organisierten Industriegesellschaft entwickelt haben, in eine Krise geraten sind, in der nicht nur neue Strategien der Hervorbringung und Organisation von Arbeit notwendig sind, sondern in der ein neuer Horizont für das Verständnis des Verhältnisses von Arbeit und Leben erforderlich ist. War im Verlauf des Zivilisationsprozesses in Europa Arbeit zu *dem* den Sinn des Lebens ausmachenden Faktor geworden, so muss diese Gewichtung der Arbeit einer Überprüfung unterzogen werden, in deren Verlauf sich auch für das Verhältnis von Arbeit und Bildung neue Perspektiven ergeben. Ansteht eine Relativierung der Bedeutung der Arbeit für die menschliche Sinnfindung und eine radikale Pluralisierung der für die Lebensführung relevanten Werte, die sich übrigens bei Teilen der jüngeren Generation bereits ankündigt. Um eine stärkere Pluralisierung der für die Lebensführung relevanten Faktoren zu erreichen, bieten sich Möglichkeiten an. Eine von ihnen liegt in der historischen Rekonstruktion unseres Verhältnisses zur Arbeit, in deren Rahmen *Arbeit als eine gesellschaftliche Konstruktion* erkennbar wird. Mit der Verdeutlichung dieser historischen Bedingtheit wird der konstruktive Charakter von Arbeit sichtbar. Damit wird aber auch die historische Wandelbarkeit dieses Verhältnisses deutlich, an dessen Hervorbringung Calvinismus, Kapitalismus und Industrialisierung einen wichtigen Anteil haben.

Wenn Arbeit als Geste und als Ritual betrachtet wird, werden Dimensionen angesprochen, die in den Diskursen über Arbeit und ihre Zukunft kaum behandelt werden. Das Verständnis von Arbeit als Geste verweist darauf, dass unser Verhältnis zur Arbeit und damit zur Welt und zu anderen Menschen von früher Kindheit an habitualisiert und enkorporiert wird. Auch die Verbindung von Arbeit und Ritual verweist auf die fundamentale Bedeutung der Arbeit für die Entstehung der Sozietät und den inneren Zusammenhalt der Kommunität. In der Ritualisierung der Arbeit kommt auch ihr Charakter als eine kulturelle »Aufführung« und Inszenierung, mit nachhaltigen Wirkungen zum Ausdruck.

Wenn man von Gesten der Arbeit spricht, dann begreift man Arbeit als eine *Bewegung des Körpers*. Unter Gesten lassen sich signifikante Bewegungen des Körpers verstehen, denen Intentionen zugrunde liegen, ohne dass sich deren Darstellungs- und Ausdrucksformen vollständig aus ihnen erklären ließen. Die Differenz zwischen der Geste der Arbeit als körperlicher Darstellungs- und Ausdrucksform und ihrer sprachlichen, mit Hilfe von Interpretationen ermittelten Bedeutung ist unaufhebbar. Gesten der Arbeit enthalten über ihre Intentionalität hinausgehende Gehalte.

Gesten sind Versuche, aus Situationen des bloßen Im-Körper-Seins herauszutreten und über den Körper zu verfügen. Voraussetzung dafür ist die *exzentrische Position* des Menschen. Sie bewirkt, dass der Mensch nicht nur wie das Tier *ist,* sondern dass er aus sich heraustreten und sich zur Welt und zu sich selbst verhalten kann. Auch die Geste der Arbeit beruht auf dieser menschlichen eng mit Sprache, Imagination und Handlung verbundenen Fähigkeit.

Im Unterschied zum mimischen Körperausdruck sind Gesten vom Körper und von spezifischen sozialen Situationen ablösbar; dadurch sind sie gestaltbar und lernbar. Während in der Mimik Ausdruck und Gefühl, Form und Inhalt, seelischer Gehalt und körperliche Ausdruckserscheinung zusammenfallen, zeigen sich in der Gestik zwischen diesen Aspekten Differenzen, die eine intentionale Gestaltung der Gesten möglich machen. Da Menschen Gesten als Ausdruck ihrer selbst von innen und außen wahrnehmen können, gehören sie zu den zentralen menschlichen Ausdrucks- und Erfahrungsmöglichkeiten. In Gesten verkörpern sich Menschen und erfahren sich in der *Verkörperung*. Im gesellschaftlichen Umgang mit Gesten, Ritualen und Rollen wird körperliches Sein in Haben umgewandelt. Dieser Transformationsprozess, in dem Arbeit eine zentrale Rolle spielt, ermöglicht menschliche Existenz.

Gesten haben im Prozess menschlicher *Selbstdomestikation* eine wichtige Funktion. In ihnen fallen »Innen« und »Außen« zusammen. Der menschlichen Weltoffenheit geschuldet, schränken sie diese Bedingung menschlichen Seins gleichzeitig durch Konkretisierungen ein. Die Bedeutung von Gesten ändert sich in Abhängigkeit von Raum und Zeit. Unterschiede lassen sich im Hinblick auf Geschlecht und Klasse feststellen. Manche Gesten sind geschlechts- und klassenspezifisch; andere haben keine geschlechtsspezifischen Differenzen. Gesten der Arbeit sind geschlechts- und klassenspezifisch. Oft sind sie an soziale Räume, Zeitpunkte und Institutionen gebunden. Über die Einübung *institutionsspezifischer Gesten* setzen Institutionen ihre Machtansprüche durch. Auch Arbeit lässt sich als eine gesellschaftliche Institution begreifen, deren Ansprüche über vielfältige Mechanismen durchgesetzt werden.

Zu den nachhaltigen Strategien der Durchsetzung von Arbeit als dominierender Lebensform gehört die Institutionalisierung der *Geste des Machens* und der Arbeit im menschlichen Körper. Vilém Flusser hat in einer phänomenologischen Annäherung die der Arbeitsgeste vorgelagerte Geste des Machens zu bestimmen versucht. Hierbei verweist er auf die Entgegensetzung unserer Hände als eine Bedingung des Menschsein, die dazu auffordert,

»… die beiden Hände in einem Hindernis, in einem Problem oder in einem Gegenstand kongruieren zu lassen. Diese ›volle‹ Geste ist die Geste des Machens. Diese Geste drückt von zwei Seiten auf den Gegenstand, damit die beiden Hände einander treffen können. Unter diesem Druck ändert der Gegenstand seine Form, und diese neue Form, diese der gegenwärtigen Welt aufgeprägte ›Information‹ ist eine der Weisen, die menschliche Grundverfasssung zu überschreiten. Denn es ist eine Methode, die beiden Hände im Gegenstand zur Übereinstimmung zu bringen … Die beiden Hände strecken sich nach der Welt der Gegenstände aus. Sie ergreifen einen Gegenstand. Sie verändern seine Form … Diese beständige Neuformulierung der Form unter dem Gegendruck des Gegenstandes ist die ›Geste des Schaffens‹ … Durch die Geste des Schaffens finden die Hände also neue Formen und prägen sie den Gegenständen auf … Die Hände entreißen solche Gegenstände ihrem

> objektiven Kontext und verwenden sie sodann gegen diesen Kontext ... *Für die mit Werkzeugen versehenen Hände, die ihren ursprünglichen Gegenstand vergessen haben, gibt es keine soziale Welt mehr. Ihre Geste des Machens ist apolitisch und unethisch.*« (Flusser 1991, S. 61ff.)

Die Geste des Machens ermöglicht die Geste des Arbeitens. Im Verlauf des Zivilisationsprozesses entsteht aus der noch offenen Geste des Machens, der Poiesis, die Geste der Arbeit. Sie hat ihren Ursprung in Prozessen, die dazu führen, dass Menschen nicht mehr als Jäger, Sammler und Nomaden durch die Natur zogen, sondern sesshaft wurden. Mit der *Sesshaftigkeit* wird die Gestaltung des in Besitz genommenen Landes erforderlich. Geschlechsspezifische und andere Formen der *Arbeitsteilung* werden entwickelt. Mit ihnen einher geht die Differenzierung der Arbeitswelt und die Herausbildung sozialer Hierarchien. In der Folge entstehen differenzierte Sozialstrukturen, in deren Rahmen die kulturellen Produktionen und Differenzierungen wachsen. Mythos, Religion und Ritual spielen dabei eine wichtige Rolle und tragen wesentlich zur Herausbildung und Ausprägung der Geste des Arbeitens bei.

Mit Hilfe von *Ritualen*, die sich als *symbolisch kodierte Körperprozesse* begreifen lassen, wird die soziale Realität der Arbeit erzeugt und interpretiert, erhalten und verändert. Mit Ritualen, die von Gruppen in sozialen und normativ bestimmten Räumen vollzogen werden, werden soziale Normen der Arbeit in die menschlichen Körper eingeschrieben. Mit diesen Einschreibungsprozessen werden auch soziale *Machtverhältnisse* inkorporiert. In den Ritualen der Arbeit findet eine *Selbstinszenierung der Gesellschaft*, der Kultur und des Einzelnen statt, in deren Verlauf auch die erforderlichen Fähigkeiten erworben, bestätigt und in praktisches Wissen transformiert werden.

An drei Beispielen möchte ich im Weiteren zeigen, wie *Mythos*, *Religion* und *Modernisierung* an der Herausbildung der gegenwärtig in eine Krise geratenen Geste der Arbeit beteiligt sind.

Historische Perspektiven: Griechische Antike und Christentum

In der griechischen Antike gibt der Prometheus-Mythos, wie ihn Hesiod erzählt, bereits wichtige Hinweise über die Bedeutung der Arbeit für die Konstitution des europäischen Menschen. Prometheus, der durch seine List, seine *Metis*, bestimmt ist, gerät in eine Auseinandersetzung mit Zeus, der ebenfalls durch seine, allerdings göttliche und daher überlegene *Metis* charakterisiert ist. Die Erzählung besteht in der Darstellung eines Duells der menschlichen und der göttlichen List. Wer wird wen täuschen? Wer wird von wem getäuscht? Falsche Geschenke werden wechselseitig angeboten. Aus der Auseinandersetzung geht Zeus als Sieger hervor. Die Menschen und der für sie eintretende Prometheus werden für ihren Frevel, sich mit den Göttern zu messen, bestraft. Endgültig wird ihnen nun ihr Ort zwischen den Göttern und den Tieren angewiesen.

Nach der Hesiodschen Erzählung versucht Prometheus den Zeus zu täuschen, indem er ihm verlockend verpackte, jedoch wenig nahrhafte Teile eines Opferrinds darbringt. Zeus durchschaut diesen Täuschungsversuch. Voll Zorn verbietet er von nun an den Menschen den Gebrauch des himmlischen Feuers, über das sie bislang verfügen durften. Ohne dass Zeus es bemerkt, stiehlt Prometheus ihm das Feuer und bringt es den Menschen. Doch ungestraft lassen sich die Götter nicht herausfordern. Zeus verweigert den Menschen das Feuer; die Götter verstecken das von den Menschen als Nahrungsmittel benötigte Korn. Konnten sich die Menschen früher einfach bücken, um das von selbst wachsende Korn zu essen, so müssen sie es jetzt, da es ihnen verborgen ist, anbauen. Von nun an ist der *ponos*, die mühselige Arbeit, des Pflügens, Säens und Erntens erforderlich, mit deren Hilfe sich die Menschen ernähren. Für die menschliche Vermessenheit, mit den Göttern in Konkurrenz zu treten, ist *Arbeit die Strafe*. Arbeit stutzt den Menschen auf das ihm zukommende Maß. Die Götter bedürfen keiner Nahrung; die Tiere finden sie ohne Arbeit. Nur der Mensch ist zur Arbeit gezwungen, um sich zu ernähren.

Im Zorn beschließt Zeus noch Ärgeres. Er macht den Menschen ein Geschenk, das das Übel in verführerischer Hülle enthält, Pandora, das Geschenk aller Götter – die Frau. Sie ist Köder und Trugmittel, dessen Tiernatur verborgen bleibt. Ihr Magen verschlingt die Lebensmittel, die durch Arbeit produziert werden müssen. Die Menschen sind Sklaven ihres Magens, von dessen Bedürfnissen ihre Mühen und Sorgen herrühren. Außerdem ist Pandora das Feuer, das Zeus den Menschen für das gestohlene Feuer gibt und das den Menschen von nun an verzehrt. Schließlich entspricht Pandoras Schoß dem Schoß der Erde. Um Leben erhalten und erzeugen zu können, muss der Schoß der Erde bearbeitet und der Schoß der Frau begattet werden. Alle Gaben sind doppelbödig. Mit ihnen wird etwas gegeben und gleichzeitig etwas genommen. Sie vermischen Gutes und Böses und sind von einer nicht aufhebbaren Ambiguität. Alle im Mythos genannten Elemente stehen in einem kontingenten Zusammenhang: das (geraubte) Feuer, die Frau und die Ehe, der Getreideanbau und die Arbeit. Diese Elemente dienen dazu, den Menschen ihren Status zwischen den Göttern und den Tieren zuzuweisen, der sich folgendermaßen bestimmen lässt:

»Die Menschen sind nicht Herren ihres Schicksals; sie müssen den Göttern opfern, um sie ihnen gewogen zu stimmen.
Die Menschen benötigen das Feuer für die Zubereitung der Speisen und für die Entwicklung des Handwerks.
Die Menschenmänner brauchen Frauen als Gattinnen und zur Reproduktion des Menschengeschlechts.
Um sich zu ernähren, benötigen die Menschen Getreide und die Arbeit des Ackerbaus.« (Vernant 1987, S. 179)

Der Mythos macht es noch einmal deutlich. Alle Geschenke der Götter sind zweischneidig. Doch wissen die Menschen im Voraus nicht, worin ihre Ambiguität besteht. Dies gilt auch für die *Arbeit*, die einerseits eine *Strafe*, andererseits eine *Chance* für die menschliche Entwicklung ist.

Diese Auffassung von Arbeit als einer des Menschen unwürdigen Tätigkeit ist bis in die Zeit der griechischen Polis erhalten geblieben. Für den Griechen diente Arbeit lediglich der Erzeugung und Beschaffung der für die Erhaltung des Lebens notwendigen Güter. Als solche war sie Aufgabe der Sklaven. Insofern sie zum Hause gehörten, wurden sie als *oiketai* bezeichnet. Im Unterschied zu den zum Hause gehörenden Sklaven boten die Handwerker, die *demiourgoi*, ihre Arbeit öffentlich an und konnten sich zu diesem Zweck in der Öffentlichkeit frei bewegen. Später wurden diese handwerklich Arbeitenden *banausoi* genannt. Sie leisten körperliche Arbeit, durften sich aber nicht an den öffentlichen Angelegenheiten beteiligen. Für die Griechen der Polis ist die physische Arbeit, die nur zur Erhaltung des Körpers dient, minderwertig. Die wirkliche menschliche Arbeit bzw. Tätigkeit, d.h. die Teilnahme am *bios politikos*, am politischen Leben, beginnt, wenn die für die Erhaltung des Körpers notwendigen Arbeiten verrichtet sind. Somit ermöglicht erst die Sklaverei den Freien ein Leben erfüllter Tätigkeiten.

Nicht wesentlich anders wird der Ursprung der Arbeit in der jüdisch-christlichen Religion gesehen. Mit der Vertreibung aus dem Paradies, die ebenfalls eine Strafe für die Übertretung eines göttlichen Gebots ist, beginnt die Geschichte des Menschen. Auch hier spielt die Arbeit, die nun dem Menschen verordnet ist, eine entscheidende Rolle: »Verflucht sei der Acker um deinetwillen! Mit Mühsal sollst du dich von ihm nähren dein Leben lang. Dornen und Disteln soll er dir tragen, und du sollst das Kraut auf dem Felde essen. Im Schweiße deines Angesichts sollst du dein Brot essen, bis du wieder zu Erde werdest, wovon du genommen bist. Denn du bist Erde und sollst zu Erde werden« (Gen 3, 17–19). Wie im Prometheus-Mythos werden in der Genesis einige Elemente bestimmt, die die nachparadiesische Situation charakterisieren. Zu diesen gehören:

- die verführerische, das Übel bewirkende Frau,
- Sexualität, Sprache, Bewusstsein und Arbeit.

Im biblischen »Wer nicht arbeitet, soll auch nicht essen« wird die zentrale Stellung der Arbeit noch einmal betont. Arbeit ist Pflicht gegenüber Gott und den anderen Menschen. Im Gleichnis von den anvertrauten Pfunden verlangt Gott vom Menschen sogar, dass er den ihm gegebenen Besitz vermehrt. Gottgefälliges Leben zeigt sich in der produktiven Gestaltung der dem Menschen von Gott übergebenen Dinge. Gott verlangt Arbeit vom Menschen. In der Arbeit bewährt sich der Mensch vor Gott.

Im *ora et labora* der mittelalterlichen Benediktiner-Regel findet die Verpflichtung des Menschen zur Arbeit eine weitere Zuspitzung. Nun wird Arbeit *Gottesdienst*. Im Verlauf der ständebezogenen Arbeitsteilung kommt es zu weiteren Untergliederungen. So werden die Differenzierungen zwischen den Handwerkern in der mittelalterlichen Stadt dadurch sichtbar gemacht, dass sich die Angehörigen jeder Zunft in der gleichen Straße bzw. im gleichen Stadtgebiet niederlassen. Der Thomismus entwickelt eine Hierarchie der Arbeitsfelder. Zu unterst steht die Landwirtschaft, höher das Handwerk; die Spitze bilden Geistlichkeit, Mönche, Nonnen und Priester. Im Auftrag Gottes haben sie für die Seelen der Menschen und damit für ihr jenseitiges Wohl zu sorgen.

Im Unterschied zu Thomas von Aquin, der die geistliche Arbeit der weltlichen überordnet, stellt Luther zunächst die irdische der geistlichen Arbeit gleich. Später finden sich sogar Hinweise darauf, dass Luther die irdische Arbeit der geistlich-mönchischen überordnet. Der entscheidende Unterschied zu Thomas von Aquin liegt darin, dass Luther prinzipiell jede Arbeit unabhängig von ihren Ergebnissen hoch schätzt. Damit wird die Bewertung der Arbeit von ihrem Erfolg auf die ihr zugrunde liegende Gesinnung verschoben. *Der Wert der Arbeit liegt in der Gesinnung, nicht in ihrem Zweck oder ihrem Erfolg.* Diese Gleichbewertung jeder Arbeit hat ihren Grund darin, dass alle Formen der Arbeit durch die Schöpfungsordnung festgelegt sind und deshalb auch die niedrigen als gottgewollt angesehen werden. Die Gleichbewertung der verschiedenen Formen von Arbeit erklärt sich daraus, dass nach lutherischer Auffassung für das Erlangen der Seligkeit Werke nicht mehr nötig sind. Denn die Seligkeit wird allein durch die Gnade Gottes geschenkt. Die Form der Arbeit muss also nicht mehr dem Wohl der Seele nützen. Vielmehr kann sie sich ganz vom Nutzen für die Ordnung der Welt bestimmen lassen. Damit erhält die Arbeit eine auf Gott gegründete *innerweltliche Autonomie*. Sie muss nicht mehr unmittelbar Gott dienen, sondern kann sich ganz auf die Förderung des Wohls des Menschen konzentrieren. Indem Arbeit dem Menschen dient, dient sie Gott. Der Maßstab ihres ethischen Werts liegt im Nutzen für den anderen Menschen. Über den Bezug zum anderen Menschen wird Arbeit zu dem Betätigungsfeld christlicher Liebe.

Auch bei Calvin wurzelt Arbeit im Gehorsam gegen Gott. Nur stärker als bei Luther wird sie bei ihm zu einem Mittel der Selbstzucht und der Askese. Dementsprechend wird Arbeit rationalisiert und auf eine Intensivierung der Güterproduktion gerichtet. Nach der calvinistischen Lehre von der Prädestination ist es dem Einzelnen prinzipiell unbekannt, ob er erwählt ist oder nicht. Doch wenn er erwählt ist, muss sich diese Wahl Gottes in einem besonderen sittlichen Verhalten zeigen. Dieses Verhalten umfasst eine strenge Kontrolle der Sinnlichkeit, Gehorsam gegen Gott im Beruf, Arbeitsfleiß und Selbstzucht. Umgekehrt schließt man von diesen Verhaltensweisen auf die Prädestination. Rationale Arbeitsaskese wird zum Zeichen für Erwähltsein. Noch sicherer kann man seines Erwähltseins sein, wenn die Arbeit durch Erfolg gekrönt wird. Deshalb gilt es sich anzustrengen, um in der Arbeit Erfolg zu haben. Körper, Sinne und Gefühle sollen den Erfordernissen der Arbeit so untergeordnet werden, dass sie zur Vervollkommnung der Arbeit dienen. Man muss sich anstrengen, um Erfolg zu haben. Dabei geht es nicht um die Arbeit als solche, um die Freude an ihr oder den Genuss ihres Erfolges. Eine solche Arbeitsorientierung würde der Arbeit als solcher einen Wert zuschreiben. Dies wäre jedoch ein unzulässiges Anhängen an weltlichen Dingen. Eine solche Einstellung vergäße, dass Arbeit und Erfolg Gottesdienst sind und zur Ehre Gottes erfolgen. Arbeit dient zur Heiligung Gottes und zur asketischen Selbstheiligung des Menschen. Die Rationalisierung der Arbeit führt nicht nur zur Erleichterung der Mühsal und Anstrengung, sondern zur Verbesserung der Arbeitsergebnisse. Aufgrund dieser göttlichen Sinngebung kann es auch keine Befriedigung durch ihre Ergebnisse geben. Arbeit ist eine dauerhafte, nie endende Aufgabe. Im Anblick Gottes ist das Erreichte nichtig und verlangt nach weiterer Intensivierung und Ausweitung. Max Weber hat die Zusammenhänge zwischen Arbeitseinstellung, Industrialisierung und Ausbreitung des Kapitalismus gesehen und analysiert.

Disziplinargesellschaft: Verlust und Ausweitung von Arbeit

Diese Überlegungen zum calvinistischen Arbeitsbegriff liefern einen Beitrag zum Verständnis der Arbeitsobsession der Moderne. In Hegels und Marx' Philosophie kommen weitere wichtige Gesichtspunkte zum Ausdruck. Für Hegel arbeitet Gott an der Welt als »dem anderen seiner selbst im geschichtlichen Prozess seiner Subjektwerdung ... Die Weltgeschichte wird zu einem einzigen Arbeitsprozess der Herausarbeitung der menschlichen und der absoluten Subjektivität. Dieser Prozess ist ein Prozess absoluter Selbstermächtigung und großen Schmerzes des Menschen zugleich« (Kloskowski 1994, S. 122–123). Auch für Marx ist Arbeit die entscheidende Tätigkeit, mit Hilfe derer der Mensch zum Menschen wird. Über Arbeit bilden und verändern sich gesellschaftliche Strukturen und Hierarchien; über sie entsteht – in jeder historischen Epoche in unterschiedlicher Weise – Herrschaft und Unterdrückung. Auf der Industrialisierung und der mit ihr verbundenen Rationalisierung und Effektivierung der Arbeit und auf einer gerechten Verteilung der Produktionsmittel liegen bei Marx die Hoffnungen auf Befreiung und Aufhebung nicht legitimierter Herrschaft des Menschen über den Menschen. In der bürgerlichen Gesellschaft ist es vor allem die Arbeiterklasse, deren gesellschaftliche Grundlage darin besteht, dass sie lediglich ihre Arbeitskraft verkaufen kann. Für Marx führt die Emanzipation der Arbeiterklasse zur Befreiung der Menschheit schlechthin.

»Für ihn ist der Mensch gesellschaftlich im Wesentlichen durch Arbeit bestimmt, sodass die Befreiung des Menschen nicht die Befreiung des Menschen von der Arbeit, sondern die Befreiung der Arbeit selbst sein muß.« (Böhme 1985, S. 158)

Dass sich diese Hoffnungen im Spätkapitalismus nicht erfüllt haben, liegt auf der Hand, entbinden uns aber nicht von den ihnen zugrunde liegenden Fragen nach dem Verhältnis von Arbeit, Besitz und Herrschaft.

In der Moderne gewinnt die Geste des Arbeitens eine starke Ausweitung. In immer mehr Bereichen und in immer größerem

Umfang setzt sie sich durch. Sie wird zur bestimmenden Bewegung des Menschen zur Welt und zu sich selbst; sie wird zum Mittel der Disziplinierung und zum Ausdruck von Selbstdisziplin und Askese. Mit ihrem Vollzug werden Stimmungen, Empfindungen und Einstellungen erzeugt, wiederholt und zum Ausdruck gebracht, die Arbeit und ihre kontinuierliche Effektivierung ermöglichen. Für die moderne Arbeitsgeste und deren Herausbildung in Ritualen sind folgende Merkmale bestimmend:

- die zweckrationale Ausrichtung,
- die Ökonomisierung der Zeit,
- der Charakter der Anstrengung,
- das Vertrauen in die Leistungsfähigkeit,
- die Zuversicht in die Gestaltbarkeit der Welt und des Selbst.

Wie andere Gesten ist auch die Arbeitsgeste komplex und keineswegs eindeutig. Zweifellos gibt es ein großes Spektrum verschiedener Ausprägungen. So bestehen zwischen Arbeitsformen, in denen der repetetive Charakter ausgeprägt ist, und Formen, in denen Spontaneität und Kreativität eine zentrale Rolle spielen, so große Unterschiede, dass es schon beinahe unzulässig ist, von einer Geste der Arbeitens zu reden. Treffender wäre es vielleicht, von Gesten des Arbeitens zu sprechen.

Immer wieder inszenieren Menschen Situationen des Arbeitens. Viele dieser Situationen sind rituell, haben einen herausgehobenen Charakter, sind sichtbar und sollen gesehen werden. Wie alle Rituale haben sie einen Anfang und ein Ende, vollziehen sich in der Zeit und in bestimmten Räumen. Rituale der Arbeit lassen sich als eine Formen gesellschaftlicher Praxis, als Strategien sozialen Handelns begreifen. Ihre Bedeutung lässt sich nicht auf ein Zweck-Mittel-Schema reduzieren. Rituale der Arbeit erhalten ihre soziale Funktion dadurch, dass sie eine symbolische Bedeutung haben und durch diese überdeterminiert sind. Am Beispiel der religiösen Wurzeln der Arbeit wurde ihr überdeterminierter Charakter sichtbar. Arbeit ist immer auch Selbstdarstellung, sei es, dass ihre Rituale Gott oder andere Menschen zum Bezugspunkt haben. Die Selbstdarstellung des heutigen Menschen vollzieht sich wesentlich über die Inszenierung von Ritualen der Arbeit. In Fortschreibung der Calvinistischen Dynamik kommt es zu einer gewaltigen Intensivierung und Ausweitung der Arbeit, als sei Arbeit der einzige Sinngarant menschlichen Lebens. Die Intensivierung der Arbeit mündet häufig in Überarbeitung, das heißt in eine Unterordnung aller Lebensprozesse und Tätigkeiten unter die Arbeit mit der Erfahrung, dass deren Anforderungen dennoch nicht angemessen erfüllt werden können. Arbeit wird statt zu einer Anforderung zu einer Überforderung. Damit einher geht die Ausdehnung der Arbeitsgeste auf alle Bereiche menschlichen Lebens, sodass von politischer Arbeit, Kulturarbeit, Bildungsarbeit, ja sogar Beziehungsarbeit die Rede ist.

Mit der Ausdehnung der Arbeit auf alle Bereiche des Lebens findet eine gewaltige Zurichtung und Disziplinierung statt. Menschliches Leben wird in bisher unvorstellbarer Weise arbeitsförmig. Elias und Foucault haben die zentrale Rolle der Disziplinierung und Selbstkontrolle im Zivilisationsprozess herausgearbeitet. Die Erhöhung der Scham- und Peinlichkeitsschwelle, das Abstandnehmen vom Körper, die Abkopplung der Außenkontrolle und die Intensivierung der Selbstkontrolle sind Prozesse, denen für den modernen Habitus eines in alle Bereiche eindringenden Arbeitens außerordentliche Bedeutung zukommt. Die Ausweitung der Zeitherrschaft, der Chronokratie, wird ein wichtiges Element in der Entstehung der Arbeitsgesellschaft. Denn über die Chronokratie findet die Gleichschaltung der Menschen unter dem Diktat der Arbeit statt. Ein Ende dieser Dynamik ist für die Mehrzahl der Menschen nicht absehbar. Neu ist jedoch, dass immer mehr Menschen von dieser Dynamik ausgeschlossen sind und dass wir eine Spaltung der Gesellschaft feststellen können, in der der eine Teil immer weiter unter die molochartigen Ansprüche einer sich ins Uferlose ausdehnenden Arbeit gerät, der andere Teil aber von dieser Entwicklung abgekoppelt und dadurch in einen Bereich außerhalb des gesellschaftlich akzeptierten Lebens gerät. Ausgrenzung, Isolierung, Abwertung, ökonomische und soziale Armut sind die Folgen.

In der Disziplinargesellschaft vollzieht sich die Zurichtung der Menschen über Zeit und Arbeit. Vor allem über die Strukturierung der Zeit und der Arbeit sowie ihrer Wechselbeziehungen wird ein allseitig »anschließbarer« und einsetzbarer Mensch erzeugt, der den

Anforderungen moderner Industriegesellschaften gerecht werden soll. In anthropologischer Hinsicht könnte man vermuten, dass über die Disziplinarmächte »Zeit« und »Arbeit« der universelle Mensch hergestellt wird, der sich so lange auf dem sicheren Wege der Vervollkommnung als Individuum und als Gattung sah. Unterstützt wurde diese Entwicklung durch die großen Ideologien der letzten Jahrhunderte, die darauf bestanden, dass einer Fortentwicklung des Menschen nichts im Wege stünde. Insofern diese »Erzählungen« ihre Bindekraft eingebüßt haben, haben sich auch die Zweifel an der Herstellbarkeit des universellen Menschen erhöht. Insoweit die Ökonomie der *Arbeit* und die Ökonomie der *Zeit* für die Hervorbringung heute lebender Menschen eine wesentliche Rolle spielen, stellt sich angesichts der Beschleunigung der Zeit und angesichts der Verknappung von Arbeit die anthropologische Frage neu. Im Rahmen einer auf den universellen Menschen gerichteten normativen Anthropologie ging es vorwiegend um die Perfektibilität von Mensch und Gattung mit Hilfe von Arbeit. Nach dem Ende einer verbindlichen Anthropologie und angesichts des Schwindens der Bedeutung von Arbeit als Motor menschlicher Vervollkommnung stellt sich die Frage nach dem Verhältnis von menschlicher *Vervollkommnung und Unverbesserlichkeit* neu. Wenn immer mehr Menschen nicht mehr durch Arbeit vervollkommnet werden, verlieren Arbeit und Mensch ihren universellen Charakter. Dann wird es notwendig, mit der Relativierung der Funktion der Arbeit den so lange unterstellten universellen Charakter des Menschen infrage zu stellen. Das Interesse gilt dann eher den historischen partikularen Menschen mit ihren spezifischen Fragen und Problemen. Hierin liegt eine Chance für neue Formen menschlicher Selbstverhältnisse und für neue Formen *reflexiver historisch-pädagogischer Anthropologie.*

Mit dem Ende einer normativ verbindlichen Anthropologie ergibt sich also die Notwendigkeit, den universellen Charakter der Arbeit zu relativieren. Zu unterscheiden gilt es dann diverse Formen von Arbeit von anderen Tätigkeiten des Lebens. Damit verliert Arbeit den Charakter eines Synonyms für Leben. In ihrer Studie zur *vita activa*, zum tätigen Leben, hat Hannah Arendt in eine ähnliche Richtung gedacht. Ihr ging es um nichts mehr, »als um dem nachzudenken, was wir eigentlich tun, wenn wir tätig sind« (Arendt 1981, S. 12). Nicht die Arbeit, sondern das tätige Leben stehen im Mittelpunkt. In seinem Rahmen lassen sich *Arbeit, Herstellen* und *Handeln* unterscheiden. Um tätig sein zu können, gilt es zu arbeiten, d.h. sich im Austausch mit der Natur am Leben zu erhalten. Darüber hinaus gilt es im Herstellen eine künstliche von den Naturdingen unterschiedene Welt, eine Welt des Menschen, der Gegenständlichkeit und der Objektivität zu erzeugen. Schließlich geht es im Handeln nicht um eine Auseinandersetzung mit der Naturwelt oder der künstlichen Welt der Menschen, sondern um die Tätigkeit, die sich unmittelbar zwischen den Menschen abspielt. Alle drei Aktivitätsformen sind differente Tätigkeiten, die nicht einer einzigen Tätigkeit mit einem Gestus untergeordnet werden sollten.

So wichtig diese Differenzierung für die Relativierung der Arbeit und ihres universellen Anspruchs und damit für das Selbstverständnis des Menschen ist, so sollte man sich nicht darüber hinwegtäuschen, dass die Schwierigkeiten derartiger Differenzierungen gerade darin liegen, dass die analytisch so klar getrennten Bereiche in den Lebenspraxen überlappen und sich kontinuierlich mischen, sodass diese und ähnliche Differenzierungen eingeebnet werden. Im Weiteren gilt es das Verhältnis von Arbeit und Leben näher zu differenzieren. Dadurch wird der universelle Charakter der Arbeit weiter relativiert, sodass neue Perspektiven für einen souveränen Umgang mit Arbeit, Arbeitslosigkeit, Herstellen und Handeln – mit dem aktiven und kontemplativen Leben entstehen können.

Bild und Fantasie

Obwohl »Bildung« nach wie vor ein zentraler Begriff der Pädagogik ist und der Begriff unmittelbar auf die Bedeutung des Bildes für Erziehungs- und Bildungsprozesse verweist, hat das Bild in der Erziehungswissenschaft lange Zeit kaum Aufmerksamkeit gefunden. Mit dem »iconic turn« hat sich die Situation im Umfeld unserer Disziplin geändert. Das Bild ist interessant und fragwürdig geworden. »Was ist ein Bild?« gehört heute zu den faszinierenden Fragen in den Kulturwissenschaften. In der Folge dieser Entwicklung ist das

Bild auch für die Pädagogik seit einiger Zeit zum Thema geworden. Ein Schwerpunkt des Interesses liegt auf dem Bild als Quelle erziehungswissenschaftlicher Forschung. Welche Informationen enthalten Bilder über Kindheit, Generationsverhältnis, Schule oder die Organisation von Lernprozessen? Wenig Aufmerksamkeit fand bislang die Frage, wie das Sehen, die Entstehung von Bildern und die Bildung innerer Bilder zusammenhängen. Noch weniger Beachtung fanden die Beziehungen zwischen phylogenetischen und ontogenetischen, zwischen kollektiven und individuellen Bildern, Bildfolgen und Bildstrukturen. Diese Frage führt in den Zusammenhang von Sehen, Bild und Fantasie, von Körper, Kultur und Geschichte. Wie hängt die individuelle innere Bilderwelt, das individuelle Imaginäre mit der Bilderwelt der Kultur, dem kollektiven Imaginären zusammen? Diese Fragen richten sich auf die historisch-kulturellen, die pädagogisch-anthropologischen Grundlagen von Erziehung und Bildung und eröffnen ein für die Erziehungswissenschaft noch immer neues Forschungsfeld.

Fantasie, Imagination, Einbildungskraft

Die Fantasie ist eines der rätselhaftesten menschlichen Vermögen. Sie durchdringt die Lebenswelt und manifestiert sich in sehr unterschiedlichen Formen. Greifbar wird sie nur in ihren Konkretisierungen. Sie selbst entzieht sich einer eindeutigen Bestimmung. Fantasie umfasst die Fähigkeit, Bilder wahrzunehmen, auch wenn das Abgebildete nicht anwesend ist. Sie bezeichnet das Vermögen inneren Sehens. Ihre früheste begriffliche Erwähnung findet sich in Platons Politeia. Im 10. Buch des »Staates« wird die Mimesis des Malers definiert als Nachahmung von »etwas Erscheinendem, so wie es erscheint« (pros to phainomenon, os phainetai.). Bei Aristoteles heißt es (vgl. Aristoteles Über die Seele III, 3): Die Fantasie ist »ein Vor-Augenstellen (pro homaton gar esti ti poiesasthai), wie der Gedächtniskünstler verfährt, der sich bestimmte Bilder aussucht« und sie ist »das, wonach, wie man sagt, in uns eine Erscheinung (phantasma) entsteht«. In der römischen Antike tritt »imaginatio« an die Seite von »phantasia«. »Imaginatio« bezeichnet die aktive Kraft,

Bilder in sich hineinzunehmen, sich einzubilden. Paracelsus hat dieses Wort dann als »Einbildungskraft« ins Deutsche übersetzt. Fantasie, Imagination, Einbildungskraft sind drei Begriffe für das menschliche Vermögen, Bilder von außen nach innen zu nehmen, also Außenwelt in Innenwelt zu verwandeln, sowie für die Fähigkeit, innere Bilderwelten unterschiedlicher Herkunft und Bedeutung zu schaffen, zu erhalten und zu verändern.

Die Fantasie hat eine chiastische Struktur, in der sich innen und außen kreuzen. Auf diese für die Wahrnehmung und für die Produktion von Bildern so wichtige Struktur haben sowohl Maurice Merleau-Ponty als auch Jacques Lacan hingewiesen. Unzulänglich ist eine Vorstellung vom Sehen, die davon ausgeht, dass die mit sich selbst identischen Ojekte dem zunächst »leeren« sehenden Subjekt gegenüberstehen. Vielmehr ist im Sehen etwas gegeben,

»... *dem wir uns nur nähern können, indem wir es mit dem Blick abtasten, Dinge, die wir niemals ›ganz nackt‹ zu sehen vermöchten, weil der Blick selbst sie umhüllt und sie mit seinem Fleisch bekleidet ... Der Blick ... hüllt die sichtbaren Dinge ein, er tastet sie ab und vermählt sich mit ihnen. So als gäbe es zwischen ihnen und ihm eine Beziehung prästabilierter Harmonie, so als wisse er von ihnen, noch bevor er sie kennt, bewegt er sich auf seine Art in seinem hektischen und gebieterischen Stil, und dennoch sind die erfassten Ansichten nicht beliebig, ich betrachte kein Chaos, sondern Dinge, sodass man schließlich nicht sagen kann, ob der Blick oder die Dinge die Oberhand haben.«* (Merleau-Ponty 1994, S. 193)

Nicht nur im Sehen, sondern auch beim Berühren, beim Hören und prinzipiell auch beim Riechen und Schmecken findet eine solche Überkreuzung zwischen den Sinnen und dem mit ihnen wahrgenommenen Außen statt.

Menschliches Sehen ist also nicht voraussetzungslos. Einmal sehen wir die Welt anthropomorph, das heißt auf der Grundlage der in unserem Körper liegenden physiologischen Voraussetzungen. Zum anderen gehen in unser Sehen historisch-anthropologische bzw. kulturelle Voraussetzungen ein. Das heißt z.B.: Nach der Erfindung und Verbreitung der Schrift ändert sich das Sehen im Vergleich zum Sehen in der oralen Kultur. Ähnlich einschneidend wird es verändert durch die Neuen Medien und die mit ihnen gegebenen Beschleunigungen. Wie die Forschungen der Gestaltpsychologie gezeigt haben, spielt die Fantasie schon bei der bloßen Wahrnehmung, etwa bei der komplementären Wahrnehmungsergänzung eine Rolle. Entsprechendes gilt für den kulturellen Referenzrahmen, der erst den gesehenen Dingen ihren Sinn und ihre Bedeutung verleiht. Jedes Sehen ist historisch und kulturell ermöglicht und eingeschränkt zugleich. Als solches ist es veränderbar, kontingent und zukunftsoffen.

Für Lacan wurzelt das Sehen im Imaginären. Dieses ordnet er einem vorsprachlichen körperlichen Zustand zu, in dem sich das Individuum seiner Grenzen, seines Mangels noch nicht bewusst ist. Danach hat das Imaginäre seinen Ursprung in der Identifikation des Kleinkindes, die so stark ist, dass es die Mutter noch nicht als »verschieden« von sich wahrnimmt. Die Faszination des Kleinkindes besteht darin, dass es von der körperlichen Geschlossenheit der Mutter beeindruckt wird. Wie in einem Spiegel wird in deren körperlicher Ganzheit die eigene Unversehrtheit und Macht erlebt. Doch zugleich führt die Erfahrung der Ganzheitlichkeit der Mutter zur Gefährdung der eigenen »Vollständigkeit« und zum Erlebnis der Unvollständigkeit und Angewiesenheit auf den Anderen. In der Erfahrung der eigenen Unvollständigkeit und Endlichkeit liegt auch der Ursprung des sexuellen Subjekts. Für Lacan ist das Imaginäre mit seiner Welt der Bilder dem Symbolischen mit seiner Welt der Sprache vorgeordnet. Cornelius Castoriadis nimmt diese Positionierung auf und bestimmt das Verhältnis zwischen den beiden Welten wie folgt:

»*Das Imaginäre muss das Symbolische benutzen, nicht nur um sich ›auszudrücken‹ – das versteht sich von selbst –, sondern um überhaupt zu ›existieren‹, um etwas zu werden, das nicht mehr bloß virtuell ist. Der elaborierte Wahn ist ebenso wie die geheimste und verschwommenste Fantasie aus ›Bildern‹ gemacht, doch diese Bilder stehen für etwas anderes, haben also symbolische Funktion. Aber auch umgekehrt setzt der Symbolismus die Einbildungskraft (capacité imaginaire) voraus, denn er beruht auf der Fähigkeit, in einem Ding ein anderes – oder: ein Ding anders als es ist – zu sehen. In dem Maße jedoch, wie das Imaginäre letztlich auf eine ursprüngliche Fähigkeit zurückgeht, sich mit Hilfe der Vorstellung ein Ding oder eine Beziehung zu vergegenwärtigen, die nicht gegenwärtig sind (die in der Wahrnehmung nicht gegeben sind oder es niemals waren), werden wir von einem letzten oder radikalen Imaginären als der gemeinsamen Wurzel des aktualen Imaginären oder des Symbolischen sprechen. Es handelt sich um die elementare und nicht weiter rückführbare Fähigkeit, ein Bild hervorzurufen.«* (Castoriades 1984, S. 218)

Auch Arnold Gehlens Versuch, die Fantasie zu verorten, weist trotz erheblicher Unterschiede in der Argumentation in eine ähnliche Richtung. So schreibt er:

»Auf dem Grunde der Geschiebe des Traumes oder der Zeiten verdichteten vegetativen Lebens – in der Kindheit oder im Kontakt der Geschlechter, gerade da, wo die Kräfte werdenden Lebens sich anzeigen, gibt es wohl, unter sehr wechselnden Bildern, gewisse Urfantasien eines Vorentwurfs des Lebens, das in sich die Tendenz zu einem Mehr an Formhöhe, an ›Stromstärke‹ spürt: diese aber als Anzeichen einer unmittelbaren vitalen Idealität, d.h. einer in der substantia vegetans liegenden Richtung nach einer höheren Qualität oder Quantität hin – wobei selbst das Recht zu dieser Unterscheidung fraglich bleibt.« (Gehlen 1978, S. 325)

Gehlen deutet Fantasie als Projektion von Antriebsüberschüssen. Doch vielleicht geht sogar die Fantasie schon den Antriebsüberschüssen voraus, »damit der Lebensdrang sich in ihr Bilder seiner Befriedigung entwerfen« kann (Flügge 1963, S. 93). In jedem Fall ist in Gehlens Sicht Fantasie an den Status des Menschen als »Mängelwesen«, an seine residuale Instinktausstattung und an den Hiatus zwischen Reiz und Reaktion gebunden. Damit ist sie in Beziehung mit Bedürfnissen, Triebregungen und Befriedigungswünschen. Doch erschöpft sich Fantasietätigkeit nicht in diesen. Menschliche Plastizität und Weltoffenheit verweisen auf die Notwendigkeit ihrer kulturellen Gestaltung. Fantasie spielt hierbei eine so zentrale Rolle, dass der Mensch »als Fantasiewesen so richtig bezeichnet (wäre), wie als Vernunftwesen« (Gehlen 1978, S. 317). Trotz aller Unterschiede im Ansatzpunkt und in der Argumentation gleichen sich die Positionen Gehlens und Castoriadis' darin, dass nach ihrer Auffassung das Imaginäre eine kollektive Kraft ist, die Gesellschaft, Kultur und Individualität hervorbringt.

Magie, Repräsentation, Simulation

Bilder sind mehrdeutig. Die Vermutung, sie entstünden aus der Angst vor dem Tode bzw. aus der Angst sterben zu müssen, lange vor der Entwicklung des Bewusstseins, ist nicht abwegig. Dietmar Kamper vermutet: Das Bild

> »… hat den Zweck, die Wunde zuzudecken, aus der die Menschen stammen. Doch dieser Zweck ist uneinlösbar. Jede Deck-Erinnerung erinnert auch. Deshalb ist jedes Bild im Grunde ›sexuell‹, auch wenn es der Bewegung nach tief ›religiös‹ ist. Von daher lässt sich das Bild – wie Roland Barthes es tut – als ›Tod der Person‹ titulieren. Mittels der Angst spielt das Bild die Hauptrolle bei der Ablenkung des menschlichen Begehrens. Es substituiert die erfahrene Gleichgültigkeit der Herkunft. Es steht an der Stelle des ersten Bösen. Es hält zunächst die Hoffnung aus, dass die Stimme der Mutter mitschwingt durch alle Ambivalenzen. Es dreht sich auch mit vom Sakralen zum Banalen. Denn das zweite Kapitel in der Bewältigung der Angst heißt Vervielfältigung. Das Bild soll in den Bildern verloren gehen. Es geht nicht.« (Kamper 1997, S. 592)

Unter einer kulturwissenschaftlichen Fragestellung lassen sich drei Arten von Bildern unterscheiden:

- das Bild als magische Präsenz;
- das Bild als mimetische Repräsentation;
- das Bild als technische Simulation.

Zwischen diesen Arten von Bildern gibt es vielfältige Überlappungen. Dennoch erscheint eine solche Unterscheidung sinnnvoll; sie ermöglicht es, unterschiedliche, zum Teil widersprüchliche ikonische Merkmale zu identifizieren.

Zu den Bildern, die in einer Zeit entstanden, in der Bilder noch nicht zu Kunstwerken geworden waren, gehören *magische Bilder, Kultbilder, sakrale Bilder.* Hans Belting hat ihnen in seiner »Geschichte des Bildes vor dem Zeitalter der Kunst« seine Aufmerksamkeit gewidmet (vgl. Belting 1990). Allerdings hat er sich nur mit dem kultischen Bild seit dem Ausgang der Antike befasst, das immer schon auf Repräsentation angelegt ist. Bilder, die Göttern magische Präsenz verschaffen, werden als Götter- oder Götzenbilder bezeichnet. Sie finden sich z.B. in archaischen Kulturen. Frühe Darstellungen von Fruchtbarkeitsgöttinnen in Lehm oder Stein gehören dazu. Gilbert Durand hat in seinem berühmten Buch über »Die anthropologischen Strukturen des Imaginären« einen Bilderkosmos entworfen (vgl. Durand 1994), dessen Bilder zu einem erheblichen Teil zur Welt der magischen Bilder gehören. Unterschieden werden Bilder der »Ordnung des Tages« und der »Ordnung der Nacht«, deren Behandlung er jeweils einen Teil seines Buches widmet. Der dritte Teil ist schließlich Bildern einer transzendentalen Fanstastik gewidmet. Durands Untersuchung macht den Versuch, große Teile des bildhaften kollektiven Imaginären darzustellen und zu strukturieren. Dabei gilt, dass die Übergänge von Bildern der Präsenz zu Bildern der Repräsentation fließend sind. In die gleiche Richtung weist die Untersuchung von Philippe Seringe über Symbole in Kunst, Religion und Alltagsleben (vgl. Seringe 1985). Hier wird die Grenze zum Bild als Repräsentation endgültig überschritten. Dargestellt und in ihrer Bedeutung kurz beschrieben werden imaginäre Bilder von Tieren. Zum Imaginären gehören Bilder von Landtieren (Stier, Rind, Kuh; Pferd, Esel; Steinbock, Lamm, Widder; Katze, Hund, Ziege, Schwein; Kaninchen, Hase, Elefant, Kamel). Es erstreckt sich auf Vögel und Fische, und es umfasst das Vegetative (den Baum des Lebens, Palmen, Zedern, Eichen; Blumen, Rosen Lilien, Lotus; Getreide; Früchte usw.). Es bezieht sich auf den Kosmos und die Elemente (Feuer und Licht; Rauch, Wolken, Dunst; Wasser; Erde; Steine, Höhlen und Grotten; Luft; Sonne;

Mond usw.). Zum Imaginären gehören Bilder von Bauwerken (Palästen, Häusern, Gärten; Toren, Skulpturen) sowie Bilder eher abstrakter Dinge (Namen, Zahlen, Spiralen, Labyrinthe). Immer wieder wird der »Zwischencharakter« von Bildern sichtbar. Sie bebildern die Welt und beheimaten den Menschen dadurch. Denn nichts ist bedrohlicher als eine Welt ohne Bilder, als Dunkelheit oder gleißendes Licht, die beide Bilder zerstören.

Im Werk Platons werden *Bilder zu Repräsentationen* von etwas, das sie nicht selbst sind. Sie stellen etwas dar, bringen etwas zum Ausdruck, verweisen auf etwas. Nach Platons Auffassung produzieren Maler und Dichter nicht wie Gott Ideen und Handwerker Gebrauchsgegenstände. Sie bringen *Erscheinungen* der Dinge hervor, wobei Malerei und Dichtung nicht auf die künstlerische Darstellung der Dinge beschränkt sind, sondern auf die künstlerische Darstellung der Erscheinungen, wie sie erscheinen. Ziel ist also nicht die Darstellung der Ideen oder der Wahrheit, sondern die künstlerische Darstellung von Phantasmen, von Erscheinungen in ihrem Erscheinen. Daher kann Malerei und mimetische Dichtung prinzipiell das Sichtbare zur Erscheinung bringen (vgl. Platon, Politeia 598a). Hier geht es also um die Bilder und Illusionen schaffende Mimesis, bei der die Differenz zwischen Modell und Abbild unwichtig wird. Ziel ist nicht die Ähnlichkeit, sondern der *Schein des Erscheinenden* (vgl. Zimbrich 1984). Bei Platon werden Kunst und Ästhetik bereits als eigener Bereich konstituiert, in dem der Künstler bzw. der Dichter der Meister ist. Dieser hat nach Platon nicht die Fähigkeit, Seiendes zu produzieren und ist frei vom Wahrheitsanspruch, dem sich die Philosophie zu stellen hat und der der Politeia zugrunde liegt. Somit gewinnt der ästhetische Bereich eine gewisse Unabhängigkeit von den Belangen der Philosophie, ihrer Wahrheits- und Erkenntnissuche. Die Folge ist der Ausschluss aus der Politeia, die den nicht kalkulierbaren Charakter von Kunst und Dichtung nicht akzeptieren will.

Der künstlerische Gestaltungsprozess zielt also auf die Ausgestaltung eines inneren, dem Maler bzw. Dichter vor Augen stehenden Bildes. Der die Gestaltung leitende Entwurf löst sich mehr und mehr in das Bild auf, das in einem anderen Medium als der imaginierte Entwurf entsteht. Dabei kommt es zu Veränderungen, Auslassungen, Ergänzungen und dergleichen, sodass Ähnlichkeit nur in begrenztem Maße gegeben ist. In den meisten Fällen sind die Vorbilder, auf die sich die Bilder und Entwürfe der Künstler beziehen, unbekannt; da es sie entweder nie gab oder sie nicht mehr erhalten sind. Im Zentrum des künstlerischen Prozesses steht das Bild, das Bezüge zu Vorbildern enthält und aus einem Transformations- und Innovationsprozess entsteht.

Wie ist das Verhältnis von Vorbild und Abbild? Wird Letzteres durch Ersteres geschaffen? Oder wie lässt sich das Verhältnis begreifen? Schon in der Antike wurd in Bezug auf die berühmte Zeusdarstellung des Phidias die Frage erhoben, ob und wenn wo es ein Vorbild gegeben habe. Da es jedoch kein Vorbild für diese Darstellung gegeben haben kann, ist dieses Bild des Zeus neu. Im künstlerischen Prozess selbst, in der Arbeit am Material ist es entstanden. Wer die Statue sieht, erkennt das Bild, obwohl man das Vorbild »Zeus« nicht kennt, das vor dieser Darstellung auch nicht existiert hat. Zuckerkandl spitzt seine Überlegungen in der Behauptung zu, dass das »Kunstwerk ein Bild auf der Suche nach einem Vorbild« sei, das geschaffen wird, »um in dem Geiste der Menschen ein Vor-Bild zu finden und so seine Bestimmung zu erfüllen, Bild zu werden« (Zuckerkandl 1958, S. 233). Dieses »Bild« ist nicht eindeutig; es ist keine »Antwort«, sondern eher eine Frage, die durch das Kunstwerk gestellt wird und die sein Betrachter unterschiedlich beantworten kann. Durch die Struktur des Kunstwerks werden Bilder, Sinnzusammenhänge und Deutungen erzeugt, die erst die Komplexität des Kunstwerkes ausmachen. Damit verschiebt sich das mimetische Verhältnis. Das Kunstwerk lässt sich nicht mehr als Nachahmung eines Vorbildes begreifen. Vielmehr findet Nachahmung, also die Herstellung eines Verhältnisses der Repräsentation, zwischen Kunstwerk und Betrachter statt.

Die dritte Art Bild ist durch *technische Simulation* bestimmt und ist eine neue Art Bild. Alles hat heute eine Tendenz, zum Bild zu werden: selbst opake Körper werden transformiert, sie verlieren ihre Undurchsichtigkeit und Räumlichkeit und werden transparent und flüchtig. Abstraktionsprozesse münden in Bilder und Bildzeichen. Überall begegnet man ihnen; nichts ist mehr fremd. Bilder bringen Dinge, »Wirklichkeiten« zum Verschwinden.

Neben der Überlieferung von Texten werden zum ersten Mal in der Geschichte der Menschheit auch Bilder in unvorstellbarem Ausmaß gespeichert und tradiert. Fotos, Filme, Videos werden zu Gedächtnishilfen; Bildgedächtnisse entstehen. Bedurften Texte bisher der Ergänzung durch imaginierte Bilder, so wird die Imagination heute durch die Produktion von »Bildtexten« und ihre Überlieferung eingeschränkt. Immer weniger Menschen gehören zu den Produzenten, immer mehr Menschen zu den Konsumenten vorgefertigter, kaum noch die Fantasie herausfordernder Bilder.

Bilder sind eine spezifische Form der Abstraktion; ihre Flächigkeit vernichtet den Raum. Der elektronische Charakter von Fernseh-Bildern ermöglicht Ubiquität und Beschleunigung. Solche Bilder können mit Lichtgeschwindigkeit annähernd simultan an allen Orten der Welt verbreitet werden. Sie miniaturisieren die Welt und ermöglichen die spezifische Erfahrung der Welt als Bild. Sie stellen eine neue Form der Ware dar und unterliegen den ökonomischen Prinzipien des Marktes. Sie werden selbst dann produziert und gehandelt, wenn die Gegenstände, auf die sie sich beziehen, nicht zu Waren geworden sind.

Bilder werden gemischt; sie geraten in einen Austausch mit anderen, werden mimetisch auf andere bezogen; in ihnen werden Bildteile aufgegriffen und anders zusammengesetzt; fraktale Bilder werden erzeugt, die jedesmal neue Ganzheiten bilden. Sie bewegen sich, verweisen aufeinander. Bereits ihre Beschleunigung gleicht sie einander an: Mimesis der Geschwindigkeit. Unterschiedliche Bilder werden aufgrund ihrer reinen Flächigkeit, ihres elektronischen und miniaturisierenden Charakters trotz inhaltlicher Unterschiede einander ähnlich. Sie nehmen teil an einer tief greifenden Umgestaltung heutiger Bilderwelten. Eine Promiskuität der Bilder entsteht.

Bilder reißen den Betrachter mit und tauchen ihn in eine Flut, in der er zu ertrinken droht. Bilderstrudel werden zu einer Bedrohung; es wird unmöglich, ihnen zu entkommen; sie faszinieren und ängstigen. Sie lösen die Dinge auf und überführen sie in eine Welt des Scheins. Es kommt zu einer unentscheidbaren Verbindung von Macht und Bedrängnis. Die Welt, das Politische und das Soziale werden ästhetisiert. In einem mimetischen Prozess suchen Bilder Vorbilder, um sich ihnen anzugleichen; sie werden zu neuen fraktalen Bildern ohne Referenzrahmen transformiert. Sie faszinieren. Ein rauschhaftes Spiel mit Simulacren und Simulationen ensteht: unendliche Differenzierung der Bilder und Implosion ihrer Differenz, grenzenlose Ähnlichkeit. Sie selbst sind die Botschaft (McLuhan), die Welt des Scheins mit Faszination und Entzückung.

Bilder verbreiten sich mit der Geschwindigkeit des Lichts; virusartig stecken sie an. In mimetischen Prozessen führen sie zur Produktion von immer neuen Bildern. Eine Welt des Scheins und der Faszination entsteht, die sich von der »Wirklichkeit« loslöst. Als Welt der Kunst und Dichtung nimmt die Welt des Scheins neben der Welt der Politik nicht mehr ihren begrenzten Raum ein; vielmehr hat sie eine Tendenz, den anderen »Welten« ihren Realitätsgehalt zu rauben und auch sie zu Welten des Scheins zu machen. Die Ästhetisierung der Lebensbereiche ist das Ergebnis. Mehr und mehr Bilder werden produziert, die nur noch sich selbst zum Bezugspunkt haben und denen keine Wirklichkeit entspricht. In letzter Konsequenz wird alles zu einem Spiel von Bildern, in dem alles möglich ist, sodass auch ethische Fragen untergeordnete Bedeutung erhalten. Die Tendenz zur »Kulturgesellschaft« zeigt hier ihren ambivalenten Charakter. Wenn alles zum Spiel von Bildern wird, ist Beliebigkeit und Unverbindlichkeit unvermeidbar. Die so produzierten und miteinander in einem mimetischen Verhältnis stehenden Bilderwelten wirken auf das Leben zurück und führen zu seiner Ästhetisierung. Die Unterscheidung zwischen Leben und Kunst, Fantasie und Wirklichkeit wird unmöglich. Beide Bereiche gleichen sich an. Das Leben wird zum Vor-Bild der Welt des Scheins und diese zum Vor-Bild des Lebens. Das Visuelle entwickelt sich hypertrophisch. Alles wird transparent; der Raum verkommt zur bildhaften Fläche; die Zeit wird verdichtet, als gäbe es nur noch die Gegenwart der beschleunigten Bilder. Die Bilder ziehen das Begehren an, binden es, entgrenzen und verringern die Differenzen. Zugleich weichen diese Bilder dem Begehren aus; bei gleichzeitiger Anwesenheit weisen sie auf Abwesendes. Die Dinge und die Menschen verlangen nach einer Überschreitung in Bildern. Das Begehren schießt in die Leere der elektronischen Bildzeichen.

Bilder werden zu Simulacren. Sie beziehen sich auf etwas, gleichen sich an und sind Produkte mimetischen Verhaltens. So werden beispielsweise politische Auseinandersetzungen häufig nicht um ihrer selbst geführt, sondern für die Verbildlichung im Fernsehen inszeniert. Was als politische Kontroverse stattfindet, ist bereits auf seine Verbildlichung ausgerichtet. Die Fernsehbilder werden zum Medium politischer Auseinandersetzung; die Ästhetisierung der Politik ist unvermeidbar. Der Zuschauer sieht die Simulation einer politischen Kontroverse, in deren Verlauf alles so inszeniert wird, dass er glauben soll, die politische Auseinandersetzung sei authentisch. Tatsächlich ist die Authentizität der Darstellung jedoch Simulation. Mit den Überzeugungen und Erwartungen des Zuschauers wird so gespielt, dass er die Simulation für authentisch hält. Alles ist von vornherein auf eine Aufnahme in die Welt des Scheins angelegt. Insoweit diese gelingt, ist die Kontroverse erfolgreich. Nur als Simulation der Politik entstehen über die Fernsehschirme auch die intendierten Wirkungen des Politischen. Die Simulation zeigt häufig höhere Wirkungen als die »wirklichen« politischen Auseinandersetzungen.

Simulacren befinden sich auf der Suche nach Vor-Bildern, die erst durch sie selbst geschaffen werden. Simulationen werden Bild-Zeichen, die Rückwirkungen auf den Charakter der politischen Kontroverse haben. Grenzziehungen zwischen Wirklichkeiten und Simulacren werden unmöglich; Entgrenzungen haben zu neuen Durchdringungen und Überlappungen geführt. Mimetische Prozesse lassen die Vor-Bilder, Ab-Bilder und Nach-Bilder zirkulieren. Ziel der Bilder ist nicht mehr, Vor-Bildern, sondern sich selbst zu gleichen. Ziel ist die außerordentliche Ähnlichkeit der Individuen mit sich selbst, erreichbar nur als Ergebnis produktiver Mimesis auf dem Hintergrund umfassender Differenzierungen im gleichen Subjekt. Mimesis wird zur bestimmenden Kraft der Bilder, ihrer fraktalen Vervielfältigung in der Welt des Scheins.

Die innere Bilderwelt

Die innere Bilderwelt eines sozialen Subjekts ist einmal bedingt durch das kollektive Imaginäre seiner Kultur, zum anderen durch die Einmaligkeit und Unverwechselbarkeit seiner aus seiner individuellen Geschichte stammenden Bilder und schließlich durch die wechselseitige Überlagerung und Durchdringung beider Bilderwelten. Die pädagogische Biografieforschung hat in den letzten Jahren zur Rolle und Funktion dieser inneren Bilderwelten wichtige Einsichten gewonnen. Im Weiteren möchte ich sieben Arten innerer Bilder unterscheiden (vgl. Flügge 1963, S. 155ff.):

- Bilder als Verhaltensregler,
- Orientierungsbilder,
- Wunschbilder,
- Willensbilder,
- Erinnerungsbilder,
- mimetische Bilder,
- archetypische Bilder.

Bilder als Verhaltensregler

Hier ist die Frage, ob und wenn ja bis zu welchem Ausmaß der Mensch mit vererbten Verhaltensstrukturen ausgestattet ist. Zwar ist unstrittig, dass der Hiatus zwischen Reiz und Reaktion für den Menschen charakteristisch ist; doch bedeutet diese Tatsache nicht, dass menschliches Verhalten nicht durch ererbte innere Bilder und Verhaltensmuster beeinflusst wird. Die Ethologie hat in den letzten Jahren wichtige Erkenntnisse über die Wirksamkeit von »Auslöse-Bildern« im Zusammenhang mit den elementaren menschlichen Verhaltensweisen des Essens und Trinkens, der Fortpflanzung und der Aufzucht der nachwachsenden Generation gewonnen.

Orientierungsbilder

Sozialisation und Erziehung vermitteln tausende von Orientierungsbildern, die es dem jungen Menschen möglich machen, sich in seiner Lebenswelt zurechtzufinden und sein Leben zu führen. Viele dieser Bilder sind äußerst eingängig, leicht reproduzierbar und daher in sozialer Hinsicht sehr wirksam. Diese Bilder sind öf-

fentlich; sie werden von vielen Menschen geteilt; sie »vernetzen«
sie; über die Beteiligung an solchen Bildnetzen wird Gemeinsamkeit, Zugehörigkeit, Kollektivität geschaffen. Unter dem Einfluss
der Globalisierung weiten sich diese Bildnetze über die Grenzen der
nationalen Kulturen weltweit aus und schaffen neue transnationale
Bewusstseinsformen.

Wunschbilder

In struktureller Hinsicht ähneln sich triebbesetzte Bilder und
Wunschphantasmen; in ihren konkreten Ausprägungen sind sie oft
verschieden. Für die Ausrichtung menschlichen Handelns und
Träumens sind sie von erheblicher Bedeutung. Oft zielen sie darauf,
das Begehren zu befriedigen und beinhalten zugleich das Wissen
von der Unmöglichkeit, Wünsche zu erfüllen.

Willensphantasmen

Während Wunschphantasmen auf Haben und Genießen gerichtet
sind, sind Willensphantasmen Projektionen von Handlungsenergie.
Im vom Willen gesteuerten Wünschen manifestiert sich der
menschliche Antriebsüberschuss. In der Fähigkeit zu einem vom
Willen gelenkten Wünschen liegt der Ursprung menschlicher Arbeit und Kultur.

Erinnerungsbilder

Erinnerungsbilder sind für den spezifischen Charakter einer Person
bestimmend. Partiell sind sie verfügbar und gestaltbar; zum Teil
entziehen sie sich der Verfügung durch das Bewusstsein. Viele ent-
stammen der Wahrnehmung, andere gehen auf imaginäre Situationen zurück. Erinnerungsbilder überlagern neue Wahrnehmungen
und gestalten diese mit. Sie sind das Ergebnis einer Selektion, in
der Verdrängung und bewusst motiviertes Vergessen im Sinne von

Verzeihen eine Rolle spielen. Erinnerungsbilder konstituieren die Geschichte eines Menschen. Sie sind an Räume und Zeiten aus seinem Leben gebunden. Erinnerungsbilder beziehen sich auf Leid und Freude; sie sind verbunden mit Versagen und Erfolg. Sie bringen sich in Erinnerung und ermöglichen die Gleichzeitigkeit von Vergangenem und sind Hilfe gegen die Unerbittlichkeit der Zeit.

Mimetische Bilder

Schon Platon hat darauf verwiesen, dass Bilder als Vorbilder unser mimetisches Vermögen herausfordern. Bei diesen Vorbildern kann es sich um lebende Personen, aber auch um imaginäre Bilder handeln. Nach Platons Auffassung ist der Zwang zur Nachahmung so stark, dass man sich ihm – vor allem im kindlichen und jugendlichen Alter – nicht widersetzen kann. Platons Position lautet daher: Bewusste Nutzung aller nachahmungswerten Bilder für die Erziehung und Ausschluss aller die Erziehung gefährdenden Bilder. Anders Aristoteles: Für ihn kommt es darauf an, die Menschen durch die kontrollierte Konfrontation mit dem Unerwünschten zu befähigen, sich diesem widersetzen zu können. In den Fragen nach der Wirksamkeit von Gewalt in den Neuen Medien tauchen beide Positionen wieder auf (vgl. Gebauer/Wulf 1992, 1998).

Archetypische Bilder

C. G. Jung bestimmt ihre Bedeutung für das individuelle Leben wie folgt:

> *»Alle großen Erlebnisse des Lebens, alle höchsten Spannungen rühren deshalb an den Schatz dieser Bilder und bringen sie zur inneren Erscheinung, die als solche bewusst wird, wenn so viel Selbstbesinnung und Fassungskraft vorhanden ist, dass das Individuum auch denkt, was es erlebt, und nicht bloß tut, d.h. ohne es zu wissen, den Mythos und das Symbol konkret lebt.«* (Jung 1968, S. 311)

Man muss die etwas dubiosen Erklärungen zur Entstehung des »kollektiven Unbewussten« und der Archetypen nicht übernehmen, um anzuerkennen, dass jede Kultur große Leit- und Schicksalsbilder entwickelt hat, die in den Träumen und in den kulturellen Produktionen der Menschen eine das menschliche Handeln beeinflussende Rolle spielen.

Ausblick

Die Vielgestaltigkeit dieser inneren Bilderwelt ist Ausdruck der menschlichen Plastizität. Sie ist eine Folge der alle Formen menschlicher Lebenspraxis umspielenden Fantasie, sei es, dass es sich um Wahrnehmen oder Empfinden, sei es, dass es sich um Denken oder Tun handelt. Auch die menschliche Exzentrizität ist der Fantasie geschuldet, ist sie doch die Fähigkeit, sich in eine Position außerhalb seiner selbst hineinzubegeben und sich von dieser aus zu sich selbst zu verhalten. Oft ist dieses Selbstverhältnis auch ein Verhältnis, das sich in der Beziehung von Bildern zu Bildern zum Ausdruck bringt.

In Bildern manifestiert sich die Einbildungskraft, in ihren Figurationen die kulturelle Vielgestaltigkeit. In den unterschiedlichen Arten von Bildern wurde sie sichtbar. Magie, Repräsentation, Simulation manifestieren sich in Bildern, verändern deren Charakter und die Qualität der sich in ihnen artikulierenden Fantasie.

Bildung heißt, reflexiv mit Bildern umgehen. Reflexiver Umgang mit Bildern bedeutet nicht: Reduktion des Bildes auf seine Bedeutung, sondern meint: das Bild »rückwärts biegen«, es »drehen«, es »umwenden«. Beim Bild verweilen und es als solches wahrnehmen, sich seine Figurationen und Gefühlsqualitäten vergegenwärtigen und diese wirken lassen. Das Bild vor schnellen Deutungen schützen, durch die es in Sprache und Bedeutung transformiert, jedoch als Bild »erledigt« wird. Unsicherheit, Vieldeutigkeit, Komplexität aushalten, ohne Eindeutigkeit herzustellen. Meditation des Bildes: imaginäre Reproduktion von etwas Abwesendem, mimetische Erzeugung und Veränderung im inneren Bilderstrom. Bildung verlangt Arbeit an den inneren Bildern; sie führt zum Versuch, sie

nicht nur zum Sprechen zu bringen, sondern sie in ihrem Bildge-
halt zu entfalten. Umgang mit Bildern führt dazu, sich ihrer Ambivalenz auszusetzen. Dazu ist es erforderlich, sich auf ein Bild auszu-
richten, ihm Aufmerksamkeit zukommen zu lassen. Mit Hilfe der
Fantasie gilt es, das Bild in der inneren Anschauung zu erzeugen
und gegenüber anderen vom inneren Bilderstrom herangetragenen
Bildern zu schützen, mit Hilfe der Konzentration und Denkkraft
gilt es, das Bild »festzuhalten«. Das »Auftauchen« eines Bildes ist
der erste Schritt, es festhalten, an ihm arbeiten, es in der Fantasie
zur Entfaltung bringen sind weitere Schritte eines bewussten Umgangs mit Bildern. Die Reproduktion oder die Erzeugung eines Bildes in der Fantasie, das aufmerksame Verweilen bei einem Bild ist
eine nicht geringere Leistungen als der interpretatorische Umgang
mit ihm. In Bildungsprozessen ist die Verschränkung dieser beiden
Aspekte der Auseinandersetzung mit Bildern die Aufgabe.

Globale und interkulturelle Erziehung

Zu den einschneidenden Veränderungen heutiger Erziehung gehören die mit dem Zusammenwachsen der Länder Europas verbundenen Prozesse. Diese wirken sich auf das Imaginäre der Erziehung und den pädagogischen Diskurs der Gegenwart sowie auf das praktische Erziehungshandeln aus. Erziehung kann nicht länger ausschließlich als eine Angelegenheit nationaler Kulturen und Staaten begriffen werden. Vielmehr ist es erforderlich, *Erziehung als interkulturelle Aufgabe* zu begreifen, in der die *Gemeinsamkeiten und Differenzen* zwischen den europäischen Kulturen, Nationen und Ethnien mehr als bisher Beachtung finden. Mit zunehmender Mobilität kommt es immer häufiger zum Zusammenleben verschiedener Ethnien, in dessen Rahmen insbesondere die Minoritäten auf zum Teil erhebliche Schwierigkeiten stoßen, angesichts derer es nicht selten zu Gewalthandlungen kommt, in deren Mittelpunkt häufig Jugendliche stehen. Doch sind diese Erscheinungen nur Ausdruck komplexer Strukturen gesellschaftlicher Gewalt. Insofern sich diese Gewalt gegen andere Menschen richtet, kommt der Frage nach dem Umgang mit dem *Anderen,* dem Fremden wachsende Bedeutung zu. Wie sich die Reduzierung des Fremden auf das Eigene vermeiden lässt, ist dabei die entscheidende Frage. Nicht selten stellt der Andere eine Herausforderung dar, der viele Menschen nicht gewachsen sind. Wie wird in den Prozessen der Globalisierung mit dem Anderen umgegangen und welchen Einfluss haben die Erscheinungen der *Globalisierung auf die Erziehung?* Kann man heute ein Konzept für Erziehung entwickeln, das global gültig ist, oder stößt man auf unüberwindliche Schwierigkeiten und Grenzen?

Die Unhintergehbarkeit der Gewalt

Die Vergesellschaftungen des Menschen sind gewalthaltig. Darauf haben schon Schopenhauer, Nietzsche und Freud hingewiesen. Kultur ist mit Trieb- und Lustverzicht, mit Askese und Disziplinierung, mit Gewalt gegen andere und sich selbst verbunden. Die Fähigkeit zur Gewalt ermöglicht wahrscheinlich erst die Erhaltung der Gattung »Mensch«. Biologen sprechen vom »genetischen Eigennutz« menschlichen Handelns, dessen moralische Bewertung sie für eine nachgeordnete Frage kultureller Werte halten. Auch moralisch negativ eingeschätzte Gewalthandlungen können mittel- oder langfristig den Erhalt der Gattung oder einzelner Gesellschaften und Kulturen sichern. In dieser Perspektive ist Gewalt als destruktive Kraft nur schwer von Gewalt als konstruktiver Kraft zu unterscheiden. Handlungen, die als individuelle Tätigkeiten gewaltfrei wirken, können als kollektive Tätigkeiten ihren Gewaltcharakter enthüllen. Der zerstörerische Charakter sozialer Erscheinungen ist zunächst oft nicht sichtbar, zeigt sich aber später massiv. Ebenso können sich anfangs als destruktiv bewertete soziale Handlungen schließlich als Verbesserungen erweisen. In diesen Fällen erscheint Gewalt als kreative Kraft und schafft positiv bewerteten gesellschaftlichen Wandel. Daraus ergibt sich, dass eine differenzierte Bewertung verschiedener Gewaltformen nur *kontextbezogen* möglich ist.

Gewalt artikuliert sich als »Wille zur Macht« (Nietzsche), als »Kraft der Destruktion«, als »Todestrieb« (Freud). Sie wird sichtbar im Entzug minimaler Lebensbedingungen. Sie zeigt sich in gesellschaftlich tolerierten Formen wie Ehrgeiz, Konkurrenz und Rivalität. Als manifeste wird Gewalt augenfällig in der Beschädigung, Verstümmelung und Vernichtung menschlicher Körper. Sie ereignet sich willkürlich, unvorhersehbar, zufällig und unberechenbar. Im Krieg, in der Masse, im Traum setzt sie Vernunft und individuelle Handlungssteuerung außer Kraft. Gewalt mischt sich mit Lust am Risiko, am Ungewissen, am Plötzlichen. Sie zieht an und stößt ab; sie fasziniert als Grauen und Schrecken. Gewalt ist eine Bedingung menschlichen Lebens und menschlicher Vergesellschaftung und ist als solche *unhintergehbar*.

Aus der Geschichte der Gewalt ist bekannt, dass Menschen unglaubliche Gewalthandlungen vollbringen, bei denen sie jeden Anflug von Mitempfinden für das Leiden ihrer Opfer ausklammern können. Wenn die hemmende Wirkung von Verboten und Ritualen außer Kraft gesetzt ist und Ausnahmesituationen entstehen, werden Extremformen von Gewalthandlungen möglich. Massaker gehören z.B. dazu. Ihr einziges Ziel ist die Zerstörung, das Abschlachten hilfloser Opfer: die Blutbäder und Schlachtfeste bei den Eroberungen der Kolonien, die Gräueltaten in Kriegen und Bürgerkriegen, das Gemetzel des Genozids. Massaker sind Akte ungezügelter Brutalität; die Täter dürfen tun, was ihnen einfällt: Es gibt keine Grenze, keine Beschränkung, keinen Abstand. Der Exzess sucht die Nähe zum Opfer; er stimuliert die Täter, macht sie trunken und selbstvergessend. Die Kluft zwischen Täter und Opfer ist unüberbrückbar. Die Lage der Opfer ist aussichtslos. Es entsteht eine kollektive Gewalt, vor der es kein Entrinnen gibt. Sie ist ungebrochene Destruktivität, deren einziges Ziel sie selbst ist.

Was fasziniert an der Gewalt? Ist es die grenzenlos erscheinende Macht über Körper und Leben anderer Menschen? Lässt die Gewalt die eigene Hinfälligkeit und Sterblichkeit vergessen? Ist es Lust, Macht zu haben, das Leben anderer zu zerstören, anstatt selbst zerstört zu werden? Faszination durch Gewalt bedeutet: Gewalt hat auch Macht über den Gewalttäter bzw. den Zuschauer von Gewalthandlungen. Was erregt, ist die Gewalt selbst. Sie zieht an, stößt ab, verängstigt und ergötzt. Es entsteht eine kollektive Aufreizung durch Gewalt. Gewalthandlungen schaffen ein Schauspiel, das eine *Angstlust* erzeugt, gegen die es keinen Schutz gibt. Manchmal werden dabei sogar die Grenzen zwischen Zuschauern und Tätern aufgehoben und Zuschauer werden zu Tätern; die Hooligans sind dafür ein markantes Beispiel.

Weder Lebewesen noch Systeme sind »selbstlos«; vielmehr produziert ihr mit dem Wunsch nach Selbsterhaltung verbundene »Egoismus« Gewalt und Gegengewalt. In einer Perspektive, die den Gewaltbegriff nicht nur auf *manifeste Formen* der Gewalt bezieht, sondern die auch den Gewaltaspekt von Leben, systemischer Organisation, Geschlechter- und Generationsverhältnis, menschlichem Natur- und Selbstverhältnis in den Blick bekommt, gewinnt der

Gewaltbegriff eine neue *anthropologische Komplexität*. In den Begriffen »strukturelle Gewalt« (Galtung), »symbolische Gewalt« (Bourdieu) oder »kulturelle Gewalt« kommt sie zum Ausdruck (Galtung 1971, 1997; Bourdieu 1987, 1993, 1997; Boudieu/Passeron 1973).

Für die Entstehung und Verbreitung von Gewalt spielen mimetische Prozesse eine entscheidende Rolle. Mit ihrer Hilfe findet z.b. eine Anähnlichung und Angleichung an gewalthaltige Strukturen, Symbole und kulturelle Ereignisse statt. Diese werden verinnerlicht und die ihnen inhärenten Gewaltverhältnisse inkorporiert. In einer (mimetischen) Anähnlichung wird die »Natürlichkeit« und Unveränderbarkeit struktureller Gewaltverhältnisse suggeriert. Mimikry an das Leblose – wie Horkheimer und Adorno diesen Prozess bezeichnen (Horkheimer/Adorno 1971). Da sich diese Anähnlichung an Formen struktureller Gewalt im Allgemeinen unbewusst vollzieht, sind ihre Wirkungen um so nachhaltiger. Das Gleiche gilt für die mimetische Verinnerlichung von Formen symbolischer und kultureller Gewalt, etwa von Einstellungen im Hinblick auf Nationalismus und Rassismus. Ihre Wirkungen sind so tief gehend, dass es nur in begrenztem Maße möglich ist, sich ihrer zu erwehren.

Auch manifeste Gewalt fordert mimetische Reaktionen heraus, die zu Vergeltungshandlungen führen. Wer Gewalttaten erleidet, trachtet meistens danach, erlittenes Unrecht zu rächen. Selbst in Gesellschaften, in denen Blutrache und Femehandlungen nicht institutionalisiert sind und in denen es dem Staat mit seinem Gewaltmonopol obliegt, Opfer von Gewalttaten zwar nicht zu rächen, aber Gewalttäter zu bestrafen, initiieren Gewalthandlungen weitere Gewalthandlungen. Jede neue Gewalthandlung wird durch vorausgegangene begründet und legitimiert. Eine *mimetische Spirale* der Gewalt entsteht. Die Gewalttaten der einen Seite werden immer wieder durch die Gewalthandlungen der anderen Seite überboten; jede Überbietung führt zu einer Steigerung der Gewalt. Solche Prozesse vollziehen sich zwischen verfeindeten Individuen oder Gruppen. Um den Zwang der Gewaltspirale außer Kraft zu setzen, bedarf es einer Unterbrechung der mimetischen Dynamik zwischen den Parteien. Strategien zur Lösung der Konflikte müssen daher die Wirkungsweise mimetischer Prozesse in den Konfliktformationen berücksichtigen.

Die mimetische Aneignung von Einstellungen und Verhaltensweisen schafft häufig *Konkurrenz* und *Rivalität*, die zum Ausgangspunkt von Gewalttaten werden. Im Wunsch, einem anderen Menschen nachzueifern, kommt es zum Konflikt zwischen dem Bestreben, zu werden wie er, und dem gleichzeitigen Wunsch, sich von ihm zu unterscheiden, um einmalig zu sein. Beide Bestrebungen stoßen aufeinander, sind unvereinbar und schaffen eine paradoxale Situation, deren Spannung zu Gewalthandlungen führen kann. In der Literatur finden sich viele Darstellungen dieser Prozesse. Am deutlichsten werden sie zwischen Brüdern wie Kain und Abel, Romulus und Remus sichtbar, die in einem mimetischen Verhältniss miteinander stehen, das zu einer Gewalttat des einen gegen den anderen führt, durch die die Spirale der Gewalt in Gang gesetzt wird. René Girard ist diesen Mechanismen wiederholt nachgegangen und hat ihre Wirkungsweise aufgedeckt (Girard 1987, 1988).

Um der von der Mimesis ausgehenden Gewalt Herr zu werden, bieten sich zwei Strategien an: *Verbot* und *Ritual*. Mit Hilfe von Verboten soll alles ausgeschlossen werden, was die Gemeinschaft bedroht. Dazu gehören die von mimetischen Prozessen hervorgerufenen Konkurrenz-, Rivalitäts- und Gewaltkonflikte. Verboten wird ein Nachahmungsverhalten, das darauf zielt, Differenzen auszulöschen, die für die Erhaltung der inneren Ordnung der Gesellschaft strukturell erforderlich sind. Zu diesen Differenzen gehören die durch Funktionsteilungen und Hierarchien bedingten Verhaltensweisen. Da diese für die Gesellschaft eine Integrationsfunktion haben, die durch die Zulassung einer uneingeschränkten Mimesis gefährdet wäre, müssen sie erhalten bleiben. Eine Gratwanderung zwischen der die Gesellschaft integrierenden und der sie auflösenden Macht mimetischer Prozesse ist erforderlich. Daher werden vor allem Konkurenz und Rivalität im Hinblick auf die von allen am stärksten begehrten Objekte untersagt.

Während Verbote durch Ausschluss mimetischer Rivalität versuchen, die in ihr potenziell enthaltene, den Zusammenhalt der Gesellschaft gefährdende Gewalt zu unterdrücken, stellen Riten den Versuch dar, mit der manifesten mimetischen Krise so umzugehen, dass die Integration der Gesellschaft nicht gefährdet wird. Wenn Verbote übertreten werden, entstehen eine mimetische, die Gemeinschaft gefährdende Krise und der Teufelskreis wechselseitiger Gewalt. Riten sollen eine Gesellschaft aus der Gefährdung ihres Zusammenhalts in Akte der Zusammenarbeit überführen. Indem Rituale die drohende Auflösung der Gesellschaft in der *mimetischen Krise* vor Augen führen, stärken sie die Integrationswünsche und -kräfte und dienen dazu, die Gefahr abzuwenden. Während Verbote darauf zielen, mimetische Krisen gar nicht erst entstehen zu lassen, richten sich Riten darauf, diese dadurch zu überwinden, dass bestimmte, die Gesellschaft integrierende Handlungen wiederholt werden. Um die in der Rivalität steckende auflösende Gewalt nicht zum Ausbruch kommen zu lassen, werden durch die Wiederholung von Riten die integrativen Kräfte aktualisiert. Indem in einer Gesellschaft Riten gemeinsam vollzogen werden, haben die an ihnen Beteiligten in einem mimetischen Prozess an ihrer versöhnenden Kraft teil. Riten und Verbote sind also unterschiedliche Mittel zur Vermeidung bzw. Überwindung von Gewalt.

Viele Riten werden durch ein *Opfer* abgeschlossen, das das Ende einer mimetischen Krise bekräftigt, die zunächst durch Riten in Szene gesetzt wird. Manchmal wird dieses Opfer von einem vollzogen; bisweilen ist es wie bei Lynchmorden die Tat vieler. Entscheidend ist, dass das Opfer im Namen aller erfolgt. Während sich die Gemeinschaft im Ritus noch so darstellt, als sei sie in einer den Grundkonsens gefährdenden Krise mit drohenden Gewaltakten, ändert sich die Situation angesichts eines Opfers sofort. Einmütig verbündet sich die Gemeinschaft gegen ein ins Auge gefasstes Opfer, das so ausgewählt wird, dass seine Gegenwehr erfolglos ist und sein Tod voraussichtlich keine vergeltenden Gewalttaten initiieren wird. Zwar ist die Opferhandlung eine Gewalttat, aber es wird von ihr erwartet, dass sie die Spirale der Gewalt anhält und die Gesellschaft versöhnt.

Trotz Unterschieden in der Ausprägung derartiger Riten überrascht die Solidarität der Kollektive gegen das oft mittels des Zufallprinzips ausgewählte Opfer. Ihr Grund liegt in der *Gegenspielermimesis* (Girard), die eine Allianz gegen einen gemeinsamen Feind und damit das Ende der Krise bewirkt. Wirksam werden hierbei zwei Prozesse: Einmal wird das Opfer für Gewalttaten verantwortlich gemacht; dabei wird ihm eine Kraft zugeschrieben, die es nicht hat. Zum anderen wird ihm die Macht der Versöhnung zugesprochen, die die Gesellschaft nach dem Tode des Opfers erlebt. In beiden Fällen handelt es sich um Zuschreibungen und Übertragungen, die sicherstellen, dass das Opfer das erwartete Ergebnis bringt. Die Rückkehr zur Ruhe erscheint als Beweis dafür, dass das Opfer für die Krise verantwortlich war. In Wirklichkeit verhält es sich anders. Nicht die Gesellschaft leidet unter der Aggression des Opfers, sondern das Opfer unter der Gewalt der Gesellschaft. Damit dieser Umkehr-Mechanismus funktioniert, dürfen beide Übertragungen auf das Opfer nicht durchschaut werden. Geschähe dies, verlöre das Opfer seine versöhnende, Befreiung bringende Kraft.

Zum Opfer wird ein »Sündenbock« gemacht; er ist das stellvertretende Opfer, das die Gesellschaft bringt, um der ihr inhärenten Gewalt Herr zu werden. Der Begriff »Sündenbock« geht auf den »caper emissarius« der Vulgata zurück, mit dem der griechische »apompaios«, »der die Plagen entfernt«, übersetzt wird. So überträgt die Septuaginta den hebräischen Begriff, dessen genaue Übersetzung mit Bezug auf einen alten Dämon »für Asasel bestimmt« lautet. Auch dort, wo der Begriff »Sündenbock« im übertragenen Sinne angewandt wird, wie in vielen Riten, die Frazer als »Sündenbock-Riten« bezeichnet (Frazer 1977), liegt die gleiche Struktur vor. Das Opfer wird zum Träger der Missetaten der Gesellschaft, die es durch seinen Tod versöhnt. Entscheidend für die Wirkung des Opfers ist der allgemeine Glaube an seine Schuld. Dieser bestimmt schon, wer als Opfer ausgewählt wird. Oft hat das spätere Opfer ein hervorstechendes körperliches Merkmal, sei es, dass es hinkt oder einen Buckel bzw. eine andere Gebrechlichkeit hat, die es zum Sündenbock macht. Oder aber das spätere Opfer wird aus einem scheinbaren Zufall zum Sündenbock, bei dem jedoch die Gewissheit gegeben sein muss, dass sich das Opfer nicht an der Gesellschaft rächen wird.

Nicht seine Ähnlichkeit, sondern seine Andersartigkeit und vermeintliche Schuldhaftigkeit führt dazu, dass ein Sündenbock identifiziert und zum Opfer gemacht wird. Da ihm die Schuld für eine soziale Krise zugeschrieben wird, die u.a. durch Arbeitslosigkeit, soziale und kulturelle Identitätsbrüche sowie Perspektivenlosigkeit entstanden sein kann, ist die an der Krise leidende Gruppe »legitimiert«, den als schuldig Angesehenen zu malträtieren. Da die Gruppensituation die individuelle Zuständigkeit und Verantwortung für die Gewalthandlung herabsetzt, ist es nicht mehr der Einzelne, der die Gewalthandlung begeht, sondern die »Meute« (Canetti 1976). In mimetischen Prozessen werden die Unterschiede zwischen den Individuen der Gruppe aufgehoben, sodass ein anonymes *Massensubjekt* entsteht, das die Gewalttat begeht. Da die Tat nicht die Handlung eines Individuums, sondern eines Massensubjekts ist, zeigt der Einzelne häufig kein Unrechtsbewusstsein. Die Projektion ungelöster Lebens- und Gewaltprobleme auf einen Sündenbock und die Delegation der Gewalthandlung an ein »Massensubjekt« sind Mechanismen, die Gewalttaten entstehen lassen, die aber, um wirksam zu sein, von den Beteiligten nicht durchschaut werden dürfen.

In der Mehrzahl der Studien zur Gewalt findet der Täter mehr Beachtung als das Opfer. Man fragt nach seinen Motiven und nach den Möglichkeiten, diesen entgegenzuwirken. Viel seltener wird untersucht, welche Auswirkungen Gewalthandlungen auf das Opfer haben. Was bedeutet es, hilflos einer Gewalthandlung ausgeliefert zu sein? Welche aktuellen und welche Langzeitfolgen stammen aus manchmal kaum vorstellbaren physischen und psychischen Verletzungen? Im Ausgeliefertsein an willkürliche Gewalt, im Erleiden von Schmerz wird der eigene Körper zum Problem des Opfers. Ihn beginnt das Opfer abzulehnen, weil es dem über ihn vermittelten Schmerz nicht entgehen kann. Im Erleiden dieser Schmerzen kann sich das Opfer selbst verhasst werden. Es fürchtet und erleidet Schmerz, Demütigung und Hilflosigkeit in einer unvergesslichen Situation (Sofsky 1996).

Nach Durkheims Auffassung verlangt das *Sakrale* die Aufgabe selbstbezogener, auf Nutzen ausgerichteter Handlungen und die Entwicklung von Hingabe und Selbstentäußerung (Kamper/Wulf 1987b). In seiner Aura mischen sich Schrecken und Entsetzen mit Anziehung und Bezauberung. Dadurch entsteht sein ambivalenter Charakter. Eine Bestimmung, die Riten und ihre Opfer zur Sphäre des Sakralen rechnet, greift zu kurz. Vielmehr produzieren die Opferriten erst das Sakrale mit seiner Mischung von Entsetzen und Anziehung. Viele Formen der Gewalt üben diese ambivalente Faszination aus. Damit die Gesellschaft nicht in selbstzerstörerischen Gewalthandlungen zerbricht, wird die Gewalthandlung auf das Opfer zentriert, dessen Tod ihr die Versöhnung bringt. In dieser Sicht ist das Sakrale die Gewalt und das Religiöse die gewaltige Anstrengung, Frieden zu schaffen oder aufrechtzuerhalten. Wenn das Religiöse von der Gewalt fasziniert ist und sie verehrt, dann nur deshalb, weil es von ihr erwartet, dass sie Frieden schafft. Zwar ist das Religiöse nachdrücklich auf den Frieden ausgerichtet, aber auf dem Weg zum Frieden kommt es zu gewaltsamen Opferungen. Die Wirksamkeit der Opfermechanismen, Sakrales zu erzeugen, hängt davon ab, dass diese Mechanismen verkannt werden. In Gesellschaften, in denen sie allmählich durchschaut werden, verlieren sie ihre Macht, die vorhandene Gewalt auf das Opfer zu fokussieren. Das Sakrale büßt seine Faszination ein. Dadurch werden jedoch nicht zwangsläufig Gewaltlosigkeit und Freiheit möglich. Vielmehr besteht die Gefahr, dass versucht wird, die Krise des Opfersystems durch die Anhäufung von Opfern zu überwinden. Die im Kontext eines sich verflüchtigenden Sakralen vollzogenen Gewalthandlungen bringen nicht mehr den in religiösen Zusammenhängen erhofften Frieden. Das Sakrale ist voller Gewalt; das Religiöse ist ihre Bestätigung und die vergebliche Hoffnung auf ihre Überwindung.

Vielleicht müssen die säkularisierten Gesellschaften gerade wegen der bewussten Zurückweisung der Opferpraxis immer größere Opfer an Geld, Material und Leben bringen. Schon lange ist in diesen Gesellschaften das Sakrale mit dem Profanen vermischt und treibt sein Spiel mit Simulacren und Simulationen des Heiligen. Heute ergibt sich eine Situation, in der das Heilige und das Profane kaum mehr unterscheidbar sind. Überlagerungen und Vertauschungen finden statt. Gegenstände des Warenmarkts erhalten die Aura des Heiligen; einst Sakrales wird profan. Es fehlt ein Standpunkt, von dem klare Unterscheidungen möglich sind.

Angesichts dieser Situation lässt sich eine Reihe von Aspekten angeben, die für eine *anthropologische Erforschung* von Gewalt relevant sind:

- Gewaltphänomene können nur in ihrem historischen und kulturellen Kontext verstanden werden. Dieser bestimmt, was jeweils als Gewalt angesehen wird. Strittig ist, ob man – wie z.b. Norbert Elias – davon ausgehen kann, dass der Zivilisationsprozess zu einer zunehmenden Distanzierung der Affekte und damit auch zu einer wachsenden Zivilisierung der Gewalt führt oder ob diese Sicht eine Illusion ist, wie es der Ethnologe Peter Dürr in zahlreichen Arbeiten nachzuweisen versucht hat (Elias 1976; Duerr 1993).

- Als kulturelles und historisches Phänomen unterliegt »Gewalt« dem kulturellen und historischen Wandel. Dabei ist das, was wir jeweils als Gewalt bezeichnen, von dem Verhältnis zwischen unserem Imaginären und dem jeweiligen kulturellen und historischen Phänomen abhängig. Was also als Gewalt angesehen wird, wird von einer doppelten Kulturalität und Historizität bestimmt.

- Gewaltphänomene sind äußerst komplex; in sie gehen sehr unterschiedliche Empfindungen und Gefühle ein. Das gilt für die Gewalt Ausübenden und die Zuschauer in gleicher Weise. Von Gewalthandlungen gehen starke mimetische Wirkungen aus, deren Faszination man sich kaum entziehen kann. Das kann dazu führen, dass man in der Nachfolge platonischer Argumentation die öffentliche Darstellung von Gewalt unterbinden will, oder dass man in der Nachfolge der aristotelischen Argumentation dafür eintritt, Möglichkeiten zur Auseinandersetzung mit Gewalthandlungen zu schaffen, um den Einzelnen zu befähigen, konstruktiv mit Gewalt umzugehen. Unentschieden ist bis heute, welcher Umgang mit Gewalt für den Einzelnen und die Kommunität fruchtbarer ist.

- Sozialwissenschaftliche Untersuchungen von Gewalt haben die Tendenz dazu, die Komplexität von Gewalt zu reduzieren und Gewalt so darzustellen, als wisse man genau, was Gewalt sei, welche Ursachen sie habe und wie Wissenschaft in der Lage sei, ihre Entstehung zu begreifen und mit Hilfe dieses Begreifens zu kontrollieren.

- Bei diese Form der Auseinandersetzung mit Gewalt wird oft übersehen, dass viele Gewalthandlungen sich gleichsam »grundlos« ereignen (Wimmer/Wulf/Dieckmann 1996). Sie ergeben sich in bestimmten Situationen; sie vollziehen sich spontan und sind nicht kontrollierbar. Manchmal scheint es, als hätten sie genauso gut vermieden werden können. Oft wissen Täter und Opfer später nicht mehr, warum es zu diesen Handlungen kam. Nicht selten erscheint es, als habe ein »Fremder« sie vollzogen.

• Ein Grund für die Unhintergehbarkeit der Gewalt liegt in der Macht mimetischer Prozesse, die am Gelingen menschlicher Vervollkommnung zweifeln lässt. Nicht eindämmbare Kriege mit entsetzlichen Grausamkeiten, skrupellose Gewalt gegen die Natur, strukturelle und kulturelle Gewalt in den menschlichen Gesellschaften verstärken das Bewusstsein von der Verletzbarkeit und Gefährdung menschlichen Lebens. Diese Wahrnehmung der Destruktivität legt es nahe, sich mit der gesellschaftlichen und der individuellen Gewalt auch dann auseinander zu setzen, wenn die Hoffnung, sie ein für alle Mal eindämmen zu können, geschwunden ist. Die sich daraus ergebende Einsicht in die Grenzen der Kontrolle von Gewalt ist eine wichtige Voraussetzung für einen produktiven, individuellen, sozialen und gesellschaftlichen Umgang mit ihr.

Der Andere

Für jede Gesellschaft und jedes soziale Subjekt stellt der Umgang mit dem Anderen eine unerlässliche Voraussetzung dar. Bereits mit dem menschlichen Körper ist die Angewiesenheit auf den Anderen gegeben. Schon die Erzeugung, Erhaltung und Vergesellschaftung des Körpers bedarf des Anderen. Gesten, Rituale, Gabentausch und Spiel konstituieren sich in Beziehung zum Anderen. Die mimetischen Bewegungen richten sich auf ihn. Sie führen zur »Anähnlichung« an ihn und zur Erfahrung der Grenzen seiner Verstehbarkeit. Die folgenden Aspekte verdienen Beachtung:

• die Unhintergehbarkeit des Anderen,
• Differenz und Alterität,
• Reduktion und Verdrängung,

- der Andere als Fremder,
- mimetische Annäherungen.

Der Umgang mit dem Anderen ist ambivalent. Er oszilliert zwischen Gelingen und Fehlschlag. Gelingt er, führt er zu eine Bereicherung des Anderen und des Eigenen, schlägt er fehl, bewirkt er eine Beeinträchtigung beider.

Die Unhintergehbarkeit des Anderen

»Unser süßestes Dasein ist relativ und kollektiv, und unser wahres Ich ist nicht ganz in uns. Kurz, der Mensch in diesem Leben ist so eingerichtet, dass man nie zum rechten Genuss seiner selbst ohne Zutun anderer gelangen kann.« (Rousseau 1981, S. 427)

So beschreibt Rousseau die konstitutive Abhängigkeit des Einzelnen vom Anderen. Nicht nur bedarf zu einem glücklichen Leben jeder Mensch des Anderen; er bedarf seiner auch, um sich an sich selbst zu erfreuen. Der Einzelne hat nicht die Möglichkeit, auf andere Menschen zu verzichten. Selbst wenn er sich vom Umgang mit ihnen zurückzieht, lebt er dennoch auf diese bezogen. Erst andere Menschen ermöglichen ihm das Gefühl der eigenen Existenz. Der Grund dafür liegt in unserer Fähigkeit, Empfindungen und Gefühle auf andere uns fremde Menschen richten zu können. Ohne Berührung, Ansprache und Blick des Anderen, ohne seine Repräsentationen in uns können wir nicht leben. Der Andere dient uns als Spiegel, uns selbst zu sehen, zu entdecken und zu erforschen. Er ermöglicht es uns, Repräsentationen unserer selbst im Inneren wahrzunehmen und dadurch Bewusstsein zu entwickeln. Wegen dieser Angewiesenheit auf andere Menschen und ihre Repräsentationen ist menschliche Wirklichkeit von Grund auf soziale Wirklichkeit.

Um in seiner Existenz bestätigt zu werden und sich entfalten zu können, bedarf bereits das kleine Kind der Zuwendung und Berührung des Anderen in Gestalt der Eltern. Die kindliche Hilfsbedürftigkeit und die auf sie gerichtete Komplementaritätsbeziehung der

Eltern ist Ausdruck von »Unvollkommenheit«. Erst infolge der elterlichen Sorge kann sich das Kind aus seiner »Minderwertigkeit« befreien. Die Ungleichheit des Verhältnisses zwischen Kind und Erwachsenen regt die mimetische Fähigkeit des Kindes an. Sein Begehren zielt darauf, sich auf den Anderen zu beziehen und ihm ähnlich zu werden. Gefördert werden diese Prozesse durch das auf das mimetische Handeln des Kindes reagierende Verhalten der Eltern. Ihr mimetisches Handeln antwortet auf den kindlichen Wunsch nach Anerkennung und fördert die zu seiner Erfüllung entwickelten Aktivitäten. In den sich in der Kleinfamilie von Anfang an entfaltenden Wechselspielen zwischen Eltern und Kind entsteht das familiale Zugehörigkeits- und Gemeinschaftsgefühl.

Bereits bei seiner Geburt ist das Kind für ein gesellschaftliches Leben prädisponiert. Im Verlauf der frühkindlichen Entwicklung diversifizieren und spezialisieren sich diese Dispositionen. In Berührungen und Zuwendungen erfolgt ein präverbaler Austausch zwischen Eltern und Kind. Ansprache und Blick vermitteln ihm ein Bewusstsein vom Anderen. Im Angesprochen- und Angeblickt-Werden erfährt das Kind seine Existenz. Im Zusammenspiel mit Eltern und anderen Bezugspersonen finden Erkundungen der Welt statt und bilden sich frühe Formen des Selbstbewusstseins. Mit Hilfe der Sprache betritt das Kind die Welt des Anderen. In dieser frühen kindlichen Entwicklung spielen mimetische Prozesse eine entscheidende Rolle. Sie sind wechselseitig; sie zeigen sich im körperlichen Zusammenspiel zwischen Eltern und Kind, im Austausch von Berührungen, Blicken und rituellem Handeln. Mutter und Vater bringen dem Kind ihre Zuneigung zum Ausdruck. Ihre Gefühle rufen die mimetische Reaktion des Kindes hervor. Diese ist Antwort und Vorgabe für weitere Einwirkungen der Eltern. Eine Gemeinschaft entsteht, in deren Kontext das Kind seine Aktivitäten entfaltet: sehen, berühren, erinnern, sprechen. Ohne das Vorbild der Eltern gibt es keine Aufforderung zur Nachahmung. Die Eltern machen vor, ermuntern und bestätigen die Aktivitäten des Kindes durch ihre Reaktionen. Im Austausch mit ihnen entwickelt sich das Kind als soziales Wesen. Es erfährt seine Angewiesenheit auf andere Menschen und erlebt die Anerkennung seiner Existenz als notwendige Bedingung seines Lebens. Im mimetischen Verhältnis zwischen ihm und dem Anderen entsteht seine personale Struktur. In ihre Entwicklung gehen viele Figurationen des Anderen ein, die das archaische Selbst des Kindes überlagern und sich mit ihm verbinden. In der Begegnung mit den Angeboten und dem Begehren der Menschen, seiner Umgebung, schafft sich das Kind ein Selbstbild, das es im Verlauf seiner Lebensgeschichte weiterentwickelt. Das Selbstbild entsteht infolge der Rückmeldungen der Anderen; es bildet sich in den mimetischen Prozessen zwischen dem Kind und den Anderen.

Der zwischenmenschliche Austausch erfolgt nicht nur in der Gegenwart. Über das intergenerative Zusammenleben vollzieht er sich auch zwischen den Generationen. Über die Teilnahme an Sprache, Schrift und Brauchtum reicht der Austausch weit in die Geschichte zurück und ist zugleich auf Zukunft bezogen. Auf den kulturellen Leistungen vergangener Generationen bauen die nachwachsenden Generationen auf. Die Zeitlichkeit des Lebens verstärkt die Angewiesenheit des Einzelnen auf die Gemeinschaft. Selbstgenügsamkeit, Autonomie und Souveränität sind illusionär. Individuelle Entfaltung bedarf der Gemeinschaft. Ohne Bezug auf Sozietät und Kommunität drohen Isolierung und Erstarrung. Aufgrund dieser Situation und der darin zum Ausdruck kommenden menschlichen Unvollkommenheit bedarf es der wechselseitigen Anerkennung der Angehörigen einer Kommunität (vgl. Todorov 1996). Sie ermöglicht es dem Einzelnen, seinen Ort in der Kommunität zu finden und sein soziales Selbst zu entwickeln. Erfolgt Anerkennung nicht im erforderlichen Ausmaß, fühlt sich der Einzelne randständig und ausgegrenzt, wird er »unsichtbar«. Einsamkeit und Verbitterung sind die Folge.

Nicht nur für die Genese des Einzelnen spielt der Andere eine bestimmende Rolle. Auch für jede Gruppe, jede Gemeinschaft und jede Kultur ist das Verhältnis zum Anderen konstitutiv. Der Andere ist zum Eigenen komplementär. Mit Hilfe von Grenzziehungen und Ordnungsmustern werden die Differenzen geschaffen, die den Anderen unterscheidbar machen. Warum jemand als Anderer begriffen wird, hängt vom historischen und kulturellen Kontext und seinen symbolischen Ordnungen ab. Wie das Eigene und das Fremde einander voraussetzen, so stehen der Einzelne und der Andere in komlementärer Relation. Weder ist der Einzelne ohne den Anderen, noch ist der Andere ohne den Einzelnen begreifbar. Die mit der menschlichen Konstitution gegebene Spaltung führt dazu, dass sich Menschen zu sich selbst verhalten. In dieser Situation der Reflexivität liegt auch die Voraussetzung der Wahrnehmung des Anderen. Je nach Aufmerksamkeitsrichtung können sich seine Figurationen verschieben und sich in wechselnden Ausprägungen präsentieren. Die Plastizität menschlicher Konstitution ermöglicht ein hohes Maß an Vielgestaltigkeit. Wer als Anderer empfunden wird, ergibt sich aus Prozessen des Sich-in-Beziehung-Setzens mit einem inneren oder äußeren Gegenüber. Vielfältig sind die *Figurationen des Anderen*: der Fremde, der Feind, der Irre, das andere Geschlecht, das Gespenst, das Böse, das Unheimliche, das Heilige. In diesen Fällen kommt es zu Überlagerungen zwischen konkreten Ausprägungen des Anderen und dem ganz Anderen. Jede konkrete Figuration des Anderen verweist auf das sich der Bestimmung und Festsetzung entziehende ganz andere. Im Falle Gottes ist die Überlagerung eines personifizierten Anderen durch das ganz andere besonders deutlich (vgl. Otto 1963). Doch zeigen sich diese Überschneidungen auch bei anderen Figurationen. Wenn das radikal Andere den konkreten Anderen überlagert, zeigt dessen Figuration über sie hinausweisende Züge. Diese Vielschichtigkeit des Anderen ergibt sich aus der symbolischen Ordnung der Sprache.

Differenz und Alterität

Unter dem Anspruch des Egalitarismus ist die europäische Zivilisation oft in Gefahr gewesen, die Differenz zum Fremden zu zerstören und das Fremde unter dem Anspruch der Gleichheit zu assimilieren. Andere Länder und Kulturen sollten nicht anders bleiben, sondern sich in der Auseinandersetzung mit der europäischen Kultur so verändern, dass sie Teil einer von Europa bestimmten Weltkultur werden konnten. Diese Einstellung wirkte sich auch innerhalb Europas aus. Mehrere Nationen hatten den Anspruch, *den* Maßstab für den europäischen Geist, die europäische Zivilisation, die Weltkultur abzugeben. Hegemonialkämpfe in Europa und in

der Welt waren die Folge. Statt das Besondere jeder Kultur, jeder
kulturellen Ausprägung zu stärken, gerieten die europäischen Nationen in Gefahr, das Partikulare dem Allgemeinen zu opfern. Mehr
denn je kommt es heute darauf an, den Partikularismus der verschiedenen Kulturen zu akzeptieren und ihn zur Entfaltung kommen zu lassen. Erst auf der Grundlage eines unterstützenden Umgangs mit der Differenz anderer Kulturen und anderer Menschen
lassen sich transnationale Gemeinsamkeiten entdecken und ihre
Entwicklung fördern.

Trotz nationaler Unterschiede gibt es aufgrund ähnlicher gesellschaftlicher Bedingungen in den europäischen Ländern auch starke
Gemeinsamkeiten. Diese erstrecken sich auf die demokratischen
Strukturen, die kulturellen Traditionen und die Wirtschaftsord-
nung. Sie umfassen Lebenserwartungen und Lebensstile. Diese Gemeinsamkeiten bilden eine Basis für die Entwicklung grenzüber-
schreitender Loyalitäten. Gefördert wird diese Entwicklung von
vielen Faktoren, zu denen auch die Neuen Medien gehören. Allen-
orts berichten die Massenmedien über die gleichen Ereignisse und
fördern dadurch die Verbreitung gleicher Informationen. Simulta-
neität zwischen den Ereignissen und den Bildern und Berichten
über diese Ereignisse ist möglich. Informationsbeschleunigung,
Verbildlichung und Miniaturisierung bestimmen die mediale
Wahrnehmung. Die mediengerechte Darstellung der Welt prägt das
ästhetische Empfinden. Die Prozesse der Abstraktion und der Verbildlichung erlangen eine neue Intensität. Die Enwicklung einer
medial geformten Wahrnehmungsfähigkeit unterstützt die Globalisierung von Einstellungen, Werten und Kenntnissen. Diese fördern die Globalisierung der Waren, des Geldes und der Zeichen
und intensivieren die Dynamik der Industriegesellschaften, die darauf zielt, das Unbekannte des Partikularen auf das Bekannte des
Globalen zu reduzieren.

Gegenüber dieser Dynamik zum Allgemeinen gilt es, das Andere
des Allgemeinen, das Besondere der verschiedenen Kulturen zu
stärken. Kulturelle Vielgestaltigkeit ist ein Merkmal Europas, das
erhalten zu werden verdient. Anstatt Kultur als eine geistige und
wertbezogene Einheit zu begreifen, lässt sich Kultur besser als ein
Konglomerat tiefer Differenzen, als eine Pluralität von Zugehörig-

keiten und Seinsweisen, als *tiefe Vielfalt* begreifen. Ein solches Verständnis von Kultur entsteht aus Erfahrungen mit der Dezentrierung der Welt und der Fragmentarisierung der Kultur. Eine solche Einstellung trägt dazu bei, weniger negative Empfindungen und Aggressionen gegenüber dem Fremden zu entwickeln und sich gegenüber seiner Andersheit zu öffnen. In der Akzeptanz der Differenz liegt eine entscheidende Voraussetzung für die Entstehung eines interkulturellen Bewusstseins. Erst Kenntnis und Akzeptanz der Unterschiedlichkeit des Anderen machen den Weg frei für Verständigung, Sympathie und Kooperation.

Im Verhältnis zum Anderen lassen sich drei Dimensionen unterscheiden:

- Die erste Dimension umfasst die Werturteile über den Anderen. Wie schätzt man den Angehörigen einer fremden Kultur ein? Fühlt man sich angezogen oder abgestoßen? Was sind die Folgen solcher Empfindungen und Gefühle?
- In der zweiten Dimension steht die Annäherung an den Anderen im Mittelpunkt. Welche Möglichkeiten kommunikativen Handelns bestehen? Sucht man den Anderen, wünscht man seine Nähe, identifiziert man sich mit ihm, assimiliert man sich an ihn, oder unterwirft man sich ihm in einer Euphorie für das Fremde?
- Schließlich geht es in der dritten Dimension darum, ob und wieweit man den Anderen kennt und wie substanziell das Wissen über ihn ist. Dieser Kenntnis und diesem Wissen kommt auch dann Bedeutung zu, wenn man keinen unmittelbaren Umgang mit dem Anderen hat.

Diese drei Dimensionen der Alterität stehen in einem komplementären Verhältnis. Gemeinsam ist ihnen die Bejahung der Exteriorität des Anderen. Die Akzeptanz des Anderen erfordert Selbstüberwindung; erst die Selbstüberwindung erlaubt die Erfahrung des Anderen. Die Fremdheit des Anderen erleben zu können setzt die Bereitschaft voraus, auch den Anderen in sich kennen lernen zu wollen. Kein Individuum ist eine Einheit; jeder Einzelne besteht aus widersprüchlichen Teilen mit eigenen Handlungswünschen. Rimbaud formulierte diesen Situation des Einzelnen einprägsam: *Ich ist ein Anderer.* Durch die Verdrängung der gröbsten Widersprüche versucht zwar das Ich, seine Freiheit herzustellen, doch wird diese immer wieder von heterogenen Triebimpulsen und normativen Geboten eingeschränkt. Die Einbeziehung ausgesperrter Teile des Ichs in die Selbstwahrnehmung des Ichs ist daher eine unerlässliche Voraussetzung für einen akzeptierenden Umgang mit dem Anderen.

Die Komplexität des Verhältnisses zwischen Ich und Anderem besteht darin, dass das Ich und der Andere sich nicht als zwei voneinander abgeschlossene Entitäten gegenüberstehen, sondern dass der Andere in vielfältigen Formen in die Genese des Ichs eingeht. Der Andere ist nicht nur außerhalb, sondern auch innerhalb des Individuums. Der im Ich internalisierte Andere erschwert den Umgang mit dem Anderen außen. Aufgrund dieser Konstellation gibt es keinen festen Standpunkt diesseits oder jenseits des Anderen. In vielen Ausprägungen des Ichs ist der Andere immer schon enthalten. Wer der Andere ist und wie er gesehen wird, ist jedoch nicht nur abhängig vom Ich. Genauso wichtig sind die Selbstdeutungen, die sich der Andere gibt. Sie müssen nicht homogen sein, gehen aber in das Bild ein, das sich das Ich vom Anderen macht.

Insofern Identität ohne Alterität nicht gedacht werden kann, beinhaltet der Umgang mit dem Fremden ein relationales Verhältnis zwischen einem fraktalen, in seiner jeweiligen Ausprägung irreduziblen Ich und einem vielgestaltigen Anderen. Für das Verständnis ihrer Beziehung sind zwei Aspekte besonders wichtig:

- die einmalige Verbindung von Alterität und Identität aufgrund unterschiedlicher Lebensräume, Lebenskonstellationen und Lebensgeschichten in jedem Individuum;
- die Geschichtlichkeit des Eigenen und des Fremden sowie die Geschichtlichkeit ihrer Beziehung.

Wenn die Frage nach dem Anderen die Frage nach dem Eigenen und die Frage nach dem Eigenen die Frage nach dem Anderen beinhaltet, dann sind Prozesse der Verständigung zwischem Fremdem und Eigenem immer auch Prozesse der Selbstthematisierung und

Selbstbildung. Wenn sie gelingen, führen sie zur Einsicht in die Nicht-Verstehbarkeit des Fremden und bewirken Selbstfremdheit. Angesichts der auf die Entzauberung der Welt und das Verschwinden des Exotischen zielenden gesellschaftlichen Entwicklung besteht die Gefahr, dass in Zukunft sich die Menschen in der Welt nur noch selbst begegnen und es ihnen an einem Fremdem fehlt, mit dem sie sich in Auseinandersetzungen entwickeln können. Wenn der Verlust des Fremden eine Gefährdung menschlicher Entwicklungsmöglichkeiten bewirkt, dann kommt seinem Schutz, d.h. der Entfremdung des Bekannten und der Bewahrung der Selbstfremdheit Bedeutung zu. Bemühungen um die Erhaltung des Fremden im menschlichen Inneren und in der Außenwelt wären dann notwendige Gegenbewegungen gegen einen Differenzen nivellierenden Globalismus.

Nur zu leicht kann das Schwinden des Fremden auch zum Verlust des Individuellen führen, das sich aus der spezifischen Verarbeitung des Fremden konstituiert. Die Unhintergehbarkeit des Individuums greift das in jedem Individuum wirkende Bedürfnis nach Selbstvergewisserung auf. Selbstvergewisserung zielt auf ein Wissen darüber, was das Individuum geworden ist, was es ist und was es werden will. In der Genese dieses Wissens spielen Selbstthematisierung, Selbstkonstruktion und Selbstreflexion eine wichtig Rolle. Derartiges Wissen ist nur vorläufig und verändert sich im Verlauf des Lebens. André Gide drückt diese Erfahrung in den Falschmünzern so aus:»Ich bin immer nur das, was ich zu sein glaube, und das wechselt so unablässig, dass − wäre ich nicht da, um den Verkehr zu vermitteln − oft mein Wesen vom Abend das vom Morgen nicht wieder erkennen würde. Nichts kann verschiedener von mir sein als ich selbst.«

Ein Bewusstsein von der Nichtidentität des Individuums bildet eine wichtige Voraussetzungen für die Offenheit gegenüber dem Anderen. In der Auseinandersetzung mit fremden Kulturen, mit dem Anderen in der eigenen Kultur und dem Fremden in der eigenen Person soll die Fähigkeit entwickelt werden, vom Fremden bzw. vom Anderen her wahrzunehmen und zu denken. Durch diesen Perspektivenwechsel gilt es, die Reduktion des Fremden auf das Eigene zu vermeiden. Versucht werden soll, das Eigene zu suspendieren und es vom Anderen her zu sehen und zu erfahren. Ziel ist die Entwicklung *heterologischen Denkens*. In seinem Mittelpunkt steht das Verhältnis von Vertrautem und Fremdem, von Wissen und Nichtwissen, von Gewissheit und Ungewissheit. Infolge von Enttraditionalisierung und Individualisierung, Differenzierung und Globalisierung sind viele Selbstverständlichkeiten des alltäglichen Lebens fragwürdig geworden und erfordern individuelle Reflexion und Entscheidung. Dennoch entspricht der Gestaltungsspielraum, der dem Individuum infolge dieser Entwicklungen zuwächst, nicht einem wirklichen Gewinn an Freiheit. Häufig hat der Einzelne nur dort einen Entscheidungsspielraum, wo er die Voraussetzungen der Entscheidungssituation nicht verändern kann. Im Umweltbereich ist dies beispielsweise der Fall, in dem der Einzelne zwar umweltbewusste Entscheidungen fällen kann, die aber auf die gesellschaftlichen Makrostrukturen, die die Qualität der Umwelt wirklich bestimmen, nur wenig Einfluss haben.

Die Veränderung unseres Wirklichkeitsverständnisses führt zu einer neuen Sicht des Fremden und des Anderen. Im Unterschied zur Antike, in der die Wirklichkeit im Augenblick ihres Erscheinens unwiderstehlich ist, und in Differenz zum Mittelalter, in dem die Wirklichkeit von Gott garantiert wird, und zur Aufklärung, in der die souveräne Vernunft das Begreifen und den Umgang mit der Welt sichert, gibt es heute keine verlässliche Realität. Wirklichkeit erscheint konstruiert und interpretiert und wird fraktal und heterogen erfahren. Mit der eigenen Weltsicht kommt sogleich der Andere mit seiner Konstruktion und Interpretation der Welt ins Spiel. Pluralität ist eine notwendige Folge fraktaler Wirklichkeitserfahrung. Keine Sicht der Welt kann alleinige Gültigkeit beanspruchen. Jede Interpretation findet ihr Grenze in der Sicht des Anderen. Eine neue Komplexität in der Erfahrung der Welt entsteht, in der die Sicht des Anderen als Möglichkeit immer mit gedacht werden muss.

Mit der Zunahme der Undurchschaubarkeit der Welt wächst die Verunsicherung des Einzelnen, der die Differenz zwischen sich und dem Anderen aushalten muss. In dieser Situation werden Ungewissheit und Unsicherheit zentrale Merkmale gesellschaftlichen Lebens. Ihren Ursprung haben sie einerseits in der Welt außerhalb des Menschen, andererseits in seinem Inneren und schließlich im Wechselverhältnis zwischen Innen und Außen. Angesichts dieser Situation fehlt es nicht an Versuchen, diese Unsicherheit durch scheinbare Gewissheiten erträglich zu machen. Doch helfen diese Gewissheiten nicht, die verlorene Sicherheit wiederzugewinnen. Ihre Geltung ist relativ und entsteht meistens durch den Ausschluss von Alternativen. Was ausgeschlossen wird, bestimmen einerseits die psychisch-soziale Konstitution des Einzelnen und andererseits die gesellschaftlichen Machtstrukturen und die aus ihnen resultierenden Prozesse des Setzens und Ausschließens von Werten, Normen, Ideologien und Diskursen.

Mit der Pluralität der Wirklichkeits- und Wissenschaftsauffassungen wird die Erfahrung der Differenz zu einem bestimmenden Moment in der Produktion und in der Handhabung individuellen und gesellschaftlichen Wissens. Sie erst erlaubt die Erfahrung des Anderen, ohne den kein konstruktiver Umgang mit fremden Kulturen möglich ist. Bei diesen Erfahrungen spielt der Umgang mit Kontingenz eine entscheidende Rolle. Kontingent ist, was auch anders möglich ist. Was in der Planung als unverfügbar erkennbar wird, was zufällig, aber auch durch Handeln beeinflussbar ist, ist kontingent. Kontingenz bezeichnet also einen Spielraum offener Möglichkeiten. In ihm werden Ereignisse kontingent, die manchmal infolge von Handlungen entstehen, ohne dass vorher angebbar wäre, wie und warum sie sich so und nicht anders einstellen.

»Kontingent ist etwas, was weder notwendig ist noch unmöglich ist; was also so, wie es ist (war, sein wird), sein kann, aber auch anders möglich ist. Der Begriff bezeichnet mithin Gegebenes, Erfahrenes, Erwartetes, Gedachtes, Fantasiertes im Hinblick auf mögliches Anderssein; er bezeichnet Gegenstände im Horizont möglicher Abwandlungen. Er setzt die gegebene Welt voraus, bezeichnet also nicht das Mögliche überhaupt, sondern das, was von der Realität aus gesehen anders möglich ist.« (Luhman 1984, S. 152)

Diese Bestimmung von Kontingenz lässt sich auch als eine Beschreibung heutiger Wirklichkeitserfahrung mit der für diese konstitutiven Rolle des Anderen begreifen. Der Umgang mit dem Anderen ist ein Umgang mit Kontingenzen, der nur begrenzt planbar ist. Die Ergebnisse sind partiell zufällig und bleiben daher unvorhersehbar. Doch gerade dadurch entstehen aus Kontingenzen neue Erfahrungsmöglichkeiten von Fremdem und Eigenem, die bis dahin unbekannte Horizonte und Ordnungen erzeugen. Im Verlauf dieser Prozesse entsteht ein Bewusstsein der Virtualität, das einen neuen Umgang mit dem Anderen bewirkt.

Reduktion und Verdrängung

Der Diskurs über den Anderen macht auf die mit dem *Egozentrismus*, *Logozentrismus* und *Ethnozentrismus* einhergehenden psychologischen, epistemologischen und kulturellen Verkürzungen aufmerksam (vgl. Waldenfels 1990). Auch wenn es zeitweilig den Anschein hatte, als gelänge eine Entschleierung des Anderen, so hat sich dieser Eindruck nicht bewahrheitet. Mitten im Alltäglichen, Bekannten und Vertrauten werden Dinge, Situationen und Menschen fremd. Die erwartete Sicherheit und Vertrautheit der Lebensbedingungen wird fragwürdig. Zwar hat die Strategie, das Andere durch Verstehen aufzulösen, dazu geführt, dass vieles Fremde zu Bekanntem geworden ist und dass an die Stelle von Verunsicherung und Bedrohung Sicherheit und Vertrautheit getreten sind. Doch ist diese Sicherheit oft nur Schein. Die Geste des Sich-die-Welt-vertraut-Machens hat die in sie gesetzten Erwartungen nicht erfüllt. Mit der Zunahme des Bekannten vergrößert sich der Umfang des Unbekannten. Mit Hilfe der Ausweitung des Wissens gelingt es nicht, die Komplexität der Lebenszusammenhänge zu verringern. Je mehr das Wissen über Phänomene und Zusammenhänge zunimmt, desto mehr wächst auch das Nichtwissen. Immer wieder zeigt sich Nichtwissen und verweist das Wissen und ein auf ihm basierendes, souveränes menschliches Handeln auf seine Grenzen. Das Andere wird häufig auf dasselbe reduziert, doch wird es dadurch nicht überwunden. Es artikuliert sich im Zentrum und an den Grenzen des Bekannten und fordert seine Berücksichtigung.

Elias, Foucault, Beck haben die Prozesse der modernen Subjekt-konstitution und der Entstehung des *Egozentrismus* detailliert beschrieben (vgl. Elias 1976; Foucault 1977; Beck 1995), »Technologien des Selbst« werden dazu verwendet, Subjekte zu bilden (vgl. Marin 1993). Viele dieser Strategien orientieren sich an Vorstellungen von einem in sich geschlossenen Selbst, das als subjekthaftes Handlungszentrum unter dem Anspruch steht, ein eigenes Leben zu führen und eine eigene Biografie zu entwickeln. Die ungewollten Nebenwirkungen der Entwicklungen zu einem sich selbst genügenden Subjekt sind vielfältig. Nicht selten scheitert das Sich-selbst-setzende-Subjekt am Akt der Selbstsetzung. Die erhoffte Selbstbestimmung und das erwartete Glück autonomen Handelns werden von anderen, sich diesen Ansprüchen nicht unterordnenden Kräften konterkariert. Die Ambivalenz der Subjektkonstitution zeigt sich darin, dass der ihr inhärente Egozentrismus einerseits als Überlebens-, Aneignungs- und Machtstrategie, andererseits als Reduktions- und Nivellierungsstrategie dient. Der in der Zentrierung auf die Ich-Kräfte liegende Versuch, den Anderen auf seine Nützlichkeit, seine Funktionalität und seine Verfügbarkeit zu reduzieren, scheint gleichzeitig gelungen und gescheitert zu sein. Daraus ergibt sich für den Umgang mit dem Anderen ein neuer Horizont und ein neues Erkenntnis- und Aufgabenfeld.

Der *Logozentrismus* hat dazu geführt, vom Anderen wahrzunehmen und zu verarbeiten, was der Vernunft entspricht. Was nicht vernunftfähig und vernunftförmig ist, gerät nicht in den Blick. Wer auf der Seite der Vernunft steht, ist im Recht. Das gilt selbst von der eingeschränkten Vernunft funktionaler Rationalität. Erwachsene haben gegenüber Kindern, Zivilisierte gegenüber Primitiven, Gesunde gegenüber Kranken Recht. Durch den Besitz der Vernunft beanspruchen sie, denen überlegen zu sein, die über Vorformen oder Fehlformen der Vernunft verfügen. Wenn sich der Andere vom Allgemeinheit beanspruchenden Charakter der Sprache und der Vernunft unterscheidet, wachsen die Schwierigkeiten, sich ihm anzunähern und ihn zu verstehen. Nietzsche, Freud, Adorno und viele andere haben diese Selbstgefälligkeit der Vernunft der Kritik unterzogen und gezeigt, dass Menschen auch in Zusammenhängen leben, zu denen die Vernunft nur unzulänglichen Zugang hat.

Nachhaltig hat auch der *Ethnozentrismus* die Unterwerfung des Anderen betrieben. Todorov (vgl. Todorov 1982), Greenblatt (vgl. Greenblatt 1994) u.a. haben die Prozesse der Zerstörung fremder Kulturen analysiert. Zu den schrecklichsten Taten gehört die Kolonialisierung Lateinamerikas im Namen Christi und der christlichen Könige. Mit der Eroberung des Kontinents geht die Vernichtung der dortigen Kulturen einher. Bereits beim ersten Kontakt wird der Anspruch auf Anpassung und Assimilierung erhoben. Versklavung oder Vernichtung sind die Alternativen. Mit einer ungeheuerlichen Herrschaftsgeste wird das Eigene durchgesetzt, als müsse eine Welt ohne den Anderen bzw. das Andere geschaffen werden. Mit Hilfe eines machtstrategischen Verstehens wird es möglich, die Ausrottung der Völker der Eingeborenen zu betreiben. Die Indios begreifen nicht, dass sich die Spanier skrupellos berechnend verhalten und ihre Sprache zur Täuschung einsetzen: Freundlichkeit meint nicht, was sie vorgibt; Versprechen dienen nicht dazu, etwas zu vereinbaren, sondern dazu, den Anderen zu hintergehen. Legitimiert wird dieser Umgang mit dem Interesse der Krone, dem Missionsauftrag des Christentums und der Minderwertigkeit der Eingeborenen. Verschwiegen und aus dem eigenen Selbst- und Weltbild ausgegrenzt werden Goldgier und ökonomische Motive.

Kolumbus nimmt von den Eingeborenen das wahr, was er schon weiß. Er sieht in ihrer Welt nur Zeichen, die ihn auf Bekanntes verweisen und die er in Bezug auf seinen Referenzrahmen liest, einordnet und interpretiert. Dieser Referenzrahmen gleicht dem Bett des Prokustes, in das alles Fremde so hineingezwungen wird, dass es in dessen vorgegebenen Strukturen »passt«. Der Andere wird von den Bildern und Symbolen des Eigenen zugedeckt und in sie eingeschlossen. Was sich nicht einfügt, bleibt außerhalb der Wahrnehmung und der Verarbeitung. Dadurch entsteht keine Bewegung zum Anderen. Staunen und Verwunderung sind die Folge. Man berichtet von der Einmaligkeit und Außergewöhnlichkeit der gesehenen Welt und vergleicht sie mit Traumbildern. Eine solche Beschreibung entrückt das Gesehene.

»Die Verwunderung ist die Erfahrung eines doppelten Versagens, eines Versagens der Worte – es bleibt nur der stammelnde Rück-

griff auf alte Ritterlegenden – und eines Versagens der Augen, insofern der Anblick eines Gegenstandes keinerlei Gewähr mehr dafür bietet, dass er auch wirklich existiert.« (Greenblatt 1994, S. 204)

Die Verwunderung wird zu einer Hürde, die die Bewegung zum Anderen blockiert und die die Erregung intensiviert. Mit der sich aus der Blockade der Bewegung zum Anderen ergebenden Distanz wächst das Begehren, diese Grenze zu überschreiten. Zwei Wege bieten sich an. Der eine führt über die Bildung von Repräsentationen des Anderen, über Figurationen, in die das Fremde transformiert wird, sodass ein Umgang mit ihm möglich wird. Zu dieser Form gehören auch die Versuche diskursiver Annäherung an den Anderen sowie die in der Verschriftlichung entstehenden sprachlichen Repräsentationen. Wird dieser Weg beschritten, kommt es zu einer Form der Akzeptanz des Anderen, die sich auf den Anderen im Außen und Fremden und den Anderen im Eigenen und Vertrauten erstreckt. In den figurativen, diskursiven und literalen Repräsentationen wird der Andere zum Eigenen und das Eigene zum Anderen. Der andere Weg betont die unüberwindbare Differenz, die keine Umwandlung des Anderen ermöglicht.

»Die Bewegung verläuft über die Identifikation zur vollkommenen Entfremdung: Einen Augenblick lang kann man sich selbst nicht vom Anderen unterscheiden, aber dann macht man den Anderen zu einem radikal fremden Gegenstand, einem Ding, das sich ganz nach Belieben zerstören oder einverleiben lässt.« (Greenblatt 1994, S. 206)

Diesen Weg wählen die spanischen Eroberer. Sie können und wollen die Differenz zur Welt der Eingeborenen nicht aushalten. Daher wollen und müssen sie diese Welt in Besitz nehmen. Ihr Traum vom Besitz gilt dem Land, dem Gold, den Körpern und Seelen der Menschen. Doch ihre Besitzergreifung ist nur nach der Zerstörung möglich. Erst infolge der Zerstörung verliert diese Welt ihre Andersheit. Über ihre Trümmer lässt sich unbekümmert verfügen. Sie erst ermöglichen die erstrebte In-Besitz-Nahme der anderen Welt.

Für die Spanier sind Zerstörung und Besitznahme Schutz vor der Gefahr, sich an die Eingeborenen zu verlieren. In den wiederholt berichteten fiktiven Geschichten vom Kannibalismus der Indios kommt die Angst der Eroberer davor zum Ausdruck, getötet und verschlungen, aufgelöst und assimiliert zu werden. Der in der Rhetorik dieser Geschichten produzierte Abscheu vor den kannibalischen Eingeborenen ist ein Versuch, Abstand gegenüber der Faszination durch den Anderen zu gewinnen. Die Zerstörung der Eingeborenen schafft nachhaltig Distanz und lässt sich als Selbsterhaltungs- und Überlebensstrategie der Spanier begreifen. Wenn die Eingeborenen vernichtet sind, können sie ihre Andersheit nicht mehr ausdrücken; sie verlieren ihre Bedrohlichkeit. Die Eroberer nehmen in Besitz, was sie bekommen können und verfügen darüber beliebig. Sie begnügen sich nicht mit der Inbesitznahme der Reichtümer und der Frauen; ihr Begehren richtet sich auch darauf, die religiösen Energien der Eingeborenen auf ihre eigenen Symbole umzulenken und so die Imagination der Indios zu unterwerfen. Nicht Öffnung gegenüber dem Fremden und Bereicherung, sondern Inbesitznahme und Zerstörung sind die Folge.

Egozentrismus, Logozentrismus, Ethnozentrismus greifen als *Strategien der Transformation des Anderen* ineinander und verstärken sich wechselseitig. Ihr Ziel ist die Assimilation des Fremden ans Eigene und seine damit verbundene Beseitigung. Diese Prozesse zeigen sich in vielen Bereichen. Sie zerstören nicht nur die Vielfalt der Kulturen. Sie zerstören auch das Leben vieler Menschen in Gesellschaften, die starken Veränderungs- und Anpassungszwängen unterliegen. Dies ist besonders der Fall, wenn sich lokale oder regionale Kulturen auflösen, ohne dass an ihre Stelle andere kulturelle Werte treten, die den Menschen helfen, sich unter den veränderten Lebensbedingungen zurechtzufinden.

Der Andere als Fremder

In der Kulturanthropologie, die sich als Wissenschaft vom Fremden begreift, hat es in den letzten Jahren umfangreiche epistemologische Diskussionen über den Anderen gegeben. Wie lässt sich der

Andere denken, begreifen, darstellen? Nachdem man zunächst davon ausgegangen war, man könne ihn erkennen, verstehen und angemessen darstellen, ist in den letzten Jahren diese Gewissheit in Zweifel geraten. Wie lässt sich eine fremde Kultur darstellen, ohne dass die dabei verwendeten Gesichtspunkte und Kriterien dazu führen, ihr Selbstverständnis zu verfehlen? Ist die Repräsentation des »Selbstverständnisses« einer Gesellschaft auch die adäquate Form ihrer Erforschung? Oder verfehlt nicht auch jedes »Selbstverständnis« einer Gesellschaft Teile ihrer Realität? Was ist diese Realität? Wie lässt sie sich begreifen? Kann objektivierende Forschung und die mit ihr verbundene Vergegenständlichung sie erfassen? Welche Aspekte der Realität bekommt sie in den Blick, welche entgehen ihr und welche verfälscht sie aufgrund ihres Vorgehens? Inwieweit ist das Bild des Anderen, das die Ethnologie entwickelt, nicht ihr eigenes Bild, nicht ihre Konstruktion vom Fremden? Auch wenn dies nur partiell der Fall ist, stellt sich grundsätzlich die Frage, wie weit sich jede Wissenschaft den Gegenstand schafft, den sie erforscht. In methodologischer Hinsicht steht die Fallstudie im Mittelpunkt der ethnologischen Erforschung des Fremden. Mit Hilfe teilnehmender Beobachtung werden Informationen erhoben, die nach dem Feldforschungsprozess verschriftlicht werden. *Teilnehmende Beobachtung* und *Verschriftlichung des Anderen in Fallstudien* stehen nach wie vor im Zentrum der kulturanthropologischer Forschung. Nur besteht heute ein differenziertes Bewusstsein von den mit diesen Bedingungen gegebenen Verkürzungen in der Erforschung des Anderen. In diesem Arrangement kommt der Andere nur in einer bestimmten Weise in den Blick. Seine Äußerungen werden wie ein Text »gelesen« und anschließend in Form einer Fallstudie verschriftlicht. Das Verstehen und Darstellen des Anderen bewegt sich von der Textstruktur des Anderen zu seiner Darstellung im Text des Ethnologen, dessen Aufgabe darin besteht, eine »dichte Beschreibung« zu erarbeiten (vgl. Geertz 1983). Diese dichte phänomenologische Beschreibung ist an die Voraussetzung gebunden, dass die Verkörperlichungen und Ausdrucksweisen des Anderen nach Art eines »Textes« gelesen werden und dass diese Lektüre in einen neuen, den Anderen repräsentierenden Text übersetzt werden kann (vgl. Clifford/Marcus 1986). Wird diese Voraussetzung infrage gestellt, vermindern sich Aussagekraft und Wert der in dieser Weise gewonnenen Erkenntnisse.

Als hermeneutische Wissenschaft ist Kulturanthropologie in Gefahr, »das Moment der Differenz, des Nicht-Identischen aufzulösen in einen allgemeinen Begriff des Verstehens und eine universale positive Methodologie hermeneutischer Aneignung des passend zugerichteten Fremden« (Berg/Fuchs 1993, S. 20). Sie steht in der Spannung zwischen der Einsicht in die Differenz des Anderen und der Versuchung, diese in eine allgemeine Begrifflichkeit zu überführen. Eine hermeneutisch orientierte Ethnologie bearbeitet die Welt des Anderen mit Hilfe von Lektüre und Interpretation; sie thematisiert aber auch die Beziehung zwischen dem Anderen und dem Eigenen, zwischen der anderen Kultur und dem ethnologischen Referenzrahmen und bezieht den Interpreten in die Interpretation ein. Eine hermeneutisch orientierte Kulturanthropologie arbeitet also mit Verfahren der Objektivierung und der Reflexion des Welt- und Selbstbezugs. Letztere kann zu einer *Ethnologie des Selbst* führen, die die *Ethnologie des Anderen* um wichtige Erkenntnisse ergänzt

Die Ethnologie hat den Anderen im Schnittpunkt von Kulturanalyse und allgemeiner Theorie des Menschen sowie ethnografischer Übersetzung und Beschreibung konstituiert. Malinowski hatte dazu in der Einführung zu den »Argonauten des westlichen Pazifiks« drei einander ergänzende Objektivierungsverfahren vorgeschlagen (vgl. Malinowski 1979):

- die statistische Dokumentation der durch Befragungen und Beobachtungen gewonnenen Daten mit dem Ziel, Gesetzmäßigkeiten und Ordnungsschemata herauszuarbeiten;
- das systematische und kontinuierliche Festhalten der Beobachtungen des Verhaltens der untersuchten Menschen im Feldtagebuch;
- die Sammlung typischer Erzählungen, Äußerunnden und magischer Formeln.

Diese Verfahren Malinowskis schaffen den »Anderen als Objekt intimer und systematischer wissenschaftlicher Betrachtung überhaupt erst richtig: ›othering‹ durch Distanzierung, Kontextualisierung, Eingrenzung (Holismus)« (Berg/Fuchs 1993, S. 20). Als Ethnologe erarbeitete Malinowski eine zusammenfassende Darstellung der fremden Gesellschaft; als Außenstehender konnte er ihre Charakteristika auf den Punkt bringen; er wurde zum Übersetzer, Chronisten und Sprecher der anderen Gesellschaft. Bei diesen Arbeiten Malinowskis handelt es sich noch nicht um einen aktiven Wechselprozess zwischen dem Forscher und den Repräsentanten der fremden Kultur. Aktiv und kreativ ist nur der Ethnologe. Die seiner Einstellung und Forschung entsprechende Darstellungs- und Textform ist die Monografie, die nach wie vor eine der zentralen Formen der Vertextlichung, Objektivierung, Repräsentation der Ethnologie ist. Malinowskis Umgang mit dem Anderen stößt auf die für jede Erkenntnis des Anderen konstitutiven Schwierigkeiten der Gegenstandskonstitution, des paradoxen Verhältnisses zwischen Nähe und Distanz, Partikularem und Allgemeinem, der Doppelrolle des Ethnologen als Feldforscher und als Autor. Diese Schwierigkeiten im Umgang mit dem Anderen haben in der Folge dazu geführt, *Textualität* und *Diskursivität* der Ethnologie zu reflektieren und *Experimente mit neuen Repräsentationsformen* zu entwickeln.

Zu den wichtigen Beiträgen in der neueren Diskussion über den Anderen und die Möglichkeiten seiner Repräsentation gehören die Schriften Clifford Geertz', die wesentlich zur *hermeneutischen Wende in der Kulturanthropologie* beigetragen haben. Nicht mehr die Erforschung des Verhaltens, sondern die Erforschung fremder Lebens- und Weltentwürfe steht im Mittelpunkt. Welchen Sinn und welche Bedeutung schreiben Menschen ihrem Empfinden und ihrem Handeln zu und wie können diese Sinn- und Bedeutungszusammenhänge dargestellt werden? Sinn und Bedeutung entstehen durch individuelle Auslegung und kollektives Verstehen zwischen Tradition und Neuinterpretation; sie sind gesellschaftlich konstituiert und daher öffentlich. Ins Zentrum rückt die *Interpretation der Symbolsysteme*, mit denen Menschen in anderen Kulturen ihre Welt und ihr Handeln wahrnehmen und interpretieren. Der Schwerpunkt der Forschung richtet sich weniger auf die individuellen Intentionen und Interpretationen der Handelnden als vielmehr auf den objektiven Sinngehalt ihrer Intentionen und ihres Handelns. Ziel ist die Erforschung der in einer anderen Kultur verfügbaren

Werte, Bedeutungen und Handlungsorientierungen. Dazu bedarf es der »dichten Beschreibung« von Handlungen und Gesprächen mit erfahrungsnahen Begriffen. Bei diesem Verfahren erfolgt eine Konzentration auf den Gehalt des Beschriebenen. Mit Hilfe der Verschriftlichung erfolgt eine Fixierung der Bedeutungsgehalte der mündlichen Rede, nicht jedoch eine Fixierung der Rede als orales Ereignis bzw. als Sprechakt. Die Transformation der Rede in einen Text impliziert notwendigerweise eine Distanzierung gegenüber den emotionalen und geistigen Intentionen der sprechenden Menschen. Darüber hinaus erfolgt in der Verschriftlichung eine Ablösung des Gehalts der Rede von den situativen zeit- und ortsgebunden Bedingungen des Sprechens. Durch den Wegfall der körperlichen und szenischen Präsenz der Sprecher entsteht eine Abstraktion ihrer Rede, die deren Gehalt für viele unterschiedliche Adressaten relevant macht. Ethnologie wird damit zur Ethnografie und zum Bemühen, einen Text zu lesen, seine Struktur herauszuarbeiten, seine Bedeutung zu entschlüsseln und die Ergebnisse dieses Prozesses in einen ethnologischen Text zu überführen. Im Mittelpunkt des Interesses steht die Vorstellung, Kultur und soziales Handeln, Institutionen und Traditionen wie einen Text zu lesen und zu interpretieren. Dabei sind Sprachspiele, Metaphern und Metonyme in der Analyse zu berücksichtigen. Interpretiert wird zunächst, was die untersuchten Personen nach Auffassung der Ethnologen sagen. Sodann wird das Ergebnis dieses Prozesses noch einmal einer höherstufigen Interpretation unterzogen, in der Konstruktion, Fiktion und Kritik des Ethnologen eine zentrale Rolle spielen. Im Allgemeinen sind die Adressaten des Ethnologen die Mitglieder seiner Kultur. Für diese schreibt und arbeitet er an der *Übersetzung* der anderen Kultur. Offen bleibt bei diesen Überlegungen, wie sich die beschriebenen Prozesse vollziehen. Sicher ist jedoch, dass infolge dieser Sichtweise ein neues literarisches, methodologisches und epistemologisches Bewusstsein in der Kulturanthropologie entstanden ist, das sich fruchtbar auf die Wissenschaftsentwicklung und ihr Reflexionsniveau auswirkt. Wieweit es Geertz gelungen ist, in seinen Feldstudien seine Ansprüche an Qualität und Art der Annäherung an den Anderen sowie der Repräsentation des Fremden zu realisieren, ist in der Rezeption seiner Arbeiten umstritten.

Hatte sich im Werk Malinowskis eine problematische Aufspaltung von Subjektivität und Objektivität gezeigt und hatte Geertz versucht, dieser Schwierigkeit durch Rückgriff auf den hermeneutischen Zirkel gerecht zu werden, so wurde in der Folge gefordert, man müsse den Stimmen der Anderen mehr Raum geben. *The other speaks back* wurde zum Programm einer wichtigen Richtung der internationalen Ethnologie (vgl. Nandy 1983).

»*Dabei reicht das Spektrum von den grundsätzlichen politischen Attacken und Appellen Frantz Fanons (vgl. Fanon 1969) über die Dekonstruktion des hegemonialen Diskurses des Westens, der die Anderen fixierte und noch die Kritik daran zu binden droht (vgl. Said 1981), bis zur Hinterfragung des autoritativen Bildes der einzelnen Kulturen, das die Ethnologie durchgesetzt hat.*« (Berg/ Fuchs 1993, S. 67)

In zunehmendem Maße melden sich Vertreter einer indigenen Anthropologie zu Worte, deren Arbeiten in epistemologischer Hinsicht jedoch noch häufig in der angelsächsischen Kulturanthropologie verankert sind. Die in den 1970er- und 1980er-Jahren in den Humanwissenschaften diagnostizierte »Krise« des Subjekts, der schon bald eine »Krise« des Objekts folgte, wirkte sich auch auf diese Versuche aus, den Anderen selbst verstärkt zur Sprache und zu Gehör kommen zu lassen. Diese Ansätze konnten nicht ohne weiteres davon ausgehen, einen privilegierten Zugang zur Kultur des Anderen zu haben. Auch sie mussten sich den Problemen der *Gegenstandskonstitution* und der *Repräsentation des Anderen* sowie der *Subjektivität* und der *Kontrolle* aufseiten des Ethnologen stellen.

Mimetische Annäherungen

Unter den Verfahren des Umgangs mit dem Anderen kommt der Mimesis zentrale Bedeutung zu. In der Ethnologie hatte Frazer dies schon sehr früh gesehen. So beginnt er seine Ausführungen über sympathetische Magie im »Goldenen Zweig« mit der Unterscheidung zwischen der auf Ähnlichkeit beruhenden »nachahmenden Magie« und der auf dem Gesetz der Berührung beruhenden »Übertragungsmagie«, deren Funktion er wie folgt bestimmt:

>*»Wenn wir die Grundlagen der Ideen im Einzelnen untersuchen, auf welchen die Magie beruht, so sehen wir, dass diese sich in zwei Teile gliedern: einmal, dass Gleiches wieder Gleiches hervorbringt, oder dass eine Wirkung ihrer Ursache gleicht; und dann, dass Dinge, die einmal in Beziehung zueinander gestanden haben, fortfahren, aus der Ferne aufeinander zu wirken, nachdem die physische Berührung aufgehoben wurde. Der erste Grundsatz kann das Gesetz der Ähnlichkeit, der zweite das der Berührung oder der direkten Übertragung genannt werden. Aus dem ersten dieser Grundsätze schließt der Magier, dass er allein durch Nachahmung jede Wirkung hervorbringen kann, die er hervorbringen will.«* (Frazer 1977, S. 15f.)

Im Rahmen der Magie wird mit *Hilfe von Mimesis Macht über den Anderen* ausgeübt. Voraussetzung für das Gelingen der magischen Handlung ist Ähnlichkeit. Diese Ähnlichkeit stellt die Beziehung sicher, die der Magier zwischen zwei Gegenständen, Situationen oder Menschen herstellt. Sie erlaubt es ihm, mit Hilfe der Abbildung bzw. Repräsentation eines Originals Einfluss auf dieses Original zu gewinnen. Entscheidend für die Wirkungen der Magie ist der Glaube an sie. Allerdings täuscht sich Frazer, wenn er in der Ähnlichkeit eine unerlässliche Bedingung dafür sieht, dass magische Wirkungen mit Hilfe mimetischer Prozesse zustande kommen. Nicht die Ähnlichkeit ist entscheidend, sondern die Herstellung einer Beziehung zwischen einer Repräsentation und einem ihr zugrunde liegenden Ausgangspunkt bzw. die Stiftung einer Beziehung zwischen zwei »Welten«. Durch den mimetischen Bezug meiner »Welt« zur »Welt« des Anderen erfolgt eine Annäherung an den Anderen.

Taussig verdeutlicht diese Prozesse am Beispiel von Figurinen der Cuna, unter denen einige im Aussehen und in der Kleidung den weißen Kolonisatoren ähneln (vgl. Taussig 1993). Indem die Cuna durch einen mimetischen Akt Repräsentationen der Weißen in Form von Figurinen schaffen, gelingt es ihnen, die weißen Kolonisatoren zu verkleinern und ihnen ihren bedrohlichen Charakter zu nehmen. Mit Hilfe magischer Verfahren sind sie nun in der Lage, Macht über die als übermächtig erlebten Weißen auszuüben. Die kulturanthropologische Literatur kennt zahlreiche derartige Beispiele. In ihnen findet eine Annäherung an den Anderen dadurch statt, dass eine Repräsentation von ihm hergestellt wird. Mit der *Schaffung dieser Repräsentation* werden Gefühle und Einstellungen dem Anderen gegenüber zum Ausdruck gebracht und dargestellt. Der Andere wird in die eigene Symbolwelt überführt; die Beziehung zu ihm wird verkörperlicht. In der Repräsentation wird etwas sichtbar gemacht, das vorher nicht greifbar war. Die Herstellung einer Repräsentation der Weißen ist daher keine bloße Imitation, sondern eine mimetische Handlung, durch den unter Bezug auf Vorgegebenes Neues entsteht. Der *mimetische Akt* ist keine bloße Reproduktion, sondern eine kreative Handlung. Die Herstellung dieser Figuration der Weißen ist ein Versuch, mit ihrer Fremdheit umzugehen. Hinter der Hervorbringung dieser Repräsentation stehen Irritation, Verunsicherung und der Wunsch, das Unbekannte und Faszinierende der Weißen durch ihre figurative Darstellung und deren Bezug auf die eigene Symbolwelt zu begrenzen. In dieser Mimesis der Weißen geht es den Cuna nicht darum, die Weißen als Andere in den Motiven ihres Handelns und in den Werten und Symbolisierungen ihrer Kultur zu verstehen, als vielmehr darum, die Bedeutung der Weißen für die Cuna zum Ausdruck zu bringen und darzustellen. Die mimetische Erzeugung dieser Repräsentationen ist eine imaginäre und symbolische In-Besitz-Nahme der Weißen, die aus dem Bedürfnis nach Klärung der Beziehung zu den Weißen erfolgt.

Mimetische Annäherungen an den Anderen können mit Hilfe verschiedener Formen der Repräsentation erfolgen. Neben der Herstellung von Texten und Bildern spielen Gesten und Rituale, Spiele und Tauschhandlungen eine wichtige Rolle. Bei der Schaffung von Repräsentation überlagern sich das Eigene und der Andere. Jede Repräsentation des Anderen hat eine performative Seite. In ihr wird etwas zur Darstellung gebracht; in ihr erfolgt eine Vergegenständlichung bzw. Verkörperung. Die mimetischen Energien führen dazu, dass eine Repräsentation nicht ein bloßes Abbild eines Vorbildes ist, sondern sich von diesem unterscheidet und eine neue Welt erzeugt. In vielen Fällen bezieht sich die Repräsentation auf eine noch nicht ausgebildete Figuration des Anderen und ist die Darstellung eines Nichtdarstellbaren, seine Vergegenständlichung bzw. seine Verkörperung. Dann erzeugt Mimesis die Figuration der Repräsentation, das Objekt der Nachahmung selbst.

In mimetischen Prozessen wird das Fremde in die Logik und Dynamik der eigenen imaginären Welt eingefügt. Dadurch wird das Fremde in eine Repräsentation transformiert. Als Repräsentation wird es noch nicht zum Eigenen; es wird zu einer Figuration, in der sich Fremdes und Eigenes mischen, zu einer *Figuration des Dazwischen*. Dem Entstehen einer solchen Figuration des »Dazwischen« kommt in der Begegnung mit dem Anderen außerordendliche Bedeutung zu. Eine mimetisch geschaffene Repräsentation bietet die Möglichkeit, das Fremde nicht festzusetzen und einzugemeinden, sondern es in seiner Ambivalenz als Fremdes und zugleich Bekanntes zu erhalten. Die *mimetische Bewegung* gleicht einem Tanz zwischen dem Fremdem und dem Eigenem. Weder verweilt sie beim Eigenen noch beim Anderen; sie bewegt sich hin und her zwischen beiden. Repräsentationen des Anderen sind kontingent. Sie müssen nicht so sein, wie sie sind; sie können sich auch in anderen Figurationen bilden. Zu welcher Figuration die mimetische Bewegung führt, ist offen und abhängig vom Spiel der Fantasie und dem symbolischen und sozialen Kontext. Keine Form der Repräsentation oder Figuration ist notwendig. Viele differente und heterogene Formen sind denkbar. Welche Figuren getanzt werden, welche Formen des Spiels gewählt werden, ergibt sich in der mimetischen Bewegung. Mimesis des Anderen führt zu ästhetischen Erfahrungen; in ihnen kommt es zu einem Spiel mit dem Unbekannten, zu einer Ausweitung des Eigenen ins Fremde. Sie bewirkt eine Anähnlichung an das Fremde. Sie ist sinnlich und kann sich über alle Sinne vollziehen; sie führt nicht zu einem »Hineinfallen« ins Fremde und zu einer Verschmelzung mit ihm. Eine solche Bewegung implizierte die Aufgabe des Eigenen. Sie wäre Angleichung, Mimikry ans Fremde unter Verlust des Eigenen. Mimesis des Fremden beinhaltet Annäherung und Abstand in einem, Verweilen in der Unentschiedenheit des *Dazwischen*, Tanz auf der Grenze zwi-

schen Eigenem und Fremdem. Jedes Verweilen auf einer Seite der
Grenze wäre Verfehlung, entweder des Eigenen oder des Fremden,
und das Ende der mimetischen Bewegung.

Mimetische Annäherungen an den Anderen vollziehen sich zwischen Skylla und Charybdis, zwischen der Auslieferung ans Fremde
unter Verzicht auf das Eigene und der Reduktion des Fremden auf
das Eigene. Auf der einen Seite finden sich die verklärten Gesichter
projektiver Xenophilie, auf der anderen die Fratzen der Xenopho-
bie. In beiden zeigt sich die Vermeidung der Begegnung und der
Auseinandersetzung. Im ersten Fall werden Differenzen übersprun-
gen, im zweiten nicht zugelassen. In beiden Fällen wird geopfert:
entweder das Eigene oder das Fremde. In beiden Fällen entstehen
keine neuen Beziehungen oder Erkenntnisse. Allenfalls führt Xenophilie zu einer reduzierten Erfahrung des Anderen. Man begnügt
sich mit seinem Bild und seinen auf ihn bezogenen Gefühlen. Man
sucht nicht die Begegnung mit dem Fremden draußen, setzt sich
nicht aus der Ambivalenz mimetischer Annäherung. Wenn der Andere nicht die in ihn gesetzten Erwartungen und Hoffnungen erfüllt, wird aus der projektiven Zuneigung Ablehnung und Feindschaft, die mit zeitlichem Abstand zu ähnlichen Gefühlen beim Anderen führt. Eine mimetische Spirale von Feindschaft und Gewalt
entsteht. Beide Seiten reagieren auf die Feindschaft des Anderen
und intensivieren mit ihren Reaktionen das Ausmaß der Gewalt.
Um die »mimetische Krise« zu überwinden werden »Schuldige« gesucht und zu Opfern gemacht. Mit Hilfe von Sündenböcken, auf
die die Gesellschaft die ihr inhärente Gewalt projiziert, kann die
zerbrochene soziale Ordnung wieder hergestellt werden. Solange
diese Mechanismen von den Beteiligten nicht durchschaut werden,
wirken sie ungebrochen. Keine Verständigung ist möglich. Projektionen und sich wechselseitig verstärkende Feindbilder verhindern
Wahrnehmung, Begegnung und Auseinandersetzung mit dem Anderen. Die zweite Möglichkeit, den Anderen zu verfehlen, liegt darin, ihn nicht in seiner Differenz zum Eigenen wahrzunehmen.
Auch in diesem Fall erfolgt eine Weigerung, sich auf mimetische
Prozesse einzulassen. Die Differenz ist nicht aushaltbar. Gesehen
wird vom Anderen nur, was ohnehin schon bekannt ist. Anähnlichung an den Anderen führt zur Gefährdung der eigenen Existenz.

Als Ausweg bleibt nur die Abwertung des Anderen oder seine Zerstörung und damit die Unmöglichkeit mimetischer Annäherung. Die mimetische Annäherung an den Anderen ist ambivalent. Sie kann gelingen und zu einer Bereicherung des Eigenen werden. Sie kann aber auch fehlschlagen und zur Zerstörung des Anderen und des Eigenen führen. Die Begegnung mit dem Anderen oszilliert zwischen den Polen des Bestimmten und des Unbestimmten. Wieweit es gelingt, Verunsicherungen durch das Nicht-Identische des Anderen auszuhalten, entscheidet über das Gelingen der Annäherung und des Umgangs mit dem Fremden. Weder das Eigene noch das Andere dürfen als in sich abgeschlossene und voneinander getrennte Einheiten begriffen werden. Vielmehr bestehen Fremdes und Eigenes aus einer sich in »Fragmenten« konstituierenden Relation. Diese Relation ist mimetisch und bildet sich in Prozessen der Anähnlichung und Differenz; sie ist historisch und verändert sich nach Kontext und Zeitpunkt (vgl. Gebauer/Wulf 1998).

Globalisierung in der Erziehung

Gegenwärtig kündigen sich einschneidende Veränderungen in den Erziehungssystemen Europas an. Mit der Erweiterung der Europäischen Union und der Intensivierung der Beziehungen der europäischen Länder innerhalb der Union kann Erziehung nicht mehr ausschließlich als nationale Aufgabe angesehen werden, sondern muss als eine interkulturelle Aufgabe begriffen werden (vgl. Wulf 1995). In ihrem Zentrum steht die Frage, wie mit lokalen, regionalen und nationalen Gemeinsamkeiten und Unterschieden in den verschiedenen Erziehungssystemen umgegangen wird. Einerseits erfordert es der kulturelle Reichtum und die kulturelle Vielgestaltigkeit Europas, die Unterschiede zwischen Ländern und Kulturen zu erhalten; andererseits erfordern die politischen, ökonomischen und kulturelle Entwicklungen Europas die Förderung von Gemeinsamkeiten und die Entwicklung transnationaler Loyalitäten.

Angesichts der Globalisierung wichtiger Bereiche des Lebens und weltweiter politischer, ökonomischer und kultureller Integration bedarf es einer zunehmenden Förderung der Gemeinsamkeiten. Mittelfristig werden die Spannungen zwischen dem Lokalen, dem Regionalen und dem Globalen wachsen. Immer mehr Menschen werden ihrer Mitverantwortung für das Schicksal des Planeten bewusst, doch gleichzeitig bleiben sie auch ihrem lokalen, regionalen und nationalen Kontext mit allen daraus resultierenden Ansprüchen verhaftet. Wertkonflikte und Verunsicherungen sind die Folge. Zwei gegenläufige und zugleich einander bedingende Tendenzen gesellschaftlicher Entwicklung lassen sich feststellen, die beide zu den zentralen Konstitutionsbedingungen von Erziehung in Europa gehören. Die eine Entwicklungstendenz zielt auf eine Zunahme der *Individualisierung*, die andere auf eine Zunahme der *Globalisierung*. Die hoch differenzierten Gesellschaften Europas geben dem Einzelnen die Möglichkeiten, zwingen ihn aber auch dazu, ein eigenes Leben zu führen (vgl. Beck u.a. 1995). In diesem Anspruch liegen die widersprüchlichen Bedingungen heutiger Vergesellschaftung: Jeder Einzelne soll ein individuelles Leben unter gesellschaftlichen Bedingungen führen, die sich von ihm nicht kontrollieren lassen. Selbstorganisation des Lebens mit der Erwartung, ein gelingendes Leben zu führen, heißt die Aufgabe. Man soll sein Leben aktiv gestalten, es konstruieren, Verantwortung übernehmen. Jeder soll *seine Biografie wählen und gestalten*[1]. Selbstbestimmung und Selbstverwirklichung werden erwartet. Entscheidungsfähigkeit und Reflexivität werden zu wichtigen Kompetenzen der Lebensführung. Auf der anderen Seite wird diese zunehmende Individualisierung immer mehr durch Prozesse der *Globalisierung* bestimmt, die der Einzelne nicht steuern kann. Es ergibt sich ein Wechselverhältnis: Die heutigen Formen gesteigerter Individualisierung werden erst durch die Prozesse der Globalisierung möglich; zugleich erfordern die Prozesse der Globalisierung eine Erweiterung und Intensivierung der Individualisierung. Nachhaltig sind die Auswirkungen dieser Prozesse auf die Erziehung und Sozialisation von Kindern

---

1 Vgl. dazu die zunehmende Bedeutung der Biografieforschung in der Erziehungswissenschaft. Einen guten Überblick über theoretische Grundsatzfragen, methodische Fragen, den Zusammenhang zwischen Biografieforschung und und Pädagogik der Lebensalter sowie über die Biografieforschung in den Teildisziplinen gibt Krüger/Marotzki 1999.

und Jugendlichen. Vielfältig sind die *ungewollten Nebenwirkungen* dieser Prozesse auf die Erziehung.

Der als Globalisierung gekennzeichnete tief greifende gesellschaftliche Wandel der Gegenwart ist ein multidimensionaler Prozess, der ökonomische, politische, soziale und kulturelle Auswirkungen hat und der das Verhältnis von Lokalem, Regionalem, Nationalem und Globalem in Europa verändert. In diesem Prozess werden vor allem folgende Veränderungen für die Erziehung wichtig (vgl. dazu Beck 1997):

Arbeit wird knapp

Dies gilt vor allem für wenig qualifizierte Arbeit. Daran ändern auch die Hoffnungen auf einen Übergang von der Arbeits- zur Dienstleistungsgesellschaft nichts. Die weitgehende Bindung des Lebenssinns sozialer Subjekte an die Arbeit wird für immer mehr Menschen nicht länger möglich; sie muss daher in ihrer historischen Bindung ans Christentum und an die Strukturen der bürgerlichen Gesellschaft überprüft werden.[1] Aus einer solchen Überprüfung werden sich mittel- und langfristig auch Konsequenzen für das Erziehungswesen ergeben. Doch damit nicht genug. An steht die Auflösung der Fixierung vieler Ausbildungsgänge an bestimmte Berufe sowie die verstärkte Berücksichtigung und Förderung von Schlüsselqualifikationen wie Kooperations- und Innovationsfähigkeit, Leistung- und Reflexionsfähigkeit, Medien und interkulturelle Kompetenz. Neben der Vermittlung von Spezialwissen muss Erziehung auch verstärkt zur Entwicklung von Fähigkeiten beitragen, die in Umfang und Dauer wachsenden Bereiche außerhalb der Arbeitswelt zu gestalten. Um die infolge der Globalisierung komplexer werdenden Lebens- und Arbeitszusammenhänge bewältigen zu können, sind daher nicht geringere, sondern verstärkte Investitionen im Bildungsbereich erforderlich.

---

1   Vgl. den Abschnitt »Geste und Ritual der Arbeit« (S. 103) in diesem Buch sowie Paragrana 5(1996)2 mit dem Thema »Leben als Arbeit?«.

Die Bedeutungsverringerung der Nationalstaaten

War bisher der Nationalstaat mit seinem, ihn von den anderen europäischen Staaten abgrenzenden Territorium Ort und Träger von Kultur und Erziehung, so führt die Globalisierung zu einer allmählichen Verringerung der Bedeutung der Nationalstaaten und damit zu sich allmählich ändernden Bedingungen von Erziehung in Europa (vgl. Wulf 1998). Die Souveränitätseinbußen des Nationalstaats haben mehrere Gründe. Einmal deligieren die Nationalstaaten immer mehr Entscheidungen an supranationale Gremien. Dadurch wirken sie zwar noch an den Entscheidungen mit, treffen sie aber nicht mehr allein. Der Vorteil für die Nationalstaaten liegt im Einflussgewinn der europaweiten oder sogar globalen Wirkungen dieser kooperativ getroffenen Entscheidungen. Zum anderen entmachten die multinationalen Konzerne die Nationalstaaten, indem sie sie dadurch gegeneinander ausspielen. So entwickeln sie ihre Produkte in Ländern mit hohem technologische *Know-how*, produzieren diese Produkte in Billiglohnländern und zahlen Steuern in Ländern, in denen die Steuersätze gering sind. Indem sie in ihren Sitzländern Arbeitsplätze vernichten und Steuern einsparen, bürden sie den Nationalstaaten die Kosten für immer neue Arbeitslose auf, entziehen ihnen durch den Wegfall von Steuern aber zugleich die Möglichkeit, die erforderlichen finanziellen Mittel aufzubringen. Durch diese Strategie erhöhen die multinationalen Konzerne ihre Gewinne. In der Folge fehlt es an finanziellen Mitteln für die Bereiche Bildung, Gesundheit und Soziales. Damit kommt der Nationalstaat in immer größere Schwierigkeiten, seine traditionellen Aufgaben wahrzunehmen und gerät in Gefahr, seine Integrationsleistungen nicht länger erfüllen zu können.

Die Globalisierung führt zu einer *Überwindung von Entfernungen* und zu einem Bekanntwerden mit neuen, weit weg liegenden kulturellen und sozialen Räume (vgl. Liebau/Miller-Kipp/Wulf 1999). Dies sind nicht mehr die durch Grenzen und Grenzkontrollen voneinander abgeschlossenen Territorien der Nationalstaate. Mit Hilfe der Neuen Medien (Telefon, Fernsehen, Computer) werden gewaltige Entfernungen annähernd mit Lichtgeschwindigkeit überwunden (vgl. Bilstein/Miller-Kipp/Wulf 1999). Der Raum schrumpft. Der zu seiner Überwindung notwendig werdende Zeit- und Kostenaufwand ist gering. Bilder, Diskurse und der Massentourismus bringen das Ferne in die Nähe. Die traditionelle Ordnung von Raum und Zeit, Ferne und Nähe, Fremdem und Vertrautem wird zerbrochen. Neue Vermischungen und »Verunreinigungen« entstehen. Die *transnationale Weltgesellschaft* ist nicht durch Einheitlichkeit und Übersichtlichkeit, sondern durch *Vielfalt, Differenz* und *Komplexität* charakterisiert. Zwar sind die Bilder, die den »Planet Erde« abbilden und ihn als »Heimat« des Menschen im Weltraum zeigen, tief in unserer inneren Bilderwelt und unserem Imaginären verankert, doch besagen diese Bilder nicht, dass die Erde in kultureller, ökonomischer oder politischer Hinsicht homogen ist oder dabei ist, homogen zu werden. Die entsprechenden Thesen über die Amerikanisierung (McDonaldisierung) der Welt greifen zu kurz. Weder Amerika noch Europa bilden den Mittelpunkt der Welt. Die Welt hat viele kulturelle, ökonomische, politische »*transnationale Zentren*«; und in diesen entstehen unterschiedliche *globale Technologie-, Finanz-, Medien-, Bild-, Diskurs-Szenarien* (vgl. Castells 1996).

Der Bedeutungsverlust der Nationalkulturen

Für unseren Zusammenhang sind die Auswirkungen der Globalisierung auf den Bereich der Kultur und vor allem der Erziehung und Bildung besonders wichtig (vgl. Wulf 1995). Kultur ist heute noch immer weitgehend Nationalkultur und als solche an ein Territorium, eine gemeinsame Sprache, an gemeinsame Traditionen und Erinnerungen, Symbole und Rituale gebunden. Im Rahmen von Bildungseinrichtungen wie der Schule werden andere europäische Nationalkulturen nur insofern wahrgenommen, als sie mit der Herausbildung der eigenen Nationalkultur verbunden sind. Im Curriculum der Schule dienen andere Kulturen als Folie, um die Einzigartigkeit und das Besondere der eigenen Kultur und mit ihr der eigenen Nation herauszustellen. Ein Blick in die Schulbücher verdeutlicht diese nationalstaatlich-zentrierte Sicht von Erziehung und Bildung. Zwar findet man nicht mehr – oder nur noch selten –

Stereotype und Feindbilder von anderen Nationen; doch bleibt der Blick auf andere Nationalkulturen in der Regel eingeschränkt und perspektivisch begrenzt. Dies gilt heute noch vor allem für den Geschichts-, doch schon viel weniger für den Fremdsprachenunterricht, der sich stärker am Selbstverständnis der Nation orientiert, deren Sprache gelernt wird. Mit der Bedeutungszunahme der Regionen innerhalb der europäischen Nationen findet allmählich eine stärkere Berücksichtigung regionaler Elemente im schulischen Unterricht statt. Dies gilt für Sprachen, regionale Kulturinhalte, kollektive Erinnerungen, Symbole, Zeichen und Riten gleichermaßen. Wie weit eine Repräsentation regionaler Traditionen in schulischen Curricula erfolgt, hängt davon ab, wie stark der jeweilige Nationalstaat und sein Bildungswesen zentralisiert bzw. dezentralisiert organisiert ist. Eine weitere Relativierung der Ausrichtung von Erziehung und Bildung an ihrem nationalstaatlichen Charakter findet durch die mit der Globalisierung einhergehenden Ansprüche statt, *neue Inhalte aus anderen Regionen der Welt* in die schulischen Curricula aufzunehmen. Können es Schulen in Europa heute noch verantworten, die chinesische und die japanische Geschichte und das Selbstverständnis dieser Länder nicht zur Kenntnis zu nehmen? Entsprechendes gilt für Mexiko, Brasilien und die Entwicklungen in Afrika, dem auch unter globaler Perspektive nach wie vor marginalisierten Kontinent? Doch nicht nur geht es um neue Inhalte und Themen, nicht weniger wichtig ist die Entwicklung eines Interesses für das mit der Globalisierung in die Schule eindringende *Fremde*.[1]

Globalisierung der Kulturen

Nicht darf man sich Erziehung und Bildung in Europa länger so vorstellen, als fänden sie ausschließlich in einem nach außen abgeschlossenen, über das Territorium einer Nationalkultur gestülpten »Container« statt. Vielmehr überlagern sich die verschiedenen Herkünfte, Ansätze und Fokussierungen von Kultur so, dass Globales Regionales und Lokales durchdringt. Der von Roland Robertson

---

1   Vgl. das Kapitel »Der Andere« (S. 149) in diesem Buch.

geprägte Begriff der »Glokalisierung« (glocalism) bringt diese Überlagerung von Globalem und Lokalem, von Universellem und Partikularem zum Ausdruck, durch die neue Formen kultureller und sozialer Komplexität entstehen, die in starkem Maße autonom sind. Durch die Überschneidung und Interdependenz unterschiedlicher kultureller Elemente entsteht keine in sich abgegrenzte kulturelle Einheit, sondern die *tiefe kulturelle Vielfalt* der Lebensbedingungen in diesem Jahrhundert. Trotz Globalisierung, Regionalisierung und Lokalisierung von Kultur, Erziehung und Bildung werden die Unterschiede zwischen Italien und Dänemark, Holland und dem Vereinigten Königreich, Deutschland und Frankreich bestehen bleiben (vgl. Dibie/Wulf 1998). Je genauer wir nach den Gemeinsamkeiten suchen, desto deutlicher werden wir die Unterschiede sehen. Über die Wahrnehmung von Differenzen bilden sich allerdings häufig eher Gemeinsamkeiten heraus. Neue Mischungen unterschiedlicher kultureller Elemente ergeben sich. Eine einheitliche Weltkultur oder eine einheitliche europäische Kultur wird kaum entstehen; ein Verlust an Vielfalt ist kaum zu erwarten. Für Erziehung und Bildung ergeben sich daraus neue Aufgaben; es gilt, neue Repräsentationen des Anderen, neue Referenzpunkte, neue *transnationale Loyalitäten und Solidaritäten* zu entwickeln. Die ökologische und die Friedensbewegung haben erste Formen transnationaler Zusammenschlüsse und entsprechender Handlungen von Bevölkerungsgruppen, etwa gegen den Shell-Konzern, als dieser eine Bohrinsel in der Nordsee versenken wollte, oder gegen die französische Regierung, als diese ihre unterirdischen Atomversuche im Pazifik nicht stoppen wollte, ermöglicht. Geschaffen werden solche über die Grenzen von Ländern und Regionen hinausgehenden Aktionen durch neue globale kulturelle Werte und Perspektiven.

Die Prozesse der Europäisierung und Globalisierung durchdringen heute alle Lebensbereiche und erhöhen die Komplexität der Lebenswelten und Lebensformen. Vor allem über die neuen Medien, die neuen Kommunikationsformen und den Weltmarkt nehmen sie Einfluss auf die junge Generation. Über kulturelle Unterschiede hinweg bewirken diese Prozesse *Ähnlichkeit*, nicht jedoch Gleichheit. Gegen den Versuch, Ähnlichkeit auf Gleichheit zu reduzieren und dadurch Differenzen zu nivellieren, gäbe es Widerstand, in dessen Rahmen man zu Recht auf dem Wert der Einmaligkeit und Unhintergehbarkeit des Partikularen bestünde. Angesichts dieser Entwicklungen müssen sich Erziehung und Bildung verstärkt der Aufgabe stellen, junge Menschen dabei zu unterstützen, die durch die ungeheure Ausweitung des Wissens entstehenden Ansprüchen eigenverantwortlich handzuhaben und durch Wissen, Experiment und Erfahrung ihre persönlichen Fähigkeiten zu entfalten, um mit der gestiegenen Komplexität des Lebens und der Lebensführung besser umgehen zu können. In dieser Situation gehört es zu den schwierigsten Aufgaben im Bildungswesen, zwischen den *Ansprüchen auf Chancengleichheit und* den Erfordernissen *des Wettbewerbs* zu vermitteln. Unter dem Anspruch der Chancengleichheit bedarf es der besonderen Förderung sozial benachteiligter Jungen und Mädchen. Unter dem Anspruch der Unterstützung für das Leben in der Wettbewerbsgesellschaft wird die Entwicklung von Fähigkeiten der Selbstbehauptung erforderlich. Die eine Zielsetzung zielt auf Solidarität, die andere auf Individualität. Zwischen beiden Zielsetzungen besteht oft ein antinomisches Verhältnis, das keine einfachen Kompromissbildungen zulässt.

Globale Erziehung

Innerhalb der von der Globalisierung erzeugten sozialen und kulturellen Prozesse kommt der zunehmenden Begegnung und Konfrontation mit dem Fremden wachsende Bedeutung zu (vgl. Wimmer 1997, 1988). Im Gelingen oder Fehlschlagen des Umgangs mit dem Fremden liegt ein die Qualität des Lebens in der Europäischen Union und ihre Zukunft entscheidend bestimmender Faktor. Insofern Erziehung und Bildung die nachwachsende Generation auf die Herausforderungen des Lebens unter den sich weltweit wandelnden gesellschaftlichen Bedingungen vorbereiten soll, gehört eine verstärkte Auseinandersetzung mit dem Fremden und den Fremden zu den immer wichtiger werdenden Aufgaben von Erziehung und Bildung. Doch was ist fremd, was ist vertraut? Wie sind die Gemeinsamkeiten und Differenzen zwischen dem Fremden und dem Eigenen? Was als »fremd« erfahren wird, hängt von dem historischen und kulturellen Kontext ab, in dem die Erfahrung gemacht wird. Die Beziehung zwischen dem Eigenen und dem Anderen bestimmt, was als fremd erfahren wird. Weder das Eigene noch das Fremde haben einen festen Kern; vielmehr verändern sich beide situativ. Was zunächst fremd war, kann zu Eigenem werden; was vertraut war, kann wieder fremd werden. Das Erleben der Fremdheit des Eigenen ist eine wichtige Erfahrung, die dazu beiträgt, das Fremde in seiner Differenz zu erfahren, ohne den Versuch machen zu müssen, es durch Angleichung oder Kolonialisierung zu zerstören. Dass das Fremde nicht vollends verstanden werden kann und dass dieses für einen bereichernden Umgang mit ihm auch nicht erforderlich ist, gehört zu den wichtigsten Erfahrungen in der Auseinandersetzung mit dem Fremden. Zur gleichen Erkenntnis ist man heute auch in der Ethnologie gekommen. Besteht man auf dem vollständigen Verstehen des Fremden, wird Verstehen zu einer Machtstrategie, die das Verstandene der Kontrolle unterwirft, es so in Besitz nimmt und es als Fremdes zerstört. Deshalb empfiehlt es sich, von der grundsätzlichen Nicht-Verstehbarkeit des Fremden auszugehen und die Fähigkeit zu heterologischem Denken, also einem Denken vom Anderen her, zu entwickeln. Dies ist umso schwerer, als ein solcher Umgang mit dem Fremden hohe Anforderung an junge Menschen und ihre Fähigkeit, Komplexität zu bewältigen, stellt. Doch müssen Jugendliche lernen, diese Herausforderung auszuhalten, die darin besteht, dass der Fremde anders ist und durch sein Anderssein ihre häufig nur mühsam hergestellte psychische Stabilität infrage stellt.

Gelingt es nicht, diese Differenz und Relativierung des Eigenen auszuhalten, besteht die Gefahr des Übergangs zur Gewalt gegen Fremde (vgl. Wimmer/Wulf/Dieckmann 1996; Dieckmann/Wulf/Wimmer 1997). Xenophobische Gewalthandlungen dienen dann dazu, die gefährdete psychosoziale Stabilität zu erhalten. Abwertung, Etikettierung, Sündenbockbildung sind gängige Abwehrstrategien gegen Fremdes. Wegen dieser stabilisierenden Funktion der Fremdenfeindlichkeit im psychosozialen Haushalt junger Menschen ist es schwer, diese Feindbilder und diese Gewaltbereitschaft zu bearbeiten und erfolgreich zu verringern. Zu wichtig für die Entlastung des Selbst-, Fremd- und Weltbilds ist die Projektion von

Negativität auf den Fremden. Hinzu kommt, dass Gewalthandlungen gegen Minderheiten und Fremde durch die soziale Situation unterstützt werden, in der viele Jugendliche leben. Gekennzeichnet ist diese Lage durch Faktoren wie keine abgeschlossene Schulbildung, keinen Ausbildungsplatz, Arbeitslosigkeit von Familienmitgliedern, fehlende Einbindung in gesellschaftlich akzeptierte Formen des Lebens, Unsicherheit, Sinnlosigkeit, Existenzangst, mangelnde Zukunftsperspektiven. Diese sozialen Bedingungen führen zur Ausgrenzung und Marginalisierung großer Teile der Jugend und damit zu umfangreichen mittel- und langfristig in Armut lebenden Bevölkerungsgruppen. Angesichts dieser Situation besteht eine wichtige erzieherische Aufgabe darin, Neugier gegenüber dem Fremden zu wecken und zu erhalten, die eine Voraussetzung dafür ist, dass das Fremde nicht als bedrohlich, sondern als anziehend und bereichernd erlebt wird.

Welche Auswirkungen haben diese Entwicklungen infolge der Globalisierung auf die Erziehung? Überwiegen Gemeinsamkeiten oder Differenzen? Lassen sich Kriterien für Erziehung angeben, die nicht nur nationale oder europäische, sondern die weltweite Gültigkeit beanspruchen können? Welche Merkmale wären für eine solche Erziehung charakteristisch? Ist ein globales Programm für Erziehung oder wenigsten ein Referenzrahmen für globale Erziehung möglich? Angesichts der Globalisierung vieler Lebensbereiche drängen sich solche Fragen auf. Doch sind sie, und wenn, wie sind sie beantwortbar? Von dem 1996 erschienenen, von der Unesco in Auftrag gegebenen Bildungsbericht über die Erziehung für das nächste Jahrhundert wurde die Beantwortung solcher Fragen erwartet (Delors 1996).

Um einen Rahmen für die Beantwortung derartiger Fragen zu entwickeln, wurden zunächst folgende Konfliktkonstellationen identifiziert, die Erziehung heute weltweit bestimmen:

• **Die Spannung zwischen Globalem und Lokalem.** Einerseits sollen sich immer mehr Menschen als »Weltbürger« mit einer gemeinsamen Verantwortung für die Erde begreifen, ohne dass sie dadurch jedoch dazu gebracht werden sollen, ihre Verbundenheit mit ihrem lokalen und nationalen Kontext aufzugeben.

- **Die Spannung zwischen Universalem und Singularem.** Die Tendenz zur Globalisierung des menschlichen Lebens ist nicht nur auf Wirtschaft und Politik begrenzt; sie erfasst auch Kultur und Erziehung. Sie enthält große Chancen, aber auch unübersichtliche Risiken. Es bedarf eines sorgfältigen Ausgleichs zwischen der Unhintergehbarkeit des Einzelnen und seiner Eingebundenheit in bestimmte kulturelle Traditionen und der Tendenz, durch die Globalisierung von Politik, Wirtschaft und Kultur neue Lebensformen und Lebenszusammenhänge zu schaffen.
- **Die Spannung zwischen Tradition und Modernität.** Wie kann man für Entwicklungen der Gegenwart und der Zukunft offen bleiben, ohne seine eigenen kulturellen Traditionen zu verraten? Wie kann es gelingen, die verschiedenen Dynamiken konstruktiv aufeinander zu beziehen? Welche Rolle spielen dabei moderne Technologien und neue Medien?
- **Die Spannung zwischen langfristigen und kurzfristigen Überlegungen.** Was unter einer kurzfristigen Perspektive als sinnvoll erscheint, kann in einer langfristigen Perspektive betrachtet ein gravierender Fehler sein. Dies gilt z.B. für Investitionen im Bildungswesen, deren Wirkungen sich erst mittel- und langfristig zeigen.
- **Die Spannung zwischen notwendigem Wettbewerb einerseits und der Sorge für Chancengleichheit andererseits.** Bei Reformen im Bildungsbereich ist diese Spannung nicht grundsätzlich überwindbar. Einfache Entweder-oder-Lösungen stellen unzulässige Reduktionen dar. Im Rahmen lebenslangen Lernens gilt es daher, die antagonistischen Kräfte Wettbewerb, Kooperation und Solidarität nach Möglichkeit ins Gleichgewicht zu bringen.
- **Die Spannung zwischen der außerordentlichen Ausweitung des Wissens und den menschlichen Fähigkeiten, es zu assimilieren.** Im Zentrum steht der Auftrag des Bildungswesens, junge Menschen dabei zu unterstützen, den Anforderungen neuer Wissenszusammenhänge gerecht zu werden und durch Wissen, Experiment und Entwicklung ihre persönlichen Fähigkeiten zu entfalten.

• **Die Spannung zwischen Geistigem und Materiellem.** Nur wenn es gelingt, die Dynamiken dieser beiden Bereiche auszubalancieren, wird die Menschheit Wege finden, das Leben auf der Erde so zu gestalten, dass sie überlebt.

Erziehung soll die Menschen dazu zu befähigen, mit diesen Spannungen und Konfliktformationen umzugehen und an einer gemeinsamen Zukunft der Menschheit mitzuarbeiten. Obwohl Erziehung sich den Anforderungen zu stellen hat, die aus den gesellschaftlichen, ökonomischen und politischen Entwicklungen stammen, darf sie nicht auf die Erfüllung dieser Ansprüche reduziert werden. Sie muss als Wert an sich und als lebenslanger Prozess begriffen werden. Erziehung und Bildung müssen flexibel sein und die Diversität und Heterogenität der Welt und ihrer Regionen berücksichtigen. Im Zentrum dieses Programms für die Globalisierung der Erziehung steht das Lernen als anthropologisches Charakteristikum. Die Rede ist von einer Lerngesellschaft, in der lebenslanges Lernen für alle Menschen, jedoch in unterschiedlicher Form und mit unterschiedlichen Inhalten, stattfinden soll. Lernen soll sich auf das menschliche Zusammenleben beziehen und dazu beitragen, es konstruktiv und im Geiste des Friedens zu gestalten. Gegenseitiges Verständnis soll gefördert und die Fähigkeit zur produktiver Lebensgestaltung soll entwickelt werden. Unter den vielen Formen des Wissens kommt für die Gestaltung des gesellschaftlichen Wandels dem wissenschaftlichen Wissen besondere Bedeutung zu. Hinzu kommt die Entwicklung von Handlungskompetenz in verschiedenen gesellschaftlichen Bereichen. Erziehungs- und Bildungsanstrengungen sollen sich auf die Förderung des Gedächtnisses, der Reflexion, der Imagination, der Gesundheit, der ästhetischen und kommunikativen Fähigkeiten, auf die Entwicklung des Einzelnen mit seinen spezifischen Bedürfnissen richten.
Angesichts von 900 Millionen Analphabeten und 130 Millionen nicht beschulten Kindern sind vor allem verstärkte Anstrengungen bei der Grunderziehung erforderlich. Diese sollen jedoch nicht zulasten des Sekundarschulsystems oder des Hochschulsystems gehen, zu denen immer mehr junge Menschen Zugang verlangen. Vielmehr sollen die internationalen Bemühungen verstärkt werden,

die armen Ländern dabei zu unterstützen, die Quantität und die Qualität ihrer Bildungssysteme auszubauen. Der Erfolg dieser Bildungsanstrengungen hängt jedoch auch davon ab, wieweit sie von den Gemeinden einschließlich Eltern, Lehrern, Schulleitern, von der Öffentlichkeit und der internationalen Gemeinschaft getragen werden. Weltweit sollen folgende Maßnahmen internationaler Kooperation intentiviert werden:

- Verstärkte Anstrengungen zur Förderung von Mädchen und Frauen im Bildungsbereich;
- Vergabe eines Viertels der Entwicklungshilfe internationaler Organisationen als Bildungshilfe;
- Zurückweisung der Verringerung von Schulden und der Hilfe bei der Finanzierung von Krediten bei Verminderung der Ausgaben im Bildungsbereich;
- weltweite Einführung moderner Informationstechnologien zur Verringerung der Kluft zwischen armen und reichen Ländern;
- verstärkte Berücksichtigung von NGOs (Nicht-Regierungs-Organisationen) für die internationale Kooperation.

Eine Reihe von Merkmalen ist für dieses Programm *globaler Erziehung* bestimmend. Häufig umfassen diese Merkmale einen Ausgangspunkt und ein diesem zugeordnetes Ziel. Offen bleibt allerdings, ob und wieweit dieses Ziel erreichbar ist. Als Entwicklungsziele konkretisieren diese Merkmale die Programmatik globaler Erziehung in folgender Weise:

- **Von der lokalen Kommunität zu einer Weltgesellschaft.** Weltweite Interdependenz und Globalisierung bestimmen heute das Alltagsleben der Menschen. Da ihre Auswirkungen immer umfassender werden, müssen die durch sie bedingten Herausforderungen in Kultur, Erziehung und Gesellschaft nachhaltig bedacht werden. Eine Gefahr besteht darin, dass eine Kluft zwischen einer kleinen Anzahl von Menschen, die mit diesen neuen Lebensbedingungen produktiv umgehen kann, und der Mehrzahl von Menschen entsteht, die diesen ohnmächtig ausgeliefert sind. Schließlich soll es darum gehen, die Zunahme wechselseitigen Verständnisses, Verantwortungsbewusstseins und Solidarität zu fördern. Erziehung und Bildung haben die Aufgabe, die Menschen dabei zu unterstützen, sich in den weltweit neuen Lebensbedingungen zurechtzufinden.

- **Von sozialem Zwang zu demokratischer Partizipation.** Bildungspolitik muss weit gespannt sein; sie darf nicht zum sozialen Ausschluss von Individuen oder Bevölkerungsgruppen beitragen. Im Rahmen von Sozialisation und Erziehung sollen gesellschaftliche Ansprüche und individuelle Rechte auf persönliche Entwicklung miteinander vermittelt werden. Erziehung kann grundlegende gesellschaftliche Probleme nicht lösen; doch kann sie zu ihrer Handhabung beitragen. Schulen erfüllen ihre gesellschaftlichen Aufgaben nur, wenn sie Angehörige von Minoritäten fördern und ihnen helfen, in ihrem gesellschaftlichen Umfeld angemessen zu leben. Erziehung zu Demokratie und staatsbürgerlichem Verhalten muss in der Schule erfolgen. Dort werden demokratische Partizipation einschließlich der Fähigkeiten zu Verständnis und kompetentem Urteil geübt und entwickelt. Erziehung und Bildung soll Kindern und Erwachsenen dabei helfen, einen kulturellen Hintergrund zu entwickeln, der es möglich macht, Ereignisse und Informationen einzuordnen und in ihrem historischen Kontext zu begreifen.
- **Von ökonomischem Wachstum zur menschlichen Entwicklung.** Es bedarf eines neuen Models von »Entwicklung«, in dessen Rahmen die gegenwärtigen Lebensbedingungen der Menschen stärker zu berücksichtigen sind. Benötigt werden Untersuchungen über die Zukunft der Arbeit und über die Veränderungen der Arbeitswelt infolge der technologischen Entwicklungen. Die Zusammenhänge zwischen Entwicklungs- und Bildungspolitik bedürfen neuer Reflexion und besserer Gestaltung. Vermieden werden muss die Reduktion von Bildung auf die Erfordernisse des Markts. Erforderlich sind weitere Anstrengungen zum Ausbau der Grundbildung in allen Regionen der Welt.
- **Die vier Pfeiler von Erziehung und Bildung.** Lebenslanges Lernen beruht auf folgenden vier Pfeilern: *Wissen lernen, Handeln lernen, Zusammenleben lernen, Sein lernen.* Allgemeinbildung

mit vertiefender Konzentration in einigen Bereichen und das Lernen des Lernens sollen verstärkt gefördert werden. Die Fähigkeit, in unterschiedlichen lokalen und internationalen Situationen sachgerecht zu handeln, gilt es zu erwerben. Eine kompetente Zusammenarbeit zwischen verschiedenen Menschen in gegenseitiger Achtung soll gefördert werden. Ein akzeptierender Umgang mit den Unterschieden zwischen den Menschen muss gelernt und geübt werden. Im Bildungssystem sollen deshalb nicht nur mehrere Formen des Wissens, sondern auch verschiedene Formen des Lernens und Könnens vermittelt werden.

- **Lebenslanges Lernen.** Da die im nächsten Jahrhundert vom Einzelnen zu erbringenden Leistungen alle bisherigen Anforderungen übersteigen, können sie nur mit Hilfe lebenslangen Lernens erfüllt werden. Daher bedarf es in einer sich für diese Erfordernisse vorbereitenden »Lerngesellschaft« weit gefächerter Angebote und Lerngelegenheiten.

- **Von der Grundbildung zur Universität.** Schwerpunkt der weltweiten Bildungsanstrengungen soll sein die Förderung der Grundbildung unter besonderer Berücksichtigung der Primarerziehung und der in ihrem Rahmen erfolgenden Entwicklung der Lese-, Schreib- und Rechenfähigkeit. Grundbildung muss besser auf die Bedingungen und Möglichkeiten der jeweiligen Länder und Bevölkerungsgruppen bezogen werden. Schreib- und Leseprogramme für Analphabeten sind nach wie vor erforderlich. Eine bessere Vermittlung naturwissenschaftlichen Grundwissens ist notwendig. Die Zahlenrelation zwischen Lehrer und Schülern soll nach Möglichkeit verbessert werden bzw. im Falle ihrer Unzulänglichkeit durch den Einsatz moderner Unterrichtstechnologien kompensiert werden. Angebot und Art der Sekundarschulerziehung sollen im Kontext lebenslangen Lernens neu bedacht werden. Mit Hilfe von Bildungsberatung soll das Schulwesen durchlässiger gemacht und seine Chancengerechtigkeit verbessert werden. Die Universitäten sollen so ausgestattet werden, dass sie die Studenten für Forschung und Lehre vorbereiten können und dass sie ein Spezialwissen vermitteln, das den Erfordernissen des wirtschaftlichen und sozialen Lebens gerecht wird. Die Universitäten sollen allen offen stehen, die die

Voraussetzungen zum Studium haben. Sie sollen verstärkt international kooperieren. Sie sollen autonom und in Forschung und Lehre frei sein. Nur so können die Universitäten den erwünschten Einfluss auf die gesellschaftlichen Entwicklungen ausüben. Insgesamt soll im Bereich der Sekundar- und der Hochschulbildung ein möglichst breites und differenziertes Bildungsangebot bereitgestellt werden.

- **Lehrer auf der Suche nach neuen Perspektiven.** Die soziale und ökonomische Situation von Lehrerinnen und Lehrern ist in den Ländern der Welt sehr unterschiedlich. In vielen bedarf sie einer radikalen Verbesserung, damit die Lehrer ihre für die gesellschaftliche Entwicklung ihres Landes wichtige Arbeit angemessen erfüllen können. Um eine Vielfalt von Erziehungs- und Bildungsprozessen in den verschiedenen gesellschaftlichen Bereichen initiieren und durchführen zu können, bedarf es der Koordination und Kooperation verschiedener »Lernorte« und der Einbeziehung unterschiedlich qualifizierter Menschen. Da die Qualität schulischer Erziehungs- und Bildungsprozesse weitgehend von der Fähigkeit der Lehrer abhängt, ist kontinuierliche Lehrerfortbildung unerlässlich. Lehren und Unterrichten sind nicht nur individuelle Tätigkeiten. Zu ihrer Verbesserung sind Teamarbeit und Koordination erforderlich. Um den Anforderungen heutigen Lebens gerecht zu werden, bedarf es des Austauschs von Lehrpersonal. Durch nationalen und internationalen Austausch kann dazu beigetragen werden, Verantwortungsbewusstsein und Solidaritätsgefühl in der nächsten Generation auch über Ländergrenzen hinweg zu entwickeln.
- **Entscheidungen für Erziehung: der politische Faktor.** Ausrichtung und Qualität des Erziehungssystems beeinflussen weitgehend Orientierung und Qualität der Gesellschaft. Deshalb bedarf es öffentlicher Debatten über Erziehungsfragen und des Engagements der gesellschaftlichen Entscheidungsträger in diesen. Dezentralisierung und relative Autonomie der Bildungsinstitutionen verbessern deren Qualität. Erziehung und Bildung soll auf jeden Fall unter der Verantwortung des Staates bzw. der Kommunität bleiben. Die Finanzierung des Bildungswesens obliegt dem Staat und der Öffentlichkeit. Hilfen von privater Seite

sind zu begrüßen, können jedoch Staat und Öffentlichkeit nicht aus ihrer Verantwortung entlassen. Bei der Finanzierung des Bildungssystems ist lebenslanges Lernen als Perspektive für alle zu berücksichtigen. Die neuen Informations- und Kommunikationstechnologien sind zur Erweiterung des Bildungsangebots für mehr Menschen heranzuziehen. Besonders in der Erwachsenenbildung kommen ihnen bislang nicht ausgeschöpfte Möglichkeiten zu. Dies gilt besonders für die Entwicklungsländer.

● **Internationale Kooperation: Erziehung und Bildung der Weltgemeinschaft (global village).** Internationale Kooperation ist im Bereich der Erziehung heute eine Notwendigkeit. Bildungsinvestitionen sollen als Investitionen in die Zukunft begriffen werden In ihrem Rahmen bedarf es einer besonderen Förderung der in vielen Teilen der Welt benachteiligten Mädchen und Frauen. Besondere Förderung verdient der regionale Austausch und die regionale Kooperation. Die Internationalisierung von Curricula soll durch die Verwendung moderner Informationstechnologien gefördert werden. Internationale Organisationen sollen in der Förderung von Bildungsprojekten partnerschaftlich zusammenarbeiten. Die Unesco soll dazu Anregungen geben und als Forum internationalen Informationsaustauschs dienen.

Dieser Entwurf für die Zukunft von Erziehung und Bildung in der Welt soll hier keiner detaillierten Kritik unterzogen werden. Doch sollen abschließend einige Fragen formuliert werden, die die Richtung angeben, in der eine *kritische Auseinandersetzung* erfolgen müsste, wenn man die Möglichkeiten und Grenzen der Globalisierung von Erziehung und Bildung angemessen thematisieren wollte:

● Bis zu welchem Punkt erfüllt diese Programm globaler Erziehung seine Intention, eine allgemeine Perspektive für die *menschliche Entwicklung* mit Hilfe von Erziehung und Bildung zu entwerfen?

● Ist dieser Entwurf globaler Erziehung trotz Modifikationen im Epilog durch Einzelbeiträge aus verschiedenen Regionen der Welt nicht zu stark *eurozentrisch* akzentuiert?

- Mindert nicht der universelle Anspruch und Charakter dieses globalen Programms seine Relevanz für die verschiedenen Regionen der Welt und hätte nicht eine *regionale* Spezifizierung seinen Wert für die Reform des Bildungswesens erhöht?

- Vermeidet dieser Entwurf globaler Erziehung nicht in unzulässiger Weise Konflikte und Kontroversen, wie sie etwa bei Übernahme der *»nachhaltigen Entwicklung«* als Bezugspunkt für Erziehung entstanden wären?

- Sind die diesem Programm der Gobalisierung der Erziehung zugrunde liegenden *anthropologischen Voraussetzungen* und Annahmen über die Vervollkommnungsfähigkeit des Menschen nicht zu optimistisch?

Historizität, Kulturalität, Transdisziplinarität

Unsere bisherigen Überlegungen haben deutlich gemacht: Ohne Annahmen über den Menschen, ohne Anthropologie sind Erziehung und Bildung nicht möglich. Je nach den historischen und kulturellen Situationen von Erziehung unterscheiden sich die in der Erziehung impliziten Menschenbilder und die damit verbundenen Vorstellungen pädagogischer Anthropologie erheblich. Bei den weltweit neuen Anforderungen an das Bildungswesen kommt daher der anthropologischen Erforschung der jeweiligen historischen und kulturellen Grundlagen von Erziehung, Bildung und Sozialisation beträchtliche Bedeutung zu. Angesichts der Komplexität gegenwärtiger gesellschaftlicher und individueller Entwicklungen muss historisch-pädagogische Anthropologie heute auch interdisziplinär bzw. transdisziplinär sowie in europäischer bzw. globaler Kooperation entwickelt und in ihren Auswirkungen auf das Verständnis von Erziehung und erzieherischem Handeln abgeschätzt werden. Nachdem bisher in den drei in exemplarischer Absicht behandelten Feldern erziehungswissenschaftlicher Forschung »Vervollkommung des Unverbesserlichen«, »soziale Mimesis« und »globale und interkulturelle Erziehung« die Fruchtbarkeit pädagogisch-anthropologischer Forschung und Reflexion verdeutlicht worden ist, geht es im Weiteren darum, den Stand der Forschungen im Bereich historischer und historisch-anthropologischer Forschung darzustellen und auf Möglichkeiten der Weiterentwicklung zu untersuchen.

Das seit einigen Jahren deutlich wachsende Interesse an pädagogischer Anthropologie und die in diesem Zusammenhang entstehenden Arbeiten unterscheiden sich von den entsprechenden Bemühungen in den Jahrzehnten davor erheblich. Für diese Entwicklung sind vor allem drei Merkmalkomplexe bestimmend: *Pluralität* und *Geschichtlichkeit; Kulturalität, Performativität, Multikulturalität; Transdisziplinarität.* Im Zusammenwirken dieser Elemente ent-

steht eine historisch-pädagogische Anthropologie, deren bisherige
und zukünftige Entwicklung sich im Kontext historisch-anthropologischer Forschungen in der Geschichte und in den Kulturwissenschaften vollzieht

Die Wendung zur historisch-pädagogischen Anthropologie

Seit den Anfängen der neuzeitlichen Pädagogik im 17. und vor allem im 18. und 19. Jahrhundert kommt es zu einer Verknüpfung
von Anthropologie und Pädagogik. Unterschiedliche Vorstellungen
über menschliche Bildsamkeit, Vervollkommnung und Unverbesserlichkeit bestimmen das pädagogische Denken Rousseaus, Campes, Kants, Pestalozzis, Humboldts, Herbarts und Schleiermachers.
Zwischen 1750 und 1850 wird das anthropologische Denken zu einem konstitutiven Merkmal der Pädagogik (vgl. Wulf 1996a). Infolge seiner anthropologischen Annahmen über Natur, Gesellschaft
und Mensch entwickelt Rousseau das Programm einer experimen-
tellen Erziehung des natürlichen Menschen in der pädagogischen
Provinz. Von der Unterscheidung zwischen Sein und Sollen ausgehend, kommt nach Kant der Pädagogik die Aufgabe zu, diese anthropologische Differenz zu bearbeiten. »Der Mensch kann nur
Mensch werden durch Erziehung. Er ist nichts, als was die Erziehung aus ihm macht ... Da die Erziehung aber den Menschen einiges lehrt, teils einiges auch nur bei ihm entwickelt: so kann man
nicht wissen, wie weit bei ihm die Naturanlagen gehen« (Kant
1982, S. 699). Für Humboldts Bildungstheorie sind die Unhintergehbarkeit des Individuums, die Notwendigkeit einer Auseinandersetzung mit der Welt, der anthropologisch begründete Zusammenhang von Sprache, Individualität und Bildung von zentraler Bedeutung. Schleiermachers Auffassung von der Unentschiedenheit der
anthropologischen Voraussetzungen führt zu einer Erziehungs-
und Bildungstheorie, die die Geschichtlichkeit der Erziehungswirklichkeit sieht und die daher pädagogische Ziele nicht mehr aus normativen anthropologischen Setzungen ableitet.

Im zwanzigsten Jahrhundert werden anthropologische Fragestellungen von Hermann Nohl in seiner »Pädagogischen Men-

schenkunde« (Nohl 1929), von Otto-Friedrich Bollnow in seinem
Buch »Wesen der Stimmungen« (Bollnow 1941) und von Heinrich
Döpp-Vorwald (Döpp-Vorwald 1968) aufgegriffen. Es folgen Martinus J. Langevelds »Anthropologie des Kindes« (Langeveld 1964)
sowie weitere Bemühungen von Flitner (Flitner 1963), Roth (Roth
1966, 1971) und Loch (Loch 1963, 1968), pädagogische Anthropologie als grundlegende und integrierende Teildisziplin der Erziehungswissenschaft zu etablieren. Wichtig werden für die pädagogische Anthropologie zwischen 1955 und 1975 die Arbeiten der Philosophischen Anthropologie Max Schelers (Scheler 1929), Helmuth
Plessners (Plessner 1928), Arnold Gehlens (Gehlen 1940 bzw.
1978), deren Ausgangspunkt Scheler so bestimmt: »Wir sind in der
ungefähr zehntausenjährigen Geschichte das erste Zeitalter, in dem
sich der Mensch völlig und restlos ›problematisch‹ geworden ist; in
dem er nicht weiß, was er ist, zugleich aber auch weiß, dass er es
nicht weiß« (Scheler 1955, S. 62). Angesichts der Fülle wissenschaftlichen Detailwissens gerät in den folgenden Jahren die pädagogische Anthropologie nicht selten in Gefahr, diese Einsicht zu
vergessen.

Die pädagogische Anthropologie der 1950er-, 1960er- und
1970er-Jahre ist keine einheitliche Disziplin. Sie existierte weder in
eindeutiger Abgrenzung zur Philosophischen Anthropologie noch
zu den Anthropologien anderer Wissenschaften wie der Psychologie, Soziologie, Biologie, Medizin, Theologie (Gadamer/Vogler
1972/74). Auch unterscheidet sie sich nicht grundsätzlich von anderen Positionen innerhalb der Pädagogik. Sie gilt als anthropologische Fundierung von Erziehung (Liedtke 1980), als empirische
Theorie und philosophische Kategorialanalyse (Zdarzil 1980), als
Grundlage einer Theorie des Lernen, in der der Mensch im Modus
des Könnens betrachtet wird (Loch 1980), als Theorie der Personagenese (Derbolav 1980). Pädagogische Anthropologie wird als Teildisziplin einer Spezialdisziplin (Bleidick 1967), als Spezialdisziplin
einer Wissenschaftsgruppe (Stieglitz 1970), als Ort interfakultativer
Kommunikation (Schilling 1970) begriffen.

Loch (Loch 1963, S. 82f.) und Bollnow (Bollnow 1965, S. 45ff.)
unterscheiden »pädagogische Anthropologie« und »anthropologische Pädagogik«. Unter »pädagogischer Anthropologie« versteht

Bollnow eine integrale und basale, eher empirisch ausgerichtete Anthropologie, die die Phänomene der Erziehung unter der Fragestellung bearbeitet, was sie für das Gesamtverständnis des Menschen leisten. Hierunter fallen die Bemühungen, die die pädagogische Relevanz einer Anthropologie verdeutlichen und die Erziehungsbedürftigkeit des (biologischen, gesellschaftlichen, psychologischen, historischen, religiösen) Menschen untersuchen. Als »anthropologische Pädagogik« werden solche Arbeiten bezeichnet, die die anthropologische Relevanz der Pädagogik herausarbeiten und Beiträge zur Phänomenologie der Erziehung liefern. Allerdings hat sich diese Unterscheidung nicht durchgesetzt.

Nachhaltige Aufmerksamkeit erhielt hingegen der Vorschlag einer »anthropologischen Betrachtungsweise in der Pädagogik«, mit deren Hilfe unterschiedliche Ansatzpunkte aufeinander beziehbar und miteinander vergleichbar werden. Bollnow definiert diese Perspektive folgendermaßen: Es

> »handelt sich nicht um eine neu zu gründende Disziplin, nicht um einen besonderen Zweig, der dann im ganzen der Pädagogik eine besondere Aufgabe zu erfüllen hätte, sondern um eine die gesamte Pädagogik durchziehende Betrachtungsweise, (…) die von sich aus kein Ordnungsschema zu liefern imstande ist, das die einzelnen pädagogischen Fragen in einer neuen Weise zu einem Ganzen zusammenzufügen erlaubte. Die anthropologische Betrachtungsweise hat als solche keine systembildende Funktion. (…) Was sie herausarbeitet, sind immer nur einzelne Aspekte, sich von bestimmten Gesichtspunkten ergebende anthropologische Zusammenhänge.« (Bollnow 1965, S. 49ff.)

Versucht man die vielen Ansätze pädagogisch-anthropologischen Denkens dieser Jahre zu systematisieren, so lassen sich fünf Positionen unterscheiden, die, nimmt man die Entwicklungen der 1980er- und 1990er-Jahre hinzu, um zwei weitere Ansätze zu ergänzen sind:

- Der *integrale* Ansatz begreift den Menschen als »homo educandus et educabilis«. Der Mensch ist ein erziehbares und erziehungsbedürftiges Wesen (Flitner; Roth, Liedtke).

- Der *philosophische* Ansatz begreift den Menschen als »das nicht-festgestellte Tier« (Nietzsche). Der Mensch ist die Ganzheit der offenen Frage, ein »offenes System« (Bollnow, Derbolov, Loch).
- Der *phänomenologische* Ansatz begreift den Menschen als »homo distinctus«. Der Mensch ist Erwachsener, Kind, Lehrer, Schüler, Vater, Mutter (Langeveld, Rang, Lassahn).
- Der *dialektisch-reflexive* Ansatz begreift den Menschen als zoon politikon. Der Mensch erscheint im Modus der sozialen und der individuellen Selbstverwirklichung (Buber, Levinas, Adorno, Klafki).
- Der *implizite* Ansatz begreift den Menschen als »imago hominis«. Der Mensch erscheint im Modus des Bildes (Scheuerl).
- Der *texturale* Ansatz begreift den Menschen als Anagramm. Der Mensch wird zum poietischen Text (Derrida, Foucault, Geertz).
- Der *plurale-historische* Ansatz begreift den Menschen als »homo absconditus«. Der Mensch erscheint im Modus der Pluralität, Reflexivität und doppelten Historizität (Kamper & Wulf, Wünsche, Mollenhauer, Lenzen, Wulf) (Wulf/Zirfas 1994, S. 19f.).

Überblickt man die verschiedenen Ansätze pädagogischer Anthropologie in den 1950er-, 1960er- und 1970er-Jahre, so ergeben sich folgende kritische Einwände, die unter anderen zur Entwicklung historisch-pädagogischer Anthropologie geführt haben (Wulf 1994, S. 19f.). Pädagogische Anthropologie hat die historischen und gesellschaftlichen Voraussetzungen ihrer Entstehung nicht ausreichend bedacht. Sie hat die wechselseitige Beziehung zwischen ihren Grundbegriffen und den sie bedingenden gesellschaftlichen Entwicklungen nicht genügend reflektiert. Das gilt für Begriffe wie »Offenheit«, »Bildsamkeit« und »Bestimmung«. Zwar hat pädagogische Anthropologie die Geschichtlichkeit ihrer Bemühungen gesehen, doch hat sie diese nicht entschieden genug im Sinne doppelter Geschichtlichkeit betont. Außerdem hat sie unter Geschichte vor allem Geistes- und Ideengeschichte, nicht jedoch Sozial-Gesellschafts- und Mentalitätsgeschichte verstanden. In der pädagogischen Anthropologie herrschte die Auffassung vor, man könne das von den Humanwissenschaften erarbeitete anthropologische Wissen in die Erziehungswissenschaft einführen und zu einem für die

Erziehung und Bildung relevanten Ganzen integrieren. Dadurch sollte ein interdisziplinäres Wissen entstehen. Offen bleibt bei diesem Vorgehen die Frage, wie man disziplinär erarbeitetes Wissens unter pädagogischen Fragestellungen integrieren könne. Auch erscheint es höchst zweifelhaft, ob man heute noch von einer Ganzheit anthropologischen Wissen ausgehen kann? Der Anspruch pädagogischer Anthropologie, Aussagen über *den* Menschen bzw. *das* Kind oder *den* Erzieher zu machen, ist äußerst problematisch (Kamper/Wulf 1994). In der Regel handelt es sich bei diesem Anspruch fast ausschließlich um Aussagen über den weißen männlichen abstrakten Menschen bzw. um das Kind oder den Erzieher aus dem gleichen Kulturkreis und damit um unzulässige Universalisierungen mit entsprechenden Fiktionen und Machtansprüchen. Wegen ihrer Orientierung am »ganzen« Menschen und den damit verbundenen Kontingenzen und Kontinuitäten hat die pädagogische Anthropologie die Bedeutung von Differenz, Diskontinuität und Pluralität zu gering geschätzt. Sie ging entweder davon aus, Aussagen über das Wesen des Menschen zu machen oder erfahrungswissenschaftliche Erkenntnisse über den Menschen in Erziehungs- und Bildungssituationen gewinnen zu können. Der konstruktive Charakter ihrer Vorstellungen und Begriffe geriet nicht in den Blick. Auch blieb pädagogische Anthropologie ausschließlich philosophie- bzw. wissenschaftsorientiert; sie bezog weder literarische noch ästhetische Wissensformen ein noch war sie trotz gegenteiliger Beteuerungen in ihren eigenen Forschungen empirisch orientiert. Die Vertreter pädagogischer Anthropologie sahen in der pädagogischen Anthropologie einen Bezugspunkt und Referenzrahmen mit einer quasi universellen Geltung, dessen Grenzen wenig reflektiert wurde. Pädagogische Anthropologie verstand sich eher als eine positive Anthropologie. Die Einsicht in die Unmöglichkeit normativer Anthropologie und in die Fruchtbarkeit negativer und dekonstruktiver Anthropologien entstand später. Auch Anthropologiekritik wurde erst zu einem späteren Zeitpunkt zu einem konstitutiven Bestandteil pädagogischer Anthropologie.

Pluralität und Geschichtlichkeit

Im Unterschied zu biologischen Anthropologien, die universelle Merkmale des Menschen identifizieren und erforschen wollen, betont historisch-pädagogische Anthropologie die Geschichtlichkeit der Forschungsobjekte sowie die Geschichtlichkeit der Forschungssubjekte und ihrer Forschungsfragen und Forschungsmethoden. Angesichts dieser Situation akzentuiert historisch-pädagogische Anthropologie die für ihre Forschungen konstitutive doppelte Geschichtlichkeit. Obwohl diese auch in den biologischen Anthropologien gegeben ist, wird sie dort oft übersehen. Genetik, Ethologie, Soziobiologie versuchen, zeit- und kulturübergreifende Erkenntnisse über den Menschen zu gewinnen. Dabei vernachlässigen sie die Geschichtlichkeit und Kulturbedingtheit ihrer Fragestellungen und Methoden sowie die in der Evolutionstheorie nachgewiesene Geschichtlichkeit ihrer Untersuchungsobjekte (Wuketis 1990; Eibl-Eibesfeld 1988; Meier 1988; Dawkins 1978). Auch die von der biologischen Anthropologie inspirierte Philosophische Anthropologie zielt auf allgemeine Aussagen über den Menschen und übersieht die historische Bedingtheit ihrer Aussagen.

Zu einem neuen Verständnis von Geschichte führen die Forschungen im Bereich der Historischen Anthropologie in der Geschichtswissenschaft (Dressel 1996). Ereignisgeschichte sowie Struktur- und Gesellschaftsgeschichte werden durch Historische Anthropologie ergänzt. Geht es in der Ereignisgeschichte um die Erforschung der Vielfalt und Dynamik historischer Handlungen und historischen Geschehens, so stehen in der Struktur- bzw. Gesellschaftsgeschichte die ökonomischen, sozialen und politischen Gesellschaftsstrukturen im Mittelpunkt des Interesses. In seinem berühmten Buch über das Mittelmeer ergänzt Braudel diese Formen der Geschichte um die durch die geografischen Bedingungen gegebene Tiefenstruktur, die »géohistoire« (Braudel 1998). Veränderungen in diesem Gebiet lassen sich nur unter Berücksichtigung ihrer langen Dauer (longue durée) erfassen. Mit der anthropologischen Wendung in der Geschichtswissenschaft kommt es zu einer neuen Orientierung (Le Goff 1978, 1987, 1988; Chaunu/Duby 1989; Braudel u.a. 1990; de Certeau 1991; Burke 1991, 1992), die dazu führt, dass sowohl die gesellschaftlichen Strukturen sozialer Wirklichkeit als auch die subjektiven Momente im Handeln sozialer Subjekte thematisiert werden (Erbe 1979; Süssmuth 1984; Rüsen 1989; Habermas/Minkmar 1992; Middel 1994; Conrad/Kessel 1994). »Geschichte gestaltet sich immer im Wechselspiel von jeweils vorgefundenen strukturellen Gegebenheiten (Lebens-, Produktions- und Herrschaftsverhältnissen usw.) und der jeweils strukturierenden Praxis (Deutungen und Handlungen) der Akteure« (Dressel 1996, S. 163). Diese Entwicklung führt auch zur Gründung zahlreicher neuer Zeitschriften.[1] Im Hintergrund der in ihnen veröffentlichten Arbeiten steht die Schule der »Annales« mit ihren drei Historikergenerationen: (1) Febvre und Marc Bloch; (2) Fernand Braudel, Ernest Labrousse, Pierre Chaunu, Emmanuel LeRoy Ladurie; (3) Philippe Ariès; Georges Duby, Jaques Le Goff, Arlette Farge, Roger Chartier, Michel Vovelle, Francois Furet (Burke 1991).

Diese Entwicklungen der letzten Jahre führen zu einer Orientierung der historischen Forschung an Grundsituationen und elementaren Erfahrungen des Menschen, an einem »anthropologisch konstanten Grundbestand« (Peter Dinzelbacher), an »menschlichen Grundphänomenen« (Jochen Martin), an »elementaren menschlichen Verhaltensweisen, Erfahrungen und Grundsituationen« (Hans Medick) und damit zu einer starken Ausweitung der Fragestellungen, Themen und Forschungsverfahren. Im Unterschied zu Anthropologien, die den universellen Charakter menschlicher Grundphänomene betonen, soll in diesem Feld der spezifisch historisch-kulturelle Charakter der jeweiligen Phänomene erforscht werden (Medick 1989; Brown 1991; Daniel 1993; Martin 1994; Lüdtke/Kuchenbuch 1995; Dülmen 1995, 2000). Nicht mehr geht es um die Erfindung von Kindheit zu Beginn der Neuzeit (Ariès 1975), sondern um Kindheit an einem bestimmten Ort, zu einer bestimmten historischen Zeit und in einer partikularen Kultur (Baader 1996). Besonders gelungene Beispiele für eine Erforschung historischer

---

1 Von denen seien genannt: »Past and Present«; »Comparative Studies in Society and History«; »Journal of Interdisciplinary History«; »Saeculum: Jahrbuch für Universalgeschichte«; »Zeitschrift für Historische Anthropologie« und (anders orientiert) »Paragrana. Internationale Zeitschrift für Historische Anthropologie«.

Details unter dem Anspruch ihrer allgemeinen Bedeutung sind: Le-Roy Ladurie »Montaillou. Ein Dorf vor dem Inquisitor 1579–1580« (LeRoy Ladurie 1980) und Carlo Ginzburg »Der Käse und die Würmer. Die Welt eines Müllers um 1600« (Ginzburg 1990). Wie faszinierend und zugleich umstritten solche Untersuchungen sind, hat die umfangreiche internationale Diskussion über sie gezeigt.

Wesentlich weniger genau im Detail ist häufig die Erforschung historischen Wandels im Bereich der »menschlichen Elementarerfahrungen« bzw. in der Mentalitätsgeschichte (Raulff 1989). Meistens liegt dies an der Unzulänglichkeit der Quellenlage, die die Möglichkeiten historischen Wissens begrenzt. Doch ist dies nicht der alleinige Grund. Historisches Wissen entsteht in der Spannung zwischen Ereignis und Erzählung, zwischen Realität und Fiktion, zwischen Strukturgeschichte und narrativer Geschichtsschreibung (Lenzen 1989; Müller/Rüsen 1997); »eine Grenze zwischen Erzählung und Beschreibung (lässt sich) nicht einhalten« (Koselleck 1990, S. 113).

Geschichtsschreibung ist daher stets kontrollierte Fiktion und Konstruktion. Dies zeigt die »Europäische Mentalitätsgeschichte« von Peter Dinzelbacher, in der menschliche Elementarerfahrungen jeweils in einem Artikel zur Antike, zum Mittelalter und zur Neuzeit dargestellt werden. Behandelt werden: Individuum/Familie/Gesellschaft; Sexualität/Liebe; Körper und Seele; Krankheit; Lebensalter; Sterben/Tod; Ängste und Hoffnungen; Freude, Leid und Glück; Arbeit und Fest; Kommunikation; das Fremde und das Eigene; Herrschaft; Recht; Natur/Umwelt; Raum; Zeit/Geschichte. Ziel ist die Erforschung historischer Mentalität. Sie »ist das Ensemble der Weisen und Inhalte des Denkens und Empfindens, das für ein bestimmtes Kollektiv in einer bestimmten Zeit prägend ist. Mentalität manifestiert sich in Handlungen« (Dinzelbacher 1993, XXI). Dass sich historischer Wandel im Bereich der Mentalitäten erst über lange Zeiträume zeigt, ist immer wieder betont worden. Mentalitäten bilden keine in sich geschlossenen Blöcke; sie sind vielmehr füreinander durchlässig und miteinander vernetzt. Mentalitäten präformieren Handlungen in konkreten Situationen; sie enthalten Orientierungs- und Entscheidungshilfen für soziales Handeln. Sie sind kultur-, schicht- und oft gruppenspezifisch. Mentalitäten entstehen wie Habitusformen unter spezifischen gesellschaftlichen und kulturellen Bedingungen. Sie strukturieren das gesellschaftliche Handeln sozialer Subjekte vor, ohne es festzulegen; sie erlauben es dem Einzelnen, anders zu sein und anders zu handeln. Sie sind offen für Veränderungen und historischen Wandel. Insofern Erziehung und Bildung in die Produktion, Erhaltung und Veränderung von Mentalitäten eingebunden sind, sind die Ergebnisse historischer Mentalitätsforschung für die historisch-pädagogische Anthropologie, die Historische Pädagogik und für die Allgemeine Erziehungswissenschaft von großem Interesse.

Die Historisierung menschlicher Phänomene, die oft als unveränderbar betrachtet werden, macht den Blick frei für die prinzipielle Offenheit menschlicher Geschichte. Sichtbar wird die geschichtliche Bedingtheit und Veränderbarkeit anthropologischer Strukturen sowie die historische und kulturelle Vielfalt menschlicher Erscheinungen. Mit dieser Fokussierung entsteht ein Interesse an historischen und kulturellen Differenzen und mit diesem an einer »Geschichte von unten«, in deren Rahmen bis dahin ausgeschlossene Themen- und Personenkreise erforscht werden. Zu diesem Zweck werden neue Quellen erschlossen und mit neuen Fragestellungen untersucht. Die Autoren des »New Historicism« liefern dafür ebenfalls überzeugende Beispiele (Veeser 1989).

Kulturalität, Performativität, Multikulturalität

Im Rahmen Historischer Anthropologie kommt es zu einer starken Ausweitung relevanter Themen und zu einer neuen Vielfalt von Forschungsstrategien. Ein Grund dafür liegt darin, dass Historische Anthropologie keine systematische Anthropologie, sondern eher eine *Anthropologie der Differenzen und Möglichkeiten* ist. Im Wechselspiel von Differenzen und Möglichkeiten wird Kultur in ihr zu einem zentralen Faktor. Mit der »Wiederentdeckung« und Neueinschätzung von Kultur entsteht in der Historischen Anthropologie eine beträchtliche konzeptuelle und begriffliche Vielfalt. Gefördert wird diese durch die Rezeption angelsächsischer Forschungen zur Kulturanthropologie Europas (Kertzer/Saller 1991; Borneman

1992; Ingold 1996; Hauschild 1996; Herzfeld 1997). Diese Untersuchungen lassen sich als Teil der Bemühungen um die Entwicklung einer die Disziplingrenzen übergreifenden Kulturwissenschaft begreifen (Brackert/Werfelmeyer 1990; Frühwald u.a. 1991; Hansen 1993; Augé 1994; Hartmann/Janich 1996; Böhme/Scherpe 1996; Konersmann 1996; Kramer 1997; Böhme u.a. 2000). Kulturwissenschaft wird heute als Oberbegriff für multi-, inter- und transdisziplinäre Forschungen in den Geistes- und Sozialwissenschaften verwendet; in ihrem Rahmen wird historisch-anthropologische Forschung zu Kulturforschung (Wulf 1997).

Bevor zentrale Dimensionen eines für die Historische Anthropologie wichtigen Kulturbegriffs näher bestimmt werden, soll zur Verdeutlichung des Charakters von Untersuchungen in diesem Bereich eine kurze Beschreibung der kulturwissenschaftlichen historisch-anthropologischen Studien gegeben werden, die unter dem Titel »Logik und Leidenschaft« in den 1980er-Jahren entstanden. Dieses zwölf Untersuchungen umfassende Projekt ist dadurch charakterisiert, dass es seinen Einsatzpunkt bei nachhaltigen kulturellen Veränderungen der Gegenwart nimmt, die Genese und die Bedeutung dieser Veränderungen untersucht und nach Perspektiven für zukünftige Entwicklungen fragt. Im Unterschied zu den historisch-anthropologischen Arbeiten in der Geschichtswissenschaft betonen diese »internationalen, transdisziplinären Studien zur historischen Anthropologie« stärker die Bedeutung der *philosophischen Bearbeitung und Reflexion* der ausgewählten anthropologischen Themen.

Ausgangspunkt dieser Untersuchungen ist die Einsicht in das Ende der Verbindlichkeit einer abstrakten anthropologischen Norm und der Wunsch, dennoch Phänomene und Strukturen des Menschlichen zu erforschen. Diese Untersuchungen stehen in der Spannung zwischen Geschichte und Humanwissenschaften. Sie erschöpfen sich weder in Beiträgen zur Geschichte der Anthropologie als Disziplin noch in historischen Beiträgen zur Anthropologie. Sie versuchen vielmehr, die Geschichtlichkeit ihrer Perspektiven und Methoden und die Geschichtlichkeit ihres Gegenstandes aufeinander zu beziehen. Die Untersuchungen enthalten daher Ergebnisse der Humanwissenschaften, sind aber auch von einer geschichtsphilosophisch fundierten Anthropologie-Kritik inspiriert und bieten neuartige, paradigmatische Fragestellungen. Trotz ihrer Fokussierung auf den europäischen Kulturraum wird in diesen Untersuchungen davon ausgegangen, dass Historische Anthropologie prinzipiell weder auf bestimmte kulturelle Räume noch auf einzelne Epochen beschränkt ist. Vielmehr besteht in der Reflexion der Geschichtlichkeit Historischer Anthropologie die Möglichkeit, sowohl den Eurozentrismus der Humanwissenschaften als auch das lediglich antiquarische Interesse an Geschichte zu überwinden und Problemen der Gegenwart wie der Zukunft den Vorzug zu geben.

In Anerkennung der epistemologischen Leistungen der wissenschaftlichen Disziplinen und der Philosophie behandeln diese Untersuchungen Themen und Problemfelder wie den »Körper«, die »Sinne«, die »Zeit«, die »Seele«, die »Liebe«, das »Schöne«, das »Heilige«, die »Welt« und das »Schweigen« (Kamper/Wulf 1982–1992). Sie zielen auf die Überwindung von Disziplingrenzen und auf die Konstituierung transdisziplinärer Fragestellungen, Untersuchungsgenstände und methodischer Zugänge. An diesen Untersuchungen sind Autoren aus über dreißig Wissenschaftsdisziplinen beteiligt, deren Zusammenarbeit auf die Steigerung der Komplexität der Erkenntnisse zielt. Im Bewusstsein der Eingebundenheit großer Teile kulturwissenschaftlichen Wissens in historisch gewachsene nationale Kultur-, Denk- und Wissenschaftstraditionen geht es bei den genannten Untersuchungen um den Versuch, durch kontinuierliche über nationale Grenzen hinausreichende Zusammenarbeit transnationale Diskurse zu entwickeln, in denen Heterogenität und Differenz akzeptiert werden. Diese Studien haben weitere kulturwissenschaftliche Untersuchungen in mehreren geistes- und sozialwissenschaftlichen Fächern angeregt und nachhaltigen Einfluss auf die pädagogische Anthropologie gewonnen.

Zum Ausdruck kommt dieser Einfluss in der Wendung der pädagogischen Anthropologie zur historisch-pädagogischen Anthropologie. Im Verlauf dieser Entwicklung werden *Geschichtlichkeit* und *Pluralität* und mit ihnen die *kulturwissenschaftliche Orientierung* zu den bestimmenden Merkmalen pädagogischer *Anthropologie*. In diesem Prozess kommt es zur Entdeckung und Bearbeitung zahlreicher neuer, für Erziehung und Bildung grundlegender Fragen und

Themen.[1] Aus dieser Betrachtungs- und Arbeitsweise ergeben sich ebenfalls neue Perspektiven für das Verständnis pädagogischer Grundbegriffe, Institutionen und Praxisfelder.[2] Diese Arbeiten zeichnen sich durch ihre doppelte Historizität, ihre Pluralität und ihren kulturwissenschaftlichen Charakter aus. Während die Begriffe »Historizität« und »Pluralität« schon des öfteren spezifiziert worden sind, fehlt bislang eine Präzisierung des Kulturbegriffs im Kontext historisch-pädagogischer Anthropologie. Eine derartige Begriffsbestimmung ist umso schwieriger, als es in den letzten Jahren zu einer inflationären Ausweitung des Kulturbegriffs gekommen ist. So ist von Freizeitkultur, Subkultur, Kulturindustrie, Unternehmenskultur, Essenskultur, Liebeskultur, Begräbniskultur usw. die Rede. Angesichts dieser Entwicklung ist der Kulturbegriff in der Gefahr, seine Differenzierungsfähigkeit zu verlieren. Wegen seiner im Rahmen historisch-pädagogischer Anthropologie zentraler Bedeutung bedarf es einer ersten Präzisierung.

Sartre ging von einem sehr allgemeinen Begriff von Kultur aus, als er schrieb:»Die Kultur vermag nichts und niemanden zu retten,

1 Zu diesen gehören unter anderen:»Die Seele als Politikum« (Sonntag 1988),»Der Andere und die Sprache« (Wimmer 1988),»Denken als Ethos und Methode« (Dauk 1988),»Melancholie, Fiktion, Historizität« (Lenzen 1989),»Technik und Körper« (Berr 1990),»Körper und Geschlecht« (Hoppe 1991),»Mimesis. Kultur, Kunst, Gesellschaft« (Gebauer/Wulf 1992),»Präsenz der Ewigkeit. Eine Anthropologie des Glücks« (Zirfas 1993),»Praxis und Ästhetik« (Gebauer/Wulf 1993),»Theorien des Schenkens« (Rost 1994),»Pädagogische Anthropologie und Evolution« (Uher 1995),»Aisthesis/Ästhetik« (Mollenhauer/Wulf 1996),»Das zivilisierte Tier. Zur historischen Anthropologie der Gewalt« (Wimmer/Wulf/Dieckmann 1996),»Violence. Nationalism, Racism, Xenophobia« (Dieckman/Wulf/Wimmer 1997),»Ritual, Spiel, Geste. Mimetisches Handeln in der sozialen Welt« (Gebauer/Wulf 1998).

2 Als Beispiel für die Fruchtbarkeit der historisch-anthropologischen Perspektive und Arbeitsweise in der Pädagogik seien genannt:»Mythologie der Kindheit« und»Vaterschaft« (Lenzen 1985, 1991),»Ich-Identität. Zwischen Fiktion und Konstruktion« (Stross 1991),»Der Erfahrungsbegriff in der Pädagogik« (Dieckmann 1993),»Die pädagogische Umgebung« (Göhlich 1993),»Ästhetische Sozialisation und Erziehung« (Schumacher-Chilla 1995),»Bildung und Schrift« (Sting 1998),»Gedächtnis und Bildung« (Dieckmann/Sting/Zirfas 1998).

sie rechtfertigt auch nicht. Aber sie ist ein Erzeugnis des Menschen, worin er sich projiziert und wieder erkennt; allein dieser kritische Spiegel gibt ihm sein eigenes Bild« (Sartre 1968, S. 144). Demgegenüber betont Gehlen die produktive Seite der Kultur. Nach seiner Auffassung ist der Mensch als weltoffenes, plastisches »Mängelwesen« gezwungen, »sich selbst und seine Welt herzustellen: das meint Kultur«. Der Vorteil dieser Auffassung liegt darin, »dass sie alle ontologisierenden Trennungen von Handeln und Denken, von ›Gesellschaft‹ und ›Kultur‹ umgeht und deshalb beitragen kann zur kategorialen Grundlegung einer Sozialtheorie, die solche Dualismen endgültig hinter sich ließe. Es würden dann eben alle menschlichen Tätigkeiten als Einheit verstanden, d.h. als immer schon zugleich instrumentell und praktisch-manipulativ, als deutend, als notwendig ›geistig‹ und eben dadurch durchgängig: als ›kulturell‹ geformt« (Rehberg 1990, S. 301). So konsistent diese Auffassung von Kultur ist, ihre Schwäche liegt in ihrer mangelnden Konkretisierung im Werke Gehlens. Der Hinweis darauf, dass sich der Mensch – sogar physiologisch – mit Hilfe von Kultur hervorbringt und dass darin ein Merkmal des Menschen liegt, ist zutreffend, doch nicht ausreichend.

Weiterführend ist eine kulturanthropologische Perspektive, die sich auf die Vielfalt der Unterschiede zwischen den menschlichen Kulturen richtet. In dieser Sicht ist es »außerordentlich schwer, zwischen dem Natürlichen, Universellen und Dauerhaften im Menschen und dem Konventionellen, Lokalen und Veränderlichen eine Grenze zu ziehen. Ja mehr noch, es liegt nahe, dass eine solche Grenzziehung die menschlichen Verhältnisse verfälscht oder zumindest fehlinterpretiert« (Geertz 1992, S. 59). Man findet den Menschen nicht »hinter« der Vielfalt seiner historischen und kulturellen Ausprägungen, sondern in ihnen. Der Versuch, »Heirat«, »Familie«, »Tausch« als kulturelle Universalien, zu identifizieren, impliziert ein hohes Maß an Abstraktion und ist daher nur begrenzt ergiebig; erst die Untersuchung derartiger sozialer Phänomene in verschiedenen Kulturen zeigt ihre außerordentliche Vielfalt und liefert dadurch Aufschluss über die Vielgestaltigkeit von Kultur und Menschsein. In dieser Sicht ist es gerade die historische und kulturelle Vielfalt, die Aufschluss über die Gattung Mensch liefert

206 Historizität, Kulturalität, Transdisziplinarität

und deren Erforschung Aufgabe historischer Anthropologie ist. Allerdings käme es weniger darauf an, lediglich

>»die empirischen Gemeinsamkeiten seines (des Menschen; Einf. d. Verfassers) von Ort zu Ort und Zeit zu Zeit so unterschiedlichen Verhaltens hervorzuheben, als vielmehr die Mechanismen, mittels derer die ganze Bandbreite und Unbestimmtheit seiner angeborenen Vermögen auf das eng begrenzte und hoch spezifische Repertoire seiner tatsächlichen Leistungen reduziert wird« ... Ohne die Orientierung durch Kulturmuster – organisierte Systeme signifikanter Symbole – wäre das Verhalten des Menschen so gut wie unbezähmbar, ein vollkommenes Chaos zielloser Handlungen und eruptierender Gefühle, seine Erfahrung nahezu formlos. Kultur, die akkumulierte Gesamtheit solcher Muster, ist demnach nicht bloß schmückendes Beiwerk, sondern – insofern sie die Grundlage seiner Besonderheit ist – eine notwendige Bedingung menschlichen Daseins.« (Geertz 1992, S. 70ff.)

Sahlins denkt in die gleiche Richtung, wenn er nach den Mechanismen fragt, mit deren Hilfe kulturelle Schemata entwickelt werden; er betont, dass das kulturelle Schema »durch einen dominanten Bereich der symbolischen Produktion, der das hauptsächliche Idiom anderer Verhältnisse und Tätigkeiten liefert, vielfältig gebrochen« wird. In der Folge geht er davon aus, dass es »einen bevorzugten Ort des symbolischen Prozesses« gibt, »von dem ein klassifikatorisches Raster ausgeht, das über die die gesamte Kultur gelegt wird«. Das Spezifische der westlichen Kultur liegt in der »Institutionalisierung des Prozesses in der Güterproduktion«. Dadurch unterscheidet sie sich von einer »primitiven« Welt, »wo die gesellschaftlichen Beziehungen, besonders die Verwandtschaftsbeziehungen, der Ort der symbolischen Unterscheidung bleiben und andere Tätigkeitsbereiche durch die operativen Verwandtschaftsunterscheidungen bestimmt werden« (Sahlins 1981, S. 296).

Historische und ethnologische Forschungen führen dazu, nicht von der Homogenität von Kultur auszugehen, sondern eher die Vielfalt der Kulturen zu betonen und mit einem *differenzierten Kulturbegriff* zu arbeiten. Dies ist umso mehr der Fall, je stärker sich die entsprechenden Forschungen auf konkrete kulturelle Praktiken wie Rituale, Gesten, Spiele und Feste richten. Dabei reicht es nicht, die verschiedenen Kulturen als Text zu lesen, wie dies längere Zeit in der Kulturanthropologie propagiert wurde (Clifford/Marcus 1986; Berg/Fuchs 1993); von weiterführendem Interesse ist es, die performativen Dimensionen kultureller Produktion zu erforschen, wie sie beispielsweise in den szenischen Arrangements von Ritualen und im praktischen rituellen Wissen zur Darstellung und zum Ausdruck kommen (Bourdieu 1993, 1997; Gebauer/Wulf 1992, 1993, 1998; Paragrana 1998) In der Folge dieses »*performativen turn*« entsteht ein neues Interesse an *sozialen Aufführungen* und *Inszenierungen*. Die Bedeutung ritueller Handlungen als Form sozialen Handelns wird neu entdeckt. Nicht nur Texte und Kunstwerke, sondern auch Rituale und andere Formen sozialen Handelns werden als kulturelle Äußerungen und Darstellungen begriffen. Wie Menschen ihre Lebenspraxis gestalten und wie sie das dazu erforderliche praktische Wissen erwerben, wird zu einer zentralen Frage kulturwissenschaftlicher Forschung, zu der eine sich ethnografischer Methoden bedienende Historische Anthropologie einen Beitrag leisten kann.[1]

Für die historisch-pädagogische Anthropologie eröffnet diese Fokussierung kulturwissenschaftlicher Forschung auf das *Performative* neue Perspektiven. Sie führt beispielsweise zu einer Wiederentdeckung der Bedeutung rituellen Handelns im Kontext von Erziehung und Bildung. Eine auf die 1970er-Jahre zurückgehende Vorstellung von Ritualen, die ihre soziale Funktion negativ bewertet, greift zu kurz. Rituale und rituelles Handeln haben eine komplexe sozialisatorische Funktion. Das gilt für Familie und Schule wie auch für den rituellen Umgang mit den Neuen Medien und für Jugendrituale. In diesen Zusammenhängen ist rituelles Handeln kein reduziertes, sondern ein komplexes soziales Handeln, das von den

---

1   Im Rahmen des Sonderforschungsbereichs »Kulturen des Performativen« an der Freien Universität Berlin führe ich ein mit qualitativen Methoden arbeitendes Projekt zur Erforschung der Erzeugung des Sozialen in Ritualen durch. Schwerpunkt sind in diesem Rahmen Familienrituale, Schule als rituelle Veranstaltung, Rituale der Kind- und Jugendkultur und Fernsehen als Medienritual. Vgl. dazu: Wulf u.a. 2001; Wulf/Göhlich/Zirfas 2001.

Beteiligten aufgeführt und inszeniert wird, das als solches Gemeinschaft bzw. Kommunität ausdrückt und darstellt bzw. schafft und bestätigt sowie verändert und weiterentwickelt. In der Perspektive historisch-pädagogischer Anthropologie sind dabei von besonderem Interesse, wie die körperliche, szenische, expressive und sozial produktive Seite von Ritualen gestaltet wird, wie Ein- und Ausgrenzungsprozesse vollzogen und wie gesellschaftliche Macht- und Hierarchieverhältnisse geschaffen und verändert werden.

Die wachsende Sensibilität für die Vielfalt der Kulturen und für die zentrale Rolle der Kultur für die Gestaltung der Lebensverhältnisse führt auch zu einer Bedeutungszunahme des *Fremden* in den Forschungen Historischer Anthropologie. Dies gilt sowohl für ihre *diachrone* Forschungen als auch für ihre *synchronen* Untersuchungen. Für den Versuch, etwas über die Mentalität von Menschen einer anderen geschichtlichen Zeit herauszufinden, ist die Erfahrung der Fremdheit unerlässlich. Sie erst ermöglicht es, die jeweilige Eigenart der untersuchten menschlichen Phänomene zu begreifen. Für den historisch Forschenden liegt die Schwierigkeit darin, dass er für diesen Prozess auf Quellen angewiesen ist, auf deren Zustandekommen er keinen Einfluss hat. Seine Möglichkeiten erschöpfen sich darin, vorhandene Quellen unter neuen Gesichtspunkten zu betrachten, in neuen Konstellationen auszuwerten und unter neuen Fragestellungen zu bearbeiten. Insofern der historisch Forschende an dem besonderen Charakter der untersuchten Menschen interessiert ist, ist die reflexive Bearbeitung der Differenz zwischen seiner eigenen Situation und der geschichtlichen Lage der von ihm untersuchten Menschen für die Qualität seiner Rekonstruktion bestimmend. Eine solche Rekonstruktion schafft »Gegenbilder« zu Phänomenen der eigenen Zeit und kann dadurch ihrerseits dazu beitragen, Phänomene der Gegenwart besser in den Blick zu bekommen. Im Unterschied dazu schafft der ethnologisch Forschende seine Quellen weitgehend selbst. Bei der Darstellung und Verarbeitung seiner in der Feldforschung gewonnenen sprachlichen und visuellen Daten in einem Text ergibt sich eine Reihe von Problemen. Ist der ethnografische Forscher beim ersten Teil seiner Arbeit in engem Kontakt mit den untersuchten Menschen, so erfolgt die Erzeugung seines Textes im räumlichen und zeitlichen Abstand zu ihnen. Bei der Transformation der Beobachtungen und Befragungsergebnissen in den Text der Untersuchung spielen der Referenzrahmen des Forschers, seine Vorlieben und seine Kompetenzen eine bestimmende Rolle. In den letzten Jahren haben intensive methodologische Diskussionen in der Ethnologie gezeigt, dass die bewusste Erfassung und Beobachtung der Andersheit des Fremden und die Reflexion der Transformation dieser Erfahrungen in einen Text für die anthropologische Arbeit konstitutiv sind (Jay 1984; Berg/Fuchs 1993).

Viele kulturwissenschaftliche Forschungen im Bereich historisch-pädagogischer Anthropologie gehen auf aktuelle Probleme und Fragen zurück. Zur Bearbeitung ihrer Themen bedienen sie sich historischer Rückgriffe und vereinzelt des Vergleichs mit ähnlichen Konstellationen in anderen Kulturen. Einige historisch-anthropologische Arbeiten erforschen Fragestellungen und Zusammenhänge, die im Verlauf der geschichtlichen Entwicklung fremd geworden sind. Andere Arbeiten versuchen, durch einen ethnografischen Blick und die mit ihm einhergehende Verfremdung, pädagogische Handlungen in ihrer kulturellen Bedingtheit neu zu sehen und neu zu verstehen. Für diese Untersuchungen ist die Erfahrung des Fremden konstitutiv. Angesichts der Integrationsentwicklungen in Europa ist ein komplexer Umgang mit dem Fremden besonders wichtig. Erziehung und Bildung werden heute zu einer interkulturellen Aufgabe, in deren Rahmen Gemeinsamkeiten und Differenzen neu bestimmt werden (Wulf 1995, 1998). Beschleunigt werden diese Entwicklungen durch die Globalisierung von Politik, Wirtschaft und Kultur, in deren Verlauf es zu einer Überlappung und Durchmischung von Globalem, Nationalem, Regionalem und Lokalem und zur Entstehung vielfältig in sich gebrochener Kulturen kommt (Alexander/Seidman 1993; Goldberg 1994; Featherstone 1995; Hutchinson/Smith 1996; Appadurai 1996; Bruner 1996; Beck 1997; Gupta/Ferguson 1997). In ihrem Rahmen gilt es zu vermeiden, gegen die in der Kontingenz des Kulturellen liegende Offenheit zu verstoßen. Denn: »Kultur ... ist die Bewahrung des Möglichen. Die Weite ihres Horizonts ist der Lohn der Kontingenz« (Konersmann 1996, S. 354).

Transdisziplinarität

Mit dem in vielen Geistes- und Sozialwissenschaften und in der Philosophie wachsenden Interesse an »Historischer Anthropologie«, der damit verbundenen Ausweitung der Themen, Methoden und Forschungsansätze geht ein Bemühen um multi-, inter- und transdisziplinäre Forschung einher (Wulf 1997). Für viele Themen gibt es keine disziplinäre Verantwortlichkeit. Welche Disziplin wäre denn zuständig für Körper und Sinne, Raum und Zeit, Liebe und Gewalt? Grenzüberschreitungen zwischen den verschiedenen Geistes- und Sozialwissenschaften sind häufig, in der Historischen Anthropologie sind sie unerlässlich. Sie erstrecken sich auf die Themenauswahl und -behandlung sowie auf die Methoden und Forschungsverfahren. Der Versuch, statt einer Geschichte die Vielfalt von Geschichten, statt einer Kultur die Mannigfaltigkeit von Kulturen, statt einer Wissenschaft die Pluralität von Wissenschaften zu betonen, erzeugt eine *anthropologische Komplexität*, deren Ansprüche häufig die Möglichkeiten einer einzelnen Wissenschaft übersteigen. Zwar hat sich die Spezialisierung des Wissens in Fachdisziplinen bewährt, doch entstehen in den Kulturwissenschaften viele bedeutende Leistungen nur, wenn diese Spezialisierung des Wissens überschritten wird. Neue Fragestellungen und Erkenntnisse bilden sich oft an den Rändern der Disziplinen, beim Übergang zu Nachbarwissenschaften. Erforderlich ist eine Such- und Forschungsbewegung, deren transdisziplinärer Charakter auch die disziplinäre Forschung zu neuen Fragestellungen, Themen und Methoden anregt. In dieser Perspektive können daher viele Fragen und Probleme auch in den Einzelwissenschaften disziplinübergreifend bearbeitet werden.

So wie Historische Anthropologie und historisch-pädagogische Anthropologie keinen fest begrenzten Gegenstandsbereich haben, so verfügen sie auch über kein allgemein bestimmbares Ensemble von Forschungsmethoden und -verfahren. Je nach Fragestellung konstituiert sich der Gegenstand historisch-anthropologischer Forschung. In seine Konstitution gehen die Materiallage, ihre Auswahl und Verwendung durch den Forschenden sowie die Entscheidung für bestimmte Forschungsmethoden und -verfahren ein. Da prinzipiell alle menschlichen Belange zum Ausgangspunkt und Material historisch-anthropologischer Forschung werden können, ist das Spektrum möglicher Themen und Methoden offen. Wenn Forschungen den sicheren Kontext einer Disziplin mit den bewährten inhaltlichen und methodischen Qualitätsmaßstäben verlassen, machen sie sich angreifbar. Doch können neue Wege des Denkens, Untersuchens und Forschens nur dadurch gefunden werden, dass in inhaltlicher und methodischer Hinsicht vertrautes Terrain verlassen wird. Ginzburgs oben erwähnter Beitrag zur historischen Biografieforschung und LeRoy Laduries Untersuchung der Mentalität der Dorfbewohner von Montaillou mit Hilfe von Inquisitionsakten gehören zu solchen Versuchen. Auch Clifford Geertz' methodisches Postulat einer »dichten Beschreibung« und die Verdeutlichung dieses Prinzips in der Beschreibung und Analyse des Hahnenkampfes auf Bali eröffnen neue Dimensionen ethnografischer und sozialwissenschaftlicher Forschung.[1] Solche methodischen Grenzüberschreitungen vollziehen sich nicht ohne Kontroversen. Manche Literatur- und Sozialwissenschaftler wehren sich dagegen, literarische Texte zur Untersuchung sozialer Phänomene oder subjektiver Empfindungen und Befindlichkeiten heranzuziehen. Erstere fürchten die Funktionalisierung der Texte und die daraus folgende mangelnde Berücksichtigung ihrer ästhetischen Qualität; letztere bezweifeln den wissenschaftlichen Wert literarischer Aussagen und betonen den unverzichtbaren Wert quantitativer bzw. qualitativer empirischer Forschung. In der Erziehungswissenschaft gab es anfangs ähnliche Zweifel am Sinn und an der Angemessenheit der Verwendung bildlicher Quellen für die Untersuchung pädagogisch-anthropologischer Sachverhalte. Mittlerweile ist die Ergiebigkeit der Verwendung bildlicher Quellen für die Erforschung pädagogischer Zusammenhänge unumstritten (Mollenhauer 1983, 1986).

Weiterführend ist der konzeptuelle und methodische Austausch zwischen den in der historisch-anthropologischen Forschung ko-

---

1 Noch weiter vor wagt sich Hayden White (1991, 1994) mit seinem Hinweis auf die zentrale Rolle der Fiktion in der Geschichtsschreibung und auf die darin begründet liegende Nähe der Geschichtsschreibung zur Erzählung.

operierenden Wissenschaften. Dafür zwei Beispiele. Aufgrund des Verzichts, Aussagen über *den* Menschen zu machen und stattdessen die Vielfalt menschlicher Kulturen in Raum und Zeit zu erforschen, kommt dem *Vergleich* als methodischem Verfahren in der Historischen Anthropologie erhebliche Bedeutung zu. Unter den Historikern wurde seine Fruchtbarkeit bereits von Marc Boch gesehen (Bloch 1994). Auch in der Literaturwissenschaft und in der Kulturanthropologie wird seine Bedeutung in methodischer Hinsicht ähnlich hoch eingeschätzt. Demgegenüber spielt der Vergleich in der historisch-pädagogischen Anthropologie bislang eine untergeordnete Rolle. Das zweite Beispiel für die Ergiebigkeit des interdisziplinären Austauschs stellen der *ethnologische Blick* und die kulturanthropologische *Feldforschung* dar. Viele Historiker und Sozialwissenschaftler sind von der Fruchtbarkeit des ethnologischen Blicks für ihre Arbeitszusammenhänge überzeugt. Er verfremdet Vertrautes, führt zu einem behutsamen Umgang mit ihm und lässt dadurch neue Fragestellungen und Perspektiven entstehen. Ginzburg betrachtet den Inquisitor als Ethnologen (Ginzburg 1994). Isaac verwendet Grundbegriffe und Metaphern der Ethnologie und die ethnografische Methode zur Erzeugung einer historischen Fallstudie mit dem Thema »Der entlaufene Sklave« (Isaac 1992). Im Mittelpunkt stehen die Strukturen des Alltagslebens und Begriffe wie »Tausch«, »signifikanter Andere«, »Macht und Autorität«. Untersucht werden Dramaturgie, Inszenierung und Rolle historischer Akteure.[1] Der Rezeption ethnologischer Fragestellungen und Forschungsverfahren in der Geschichtswissenschaft und der darin zum Ausdruck kommenden Durchlässigkeit der Disziplingrenze entspricht in der Kulturanthropologie das Gewahrwerden der Bedeutung der historischen Dimension für kulturanthropologische Forschungen (vgl. Geertz 1973; Sahlins 1985).

---

1   Auch Akiko Moros (1995) Untersuchung eines Friedhofs in Kärnten und sein mit diesem Material erarbeiteter Beitrag zur Familienforschung wäre ohne die Rezeption der ethnologischen Perspektive nicht möglich. Das Gleiche gilt für die Untersuchungen der Berliner Geschichtswerkstatt (1994), deren Dokumentation von Alltags- und Regionalgeschichte in die gleiche Richtung weist.

Weiter als diese Beispiele wechselseitiger interdisziplinärer Anregung reicht der Entwurf Paul Veynes für eine »umfassende Geschichte«. Nach den hier geäußerten Vorstellungen haben sich Soziologie und Ethnologie nur entwickelt, weil sich die Geschichtswissenschaft in unzulässiger Weise auf die Vergangenheit beschränkt und die Gegenwart vernachlässigt hat. Dabei wurden zwei Konventionen wirksam:

> *»Die erste bestand darin, keine andere Geschichte als die der Vergangenheit anzuerkennen, die Geschichte dessen, was verlorenginge, würde man nicht die Erinnerung daran bewahren. Die Erkenntnis der Gegenwart schien sich dagegen von selbst zu verstehen. Die zweite Konvention verlangte, dass Geschichte die Vergangenheit einer Nation erzählt, sich auf deren einzigartige Individualität konzentriert und sich in einem raum-zeitlichen Kontinuum einrichtet: griechische Geschichte, Geschichte Frankreichs, Geschichte des 16. Jahrhunderts.«* (Veyne 1990, S. 206f.)

Abgelehnt wird von Veyne das begrenzende Postulat der Einheit von Ort und Zeit. Stattdessen wird ein transdisziplinärer Gegenstands- und Forschungsbereich entworfen, in den die heute getrennten Disziplinen zusammengeführt werden. Dadurch sollen Verkürzungen einer rein empirischen Soziologie, einer nur auf die Erforschung fremder Kulturen ausgerichteten Ethnologie und einer »reduzierten« Geschichtsschreibung vermieden werden.

Im Bereich einer kulturwissenschaftlich orientierten historischen Anthropologie hat sich das Projekt »Logik und Leidenschaft« um Inter- bzw. Transdisziplinarität bemüht. In seinem Rahmen wurden die Fragestellungen und Themen so ausgewählt, dass keine Wissenschaftsdisziplin allein für sie Zuständigkeit beanspruchen konnte. In diesem Projekt bemühten sich Wissenschaftler aus vielen Disziplinen darum, Beiträge zum Verständnis der untersuchten historisch-anthropologischen Phänomene zu liefern. Manche ihrer Arbeiten blieben disziplinbezogen, sodass sie eher zu den multidisziplinären Bemühungen um das Thema gehören; andere waren selbst interdisziplinär konzipiert und berücksichtigten Fragestellungen und Erkenntnisse aus mehreren Disziplinen. Wieder andere

Untersuchungen bewegten sich an den Rändern der Disziplinen oder sogar zwischen den Disziplinen und waren transdisziplinär.[1] In der bisherigen Entwicklung historisch-pädagogischer Anthropologie gab es einige Anregungen aus den Untersuchungen von Gumbrecht und Pfeiffer und aus dem Kontext von »Poetik und Hermeneutik«, jedoch inhaltliche und personelle Verschränkungen mit den internationalen transdisziplinären Studien zum Thema »Logik und Leidenschaft«. Hinzu kommt die Zusammenarbeit mit im Rahmen der Erziehungswissenschaft tätigen Biologen, Ökologen, Historikern, Soziologen, Psychologen, Psychoanalytikern und Literaturwissenschaftlern. Eine weiter reichende inter- bzw. transdisziplinäre Kooperationen mit Vertretern anderer Disziplinen gehört zu den noch ausstehenden Aufgaben anthropologischer Forschung in der Erziehungswissenschaft.

Im Rahmen historisch-pädagogischer Anthropologie ergeben sich m. E. drei epistemologische, für die Entwicklung multi-, inter- und transdisziplinärer Forschung wichtige Desiderate:

Mit der Ausweitung der Fragestellungen, Themen und Forschungsverfahren ist *Pluralität* auch in *paradigmatischer Hinsicht* erforderlich; dies gilt für die Forschungen zur Historischen Anthro-

---

1 In die gleiche Richtung, doch weniger anthropologisch orientiert, weisen die multi-, inter- und transdisziplinären kulturwissenschaftlichen Forschungen, die von Gumbrecht und Pfeiffer (1986, 1988, 1991) zu den Themen »Stil«, »Materialität der Kommunikation«, »Paradoxien, Dissonanzen, Zusammenbrüche« initiiert wurden. Das Gleiche gilt für die zahlreichen multi-, inter- und transdisziplinären Studien, die unter dem Rahmenthema »Poetik und Hermeneutik« veröffentlicht wurden und die im Laufe der Jahre auch anthropologische Themen bearbeitet haben. Das Spektrum der Themen umfasst: »Nachahmung und Illusion« (Jauß 1969); »Immanente Ästhetik – Ästhetische Reflexion« (Iser 1966); Die nicht mehr schönen Künste« (Jauß 1968); »Terror und Spiel« (Fuhrmann 1971); »Geschichte – Ereignis und Erzählung« (Koselleck/Stempel 1973); »Positionen der Negativität« (Weinrich 1975); »Das Komische« (Preisendanz/Warning 1976); »Identität« (Marquard/Stierle 1979); »Text und Applikation« (Fuhrmann/Jauß/Pannenberg 1981); »Funktionen des Fiktiven« (Henrich/Iser 1983); »Das Gespräch« (Stierle und Warning 1984); »Epochenschwellen und Epochenbewusstsein« (Herzog/Koselleck 1987); »Individualität« (Frank/Haverkamp 1988); »Memoria« (Haverkamp/Lachmann 1993); »Das Ende« (Stierle/Warning 1996).

pologie in der Geschichte, die historisch-anthropologischen Arbeiten in den Kulturwissenschaften und die Untersuchungen in der pädagogischen Anthropologie.

Mit der *Globalisierung* von Politik, Wirtschaft und Kultur entstehen neue kulturelle Vermischungen zwischen Lokalem, Regionalem, Nationalem und Globalem, die im Rahmen eines zusammenwachsenden Europa im Bildungsbereich zunehmend an Bedeutung gewinnen. Zum Verständnis und zur Erforschung dieser Entwicklungen kann pädagogische Anthropologie einen wichtigen Beitrag leisten. In methodischer Hinsicht kommt dem *synchronen* und dem *diachronen Vergleich* dabei eine wichtige Aufgabe zu.

In der pädagogischen Anthropologie spielen ethnografische Verfahren im deutschsprachigen Raum bislang eine geringe Rolle. Doch sind hier Veränderungen zu erwarten, in deren Verlauf sie an Bedeutung gewinnen werden. Für die historische und pädagogische Biografieforschung kündigt sich diese Entwicklung bereits an. Die Erforschung von Biografien, Erziehungsinstitutionen, pädagogischen Gesten und Ritualen mit ethnografischen Verfahren führt zu neuen Erkenntnissen. »Pädagogische Ethnografie« (vgl. Jessor/Colby/Shweder 1996) und »qualitative Forschung im Bereich von Erziehung und Bildung« (vgl. Denzin/Lincoln 1994; Friebertshäuser/Prengel 1997) bezeichnen für die pädagogische Anthropologie in methodologischer Hinsicht wichtige Forschungsansätze.

Literaturverzeichnis

Adorno, T.W.: Ästhetische Theorie. Frankfurt a.M. 1973.

Alexander, J.C./Seidmann, S. (eds.): Culture and Society. New York 1993.

Appadurai, A.: Modernity at Large: Cultural Dimensions of Globalization. Minneapolis/London 1996.

Arendt, H.: Vita activa oder Vom tätigen Leben. München/Zürich 1981.

Arendt, H.: Macht und Gewalt. München ^{5}1985.

Arendt, H.: Elemente und Ursprünge totaler Herrschaft. München/Zürich 1986.

Ariès, P.: Geschichte der Kindheit. München 1975.

Aristoteles: Über die Seele. Aristoteles Werke in deutscher Übersetzung, Bd. 13. Hrsg. v. H. Flashar. Darmstadt 1979.

Aristoteles: Poetik. Hrsg. v. M. Fuhrmann. Stuttgart 1984.

Auernheimer, G.: Einführung in die Interkulturelle Erziehung. Darmstadt 1990.

Augé, M.: Le sens des autres. Actualité de l'anthropologie. Paris 1994.

Baader, M.S.: Die romantische Idee des Kindes und der Kindheit. Auf der Suche nach der verlorenen Unschuld. Neuwied 1996.

Balandier, G.: Le pouvoir sur scène. Paris 1992.

Barthes, R.: Mythen des Alltags. Frankfurt a.M. 1982.

Barthes, R.: Die helle Kammer. Bemerkungen zur Photographie. Frankfurt a.M. 1985.

Bataille, G.: Der heilige Eros. Frankfurt a.M./Berlin/Wien 1974.

Baudrillard, J.: Agonie des Realen. Berlin 1978.

Baudrillard, J.: Der symbolische Tausch und der Tod. München 1982.

Baudrillard, J.: Das Andere Selbst. Wien 1987.

Baudrillard, J./Guillaume, M.: Figures de l'altérité. Paris 1994.

Beck, U.: Was ist Globalisierung? Frankfurt a.M. 1997.

Beck, U./Vossenkuhl, W./Ziegler, E.U.: Eigenes Leben. Ausflüge in die unbekannte Gesellschaft, in der wir leben. München 1995.

Bell, C.: Ritual Theory, Ritual Practice. New York/Oxford 1992.

Belting, H.: Bild und Kult. Die Geschichte des Bildes vor dem Zeitalter der Kunst. München 1990.

Benjamin, W.: Das Passagenwerk. Gesammelte Schriften, Bd. V, 1. Frankfurt a.M. 1982.

Benjamin, W.: Berliner Kindheit um Neunzehnhundert. Gesammelte Schriften, Bd. IV, 1. Frankfurt a.M. 1980, S. 235–304.

Benner, D.: Wilhelm von Humboldts Bildungstheorie. Weinheim/München 1990.

Berg, E./Fuchs, M.: Kultur, soziale Praxis, Text. Die Krise der ethnographischen Repräsentation. Frankfurt a.M. 1993.

Berliner Geschichtswerkstatt: Alltagskultur, Subjektivität und Geschichte. Münster 1994.

Berr, M: Technik und Körper. Berlin 1990.

Bilstein, J./Miller-Kipp, G./Wulf, C. (Hrsg.): Transformationen der Zeit. Erziehungswissenschaftliche Forschungen zur Chronotopologie. Weinheim 1999.

Birdwhistell, R.L.: Introduction to Kinesics. Louisville. 1954.

Birdwhistell, R.L.: Kinesics and Context. Essays on Body Motion Communication. Philadelphia1970.

Blankertz, H.: Die Geschichte der Pädagogik. Wetzlar 1982.

Bleidick, U.: Über sonderpädagogische Anthropologie. In: Zeitschrift für Heilpädagogik, 18 (1967), S. 245–263.

Bloch, E.: Das Prinzip Hoffnung. Frankfurt a.M. 1967.

Bloch, E.: Pädagogica. Frankfurt a.M. 1971.

Bloch, M.: Für eine vergleichende Geschichtsbetrachtung der europäischen Gesellschaften. In: Middell, M./Sammler, S. (Hrsg.): Alles Gewordene hat Geschichte. Leipzig 1994, S. 121–167.

Boehm, G. (Hrsg.): Was ist ein Bild? München 1994.

Böhme, G.: Anthropologie in pragmatischer Hinsicht. Frankfurt a.M. 1985.

Böhme, H. u.a.: Orientierung Kulturwissenschaft. Reinbek 2000.

Böhme, H./Scherpe, K. Literatur und Kulturwissenschaften. Positionen, Theorien, Mächte. Reinbek 1996.

Bollnow, O.F.: Das Wesen der Stimmungen. Frankfurt a.M. 1941.

Bollnow, O.F.: Die anthropologische Betrachtungsweise in der Pädagogik. Essen 1965.

Borbély, A.: Das Geheimnis des Schlafs. Stuttgart 1984.

Borneman, J.: Belonging in the Two Berlins: Kin, State, Nation. Cambridge 1992.

Bourdieu, P.: Sozialer Sinn. Frankfurt a.M. 1987.

Bourdieu, P.: Entwurf einer Theorie der Praxis. Frankfurt a.M. 1976.

Bourdieu, P.: Le misère du monde. Paris 1993.

Bourdieu, P.: Méditationes pascaliennes. Paris 1997.

Bourdieu, P./Passeron, J.C.: Grundlagen einer Theorie symbolischer Gewalt. Frankfurt a.M. 1973.

Brackert, H./Wefelmeyer, F. (Hrsg.): Kultur. Bestimmungen im 20. Jahrhundert. Frankfurt a.M. 1990.

Braudel, F./Davis, N.Z./Febvre, L./Ginzbur, C./LeGoff, J./Kosselleck, R./Momigliano, A.: Der Historiker als Menschenfresser. Über den Beruf des Geschichtsschreibers. Berlin 1990.

Braudel, F.: Das Mittelmeer und die mediterrane Welt in der Epoche Philipp II, 3 Bde. Frankfurt a.M. 1998.

Bremmer, J./Roodenburg, H. (eds.): A Cultural History of Gesture. Ithaca 1992.

Brown, D.E.: Human Universals. New York 1991.

Bruner, J.: The Culture of Education. Cambridge/London 1996.

Buber, M.: Das dialogische Prinzip. Heidelberg ⁵1984.

Burke, P.: History and Social Theory. Ithaca/New York 1992.

Burke, P.: Offene Geschichte. Die Schule der Annales. Berlin 1991.

Calbris, G.: The Semiotics of French Gestures. Bloomington/Indianapolis 1990.

Canetti, E.: Masse und Macht, 2 Bde. München ²1976.

Cantwell, R.: Ethnomimesis. Folklife and Representation of Culture. Chapel Hill/London 1993.

Cassirer, E.: Philosophie der symbolischen Formen. Darmstadt 1994.

Castells, M.: The Rise of the Network Society. Malden/Oxford 1996.

Castoriadis, C.: Gesellschaft als imaginäre Institution. Frankfurt a.M. 1984.

de Certeau, M.: Das Schreiben der Geschichte. Frankfurt a.M./New York 1991.

Chaunu, P./Duby, G.: Leben mit der Geschichte. Frankfurt a.M. 1989.

Clifford, J./Marcus, G.E.: Writing Culture. Berkeley/Los Angeles 1986.

Comenius, J.A.: Orbis Sensualium Pictus. Zürich 1992.

Comenius, J.A.: Große Didaktik. Hrsg. v. A. Flitner. Düsseldorf/München ²1960.

Conrad, C./Kessel, M. (Hrsg.): Geschichte schreiben in der Postmoderne. Stuttgart 1994.

Costa Lima, L.: Control of the Imaginary. Reason and Imagination in Modern Times. Minneapolis 1984.

Csiksentimihalyi, M.: Das Flow-Erlebnis. Stuttgart 1985.

Daniel, U.: Kultur und Gesellschaft. Überlegungen zum Gegenstandsbereich der Sozialgeschichte. In: Geschichte und Gesellschaft, 19 (1993), S. 69–99.

Darwin, C.: The expression of the Emotions in Man and Animals. London 1979.

Dauk, E.: Denken als Ethos und Methode. Berlin 1989.

Dawkins, R.: Das egoistische Gen. Berlin/Heidelberg/New York 1978.

Delors, F.J.: Learning: The Treasure within. Report to Unesco of the International Commission on Education for the Twenty-first Century. Paris 1996.

Denzin, N.K./Lincoln, Y.S. (eds.): Handbook of Qualitative Research. Thousand Oaks 1994.

Derbolav, J.: Pädagogische Anthropologie als Theorie der individuellen Selbstverwirklichung. In: König, E./Ramsenthaler, H. (Hrsg.): Kritische Information – Erziehungswissenschaft 1980, S. 55–69.

Derrida, J.: Grammatologie. Frankfurt a.M. 1974.

Derrida, J.: Die Schrift und die Differenz. Frankfurt a.M. 1976.

Dibie, P./Wulf, C. (éds.): Ethnosociologie des échanges interculturels. Paris 1998 (dt. 1999).

Dieckmann, B.: Der Erfahrungsbegriff in der Pädagogik. Weinheim 1993.

Dieckmann, B./Wulf, C./Wimmer, M. (eds.): Violence. Nationalism, Racism, Xenophobia. Münster/NewYork 1997.

Dieckmann, B./Sting, S./Zirfas, J. (Hrsg.): Gedächtnis und Bildung. Weinheim 1998.

Dinzelbacher, P. (Hrsg.): Europäische Mentalitätsgeschichte. Stuttgart 1993.

Döpp-Vorwald, H.: Erziehungswissenschaft und Philosophie der Erziehung. Darmstadt 1968.

Dressel, G. (Hrsg.): Historische Anthropologie. Eine Einführung. Wien 1996.

Dülmen, R.: Historische Kulturforschung zur Frühen Neuzeit. Entwicklungen – Probleme – Aufgaben. In: Geschichte und Gesellschaft 21 (1995), S. 403–429.

Dülmen, R.: Historische Anthropologie. Probleme, Probleme, Aufgaben. Köln/Weimar/Wien 2000.

Duerr, H.P.: Obszönität und Gewalt. Der Mythos vom Zivilisationsprozess. Frankfurt a.M. 1993.

Dumouchel, P. (éd.): Violence et vérité. Autour de René Girard. Paris 1985.

Durand, G.: Les structures anthropologiques de l'imaginaire. Paris 1994.

Eder, K.: Arbeit. In: Wulf, C. (Hrsg.): Vom Menschen. Handbuch Historische Anthropologie. Weinheim 1997, S. 718–726.

Eibl-Eibesfeldt, I.: Der Mensch – das riskierte Wesen. Zur Naturgeschichte menschlicher Unvernunft. München 1988.

Elias, N.: Über den Prozeß der Zivilisation. Frankfurt a.M. 1976.

Else, G.F.: »Imitation« in the 5th Century. In: Classical Philology 53 (1958) 2, S. 73–90.

Erbe, M.: Zur neueren französischen Sozialgeschichtsforschung. Darmstadt 1979.

Erdheim, M.: Die Psychoanalyse und das Unbewußte in der Kultur. Frankfurt a.M. 1988.

Fanon, F.: Die Verdammten dieser Erde. Reinbek 1969.

Featherstone, M.: Undoing Culture. London 1995.

Flitner, A.: Wege zur pädagogischen Anthropologie. Versuch einer Zusammenarbeit der Wissenschaften vom Menschen. Heidelberg 1963.

Flügge, J.: Die Entfaltung der Anschauungskraft. Heidelberg 1963.

Flusser, V.: Gesten. Versuch einer Phänomenologie. Düsseldorf/Bensheim 1991.

Foucault, M.: Die Ordnung der Dinge. Frankfurt a.M. 1974.

Foucault, M.: Überwachen und Strafen. Frankfurt a.M. 1977.

Frank, M.: Der kommende Gott. Vorlesung über die Neue Mythologie. Frankfurt 1982.

Frank, M.: Was ist Neostrukturalismus? Frankfurt a.m. 1984.

Frank, M./Haverkamp, A. (Hrsg.): Individualität. München 1988.

Frazer, J.F.: Der goldene Zweig. Reinbek 1977.

Freud, S.: Die Traumdeutung. Studienausgabe, Bd. II. Frankfurt a.m. 1972.

Friebertshäuser, B./Prengel, A. (Hrsg.): Handbuch Qualitative Forschungsmethoden in der Erziehungswissenschaft. Weinheim/München 1997.

Friedland, R./Boden, D. (eds.): NowHere. Space, Time and Modernity. Los Angeles 1994.

Frühwald, W./Gauß, H.R./Koselleck, R./Steinwachs, B. (Hrsg.): Geisteswissenschaften heute. Eine Denkschrift. Frankfurt a.m. 1991.

Fuhrmann, M. (Hrsg.): Terror und Spiel. Probleme der Mythenrezeption. München 1971.

Fuhrmann, M.: Nachwort zu Aristoteles: Poetik. Stuttgart 1982.

Fuhrmann, M./Jauß, H.R./Pannenberg, W. (Hrsg.): Text und Applikation. Theologie, Jurisprudenz und Literaturwissenschaft im hermeneutischen Gespräch. München 1981.

Gadamer, H.-G./Vogler, P. (Hrsg.): Neue Anthropologie, 7 Bde. Stuttgart 1972/1974.

Galtung, J.: Gewalt, Frieden und Friedensforschung. Kritische Friedensforschung. Hrsg. v. D. Senghaas. Frankfurt a.m. 1971, S. 55–104.

Galtung, J.: Gewalt. In: Wulf, C. (Hrsg.): Vom Menschen. Handbuch Historische Anthropologie. Weinheim 1997, S. 913–919.

Gebauer, G./Kamper, D./Lenzen, D./Mattenklott, G./Wünsche, K./Wulf, C.: Historische Anthropologie. Zum Problem der Humanwissenschaften heute oder Versuche einer Neubegründung. Reinbek 1989.

Gebauer, G./Wulf, C.: Mimesis. Kultur – Kunst – Gesellschaft. Reinbek 1992.

Gebauer, G./Wulf, C. (Hrsg.): Praxis und Ästhetik. Frankfurt a.m. 1993.

Gebauer, G./Wulf, C.: Spiel – Ritual – Geste. Mimetisches Handeln in der sozialen Welt. Reinbek 1998.

Geertz, C.: The Interpretation of Cultures. New York 1973.

Geertz, C.: Further Essais In Interpretative Anthropology. New York 1983.

Geertz, C.: Dichte Beschreibung. Frankfurt a.M. 1987.

Geertz, C.: Works and Lives. The Anthropologist as Author. Stanford 1988.

Geertz, C.: Kulturbegriff und Menschenbild. In: Habermas, R./Minkmar, N. (Hrsg.): Das Schwein des Häuptlings. Berlin 1992, S. 56–82.

Gehlen, A.: Der Mensch. Seine Natur und seine Stellung in der Welt. Wiesbaden [9]1978.

v. Gennep, A.: Übergangsriten. Frankfurt a.M. 1986.

Ginzburg, C.: Der Käse und die Würmer. Die Welt eines Müllers um 1600. Berlin 1990.

Ginzburg, C.: Der Inquisitor als Anthropologe. In: Conrad, C./Kessel, M

(Hrsg.): Geschichte schreiben in der Postmoderne. Stuttgart: 1994, S. 203–218.

Girard, R.: Das Heilige und die Gewalt. Zürich 1987

Girard, R.: Der Sündenbock. Zürich 1988.

Goffman, E.: Frame Analysis. An Essay on the Organisation of Experience. New York 1974 (dt. 1996).

Göhlich, M.: Die pädagogische Umgebung. Weinheim 1993.

Goldberg, D.T. (ed.): Multiculturalism. Cambridge. 1994.

Goodman, N.: Weisen der Welterzeugung. Frankfurt a.M. 1984.

Greenblatt, S.: Wunderbare Besitztümer. Berlin 1994.

Grimes, R.L.: Research in Ritual Studies, Metuchen. New Jersey 1985.

Grimes, R.L. (ed.): Readings in Ritual Studies. Upper Saddle River/New Jersey 1996.

Gumbrecht, H.U./Pfeiffer, K.L (Hrsg.): Paradoxien, Dissonanzen, Zusammenbrüche. Situationen offener Epistemologie. Frankfurt a.M. 1991.

Gumbrecht, H.U./Pfeiffer, K.L. (Hrsg.): Materialität der Kommunikation. Frankfurt a.M. 1988.

Gumbrecht, H.U./Pfeiffer, K.L. (Hrsg.): Stil. Geschichten und Funktionen eines kulturwissenschaftlichen Diskurselements. Frankfurt a.M. 1986.

Gupta, A./Ferguson, J. (eds.): Culture, Power, Place. Durham/London 1997.

Guttandin, F./Kamper, D.: Selbstkontrolle. Dokumente zur Geschichte einer Obsession. Marburg/Berlin 1982.

Habermas, J.: Die Neue Unübersichtlichkeit. Frankfurt a.M. 1985.

Habermas, R./Minkmar, N. (Hrsg.): Das Schwein des Häuptlings. Berlin 1992.

Hall, E.T.: The Silent Language. Garden City 1959.

Hall, S./Jefferson, T.: Resistance through Ritual. Youth subcultures in post-war Britain. London 1993.

Hansen, K.P. (Hrsg.): Kulturbegriff und Methode. Der stille Paradigmenwechsel in den Geisteswissenschaften. Eine Passauer Ringvorlesung. Tübingen 1993.

Hansen, K.P. (Hrsg.): Kultur und Kulturwissenschaft. Eine Einführung. Tübingen 1995.

Hartmann, D./Janich, P. (Hrsg.): Methodischer Kulturalismus. Frankfurt a.M. 1996.

Hauschild, T.: Zur Einführung: Formen Europäischer Ethnologie. In: Nixdorf, H./Hauschild, T. (Hrsg.): Europäische Ethnologie. Theorie- und Methodendiskussion aus ethnologischer und volkskundlicher Sicht. Berlin 1996, S. 11–26.

Haverkamp, A./Lachmann (Hrsg.): Memoria. München 1993.

Heidegger, M.: Kant und das Problem der Metaphysik. Bonn 1929.

Henrich, D./Iser, W. (Hrsg.): Funktionen des Fiktiven. München 1983.

Herrmann, U.: Vervollkommnung des Unverbesserlichen? Über ein Paradox in der Anthropologie des 18. Jahrhunderts. In: Kamper, D./Wulf, C. (Hrsg.):

Anthropologie nach dem Tode des Menschen. Frankfurt a.M. 1994, S. 132–152.

Herzfeld, M.: Cultural Intimacy, New York/London: Routledge 1997.

Herzog, R./Koselleck, R. (Hrsg.): Epochenschwellen und Epochenbewußtsein. München 1987.

Hess, R./Wulf, C. (Hrsg.): Parcours, passages et paradoxes de l'interculturel. Paris 1999 (dt. 1999).

Heydorn, H.J.: Über den Widerspruch von Bildung und Herrschaft. Frankfurt a.M. 1970.

Heydorn, H.J.: Zu einer Neufassung des Bildungsbegriffs. Frankfurt a.M. 1972.

Hildebrand, B./Sting, S. (Hrsg.): Erziehung und interkulturelle Identität. Münster/New York 1995.

Hillery, G.A.: Definitions of Community. Areas of Agreement, Rual Sociology, 20 (1955).

Hirsch, E.: Racismes. L'autre et son visage. Paris 1988.

Hoffmann, H./Kramer, D. (Hrsg.): Arbeit ohne Sinn? Sinn ohne Arbeit? Weinheim 1994.

Honneth, A.: Kritik der Macht. Reflexionsstufen einer kritischen Gesellschaftstheorie. Frankfurt a.M. 1985.

Hoppe, B.: Körper und Geschlecht. Berlin 1991.

Hörisch, J. (Hrsg.): Ich möchte ein solcher werden wie … Frankfurt a.M. 1979.

Horkheimer, M./Adorno, T.W.: Dialektik der Aufklärung. Frankfurt 1971.

v. Humboldt, W.: Werke in fünf Bänden. Hrsg. v. A. Flitner/K. Giel. Darmstadt 1960.

Hutchinson, J./Smith, A.D. (eds.): Ethnicity. Oxford/New York 1996.

Ingold, T. (ed.): Key Debates in Anthropoloy. London/New York 1996.

Isaak, R.: Der entlaufene Sklave. Zur ethnographischen Methode in der Geschichtsschreibung. In: Habermas, R./Minkmar, N. (Hrsg): Das Schwein des Häuptlings. Berlin 1992, S. 147–185.

Iser, W. (Hrsg.): Immanente Ästhetik – Ästhetische Reflexion. München 1966.

Iser, W.: Das Fiktive und das Imaginäre. Perspektiven literarischer Anthropologie. Frankfurt a.M. 1991.

Jauß, H.R. (Hrsg.): Die nicht mehr schönen Künste. Grenzphänomene des Ästhetischen. München 1968.

Jauß, H.R. (Hrsg.): Nachahmung und Illusion. München 1969.

Jay, P.: Being in the Text. London: Cornell University Press 1984.

Jessor, R./Colby, A./Shweder, R.A. (eds.): Ethnography and Human Development, Chicago/London: The University of Chicago Press 1996.

Jockel, R.: Die lebenden Religionen. Berlin 1958.

Jung, C.G.: Psychologische Typen. Zürich 1968.

Kamper, D.: Bild. In: Wulf, C. (Hrsg.): Vom Menschen. Handbuch Historische Anthropologie. Weinheim 1997, S. 589–595.

Kamper D./Wulf, C. (Hrsg.): Logik und Leidenschaft. 12 transdisziplinäre, internationale Studien zur Historischen Anthropologie 1982–1992:
Kamper D./Wulf, C. (Hrsg.): Die Wiederkehr des Körpers. Frankfurt a.M. 1982.
Kamper D./Wulf, C. (Hrsg.): Das Schwinden der Sinne. Frankfurt a.M. 1984a.
Kamper D./Wulf, C. (Hrsg.): Der Andere Körper. Ferlin 1984b.
Kamper D./Wulf, C. (Hrsg.): Lachen-Gelächter-Lächeln. Reflexionen in drei Spiegeln. Frankfurt a.M. 1986.
Kamper D./Wulf, C. (Hrsg.): Die sterbende Zeit. Darmstadt/Neuwied 1987a.
Kamper D./Wulf, C. (Hrsg.): Das Heilige. Seine Spur in der Moderne. Frankfurt a.M. 1987b, [2]1997.
Kamper D./Wulf, C. (Hrsg.): Die erloschene Seele. Berlin 1988a.
Kamper D./Wulf, C. (Hrsg.): Das Schicksal der Liebe. Die Wandlungen des Erotischen in der Geschichte. Weinheim 1988b.
Kamper D./Wulf, C. (Hrsg.): Transfigurationen des Körpers. Spuren der Gewalt in der Geschichte. Berlin 1989a.
Kamper D./Wulf, C. (Hrsg.): Der Schein des Schönen. Göttingen 1989b.
Kamper D./Wulf, C. (Hrsg.): Rückblick auf das Ende der Welt. München 1990.
Kamper D./Wulf, C. (Hrsg.): Schweigen. Unterbrechung und Grenze der menschlichen Wirklichkeit. Berlin 1992.
Kamper, D./Wulf, C. (Hrsg.): Anthropologie nach dem Tode des Menschen. Vervollkommnung und Unverbesserlichkeit. Frankfurt a.M. 1994.
Kant, I.: Schriften zur Anthropologie, Geschichtsphilosophie, Politik und Pädagogik, 2. Werkausgabe Bd. XII. Hrsg. v. W. Weischedel. Frankfurt a.M. 1982.
Kertzer, D.: Politics and Power. New Haven/London 1988.
Kertzer, D.I./Saller, R.P. (eds.): The Family in Italy. New Haven/London 1991.
Kloskowski, P.: Überarbeitete und Beschäftigungslose. Sinnenlust der Arbeit durch Übergeschäftigkeit und Unterbeschäftigung. In: Arbeit ohne Sinn? Sinn ohne Arbeit? Hrsg. v. H. Hoffmann/D. Kramer. Weinheim 1994, S. 120–132.
Köhler, O.: Versuch einer Historischen Anthropologie. In: Saeculum. Jahrbuch für Universalgeschichte, 25 (1974), S. 129–250.
Koller, H.: Die Mimesis der Antike. Nachahmung, Darstellung, Ausdruck. Bern 1954.
Konersmann, R. (Hrsg.): Kulturphilosophie. Leipzig 1996.
König, E./Ramsenthaler H.: (Hrsg.) Diskussion Pädagogische Anthropologie. München 1980.
Koselleck, R./Stempel, W.-D. (Hrsg.): Geschichte – Ereignis und Erzählung. München 1973.
Koselleck, R.: Vergangene Zukunft. Zur Semantik geschichtlicher Zeiten. Frankfurt a.M. 1979.
Koselleck, R.: Darstellung, Ereignis und Struktur. In: Braudel, F. u.a.: Histori-

ker als Menschenfresser. Über den Beruf des Geschichtsschreibers. Berlin 1990, S. 113–125.

Kramer, D.: Von der Notwendigkeit der Kulturwissenschaft. Marburg 1997.

Kristeva, J.: Fremd sind wir uns selbst. Frankfurt a.M. 1990.

Krüger, H.-H./Marotzki, W. (Hrsg.): Handbuch erziehungswissenschaftliche Biographieforschung. Opladen 1999.

Langeveld, M.J.: Studien zur Anthropologie des Kindes. Tübingen 21964.

LeGoff, J. (éd.): La Nouvelle Histoire. Paris 1978.

LeGoff, J.: Für ein anderes Mittelalter. Weingarten 1987.

LeGoff, J. (éd.): Histoire et mémoire. Paris 1988.

Lenzen, D.: Bildung und Erziehung für Europa? Zeitschrift für Pädagogik, 32. Beiheft. Weinheim/Basel 1994, S. 3–48.

Lenzen, D.: Mythologie der Kindheit. Reinbek 1985.

Lenzen, D.: Melancholie, Fiktion und Historizität. In: Gebauer, G. u.a.: Historische Anthropologie. Reinbek 1989, S. 13–48.

Lenzen, D.: Vaterschaft. Reinbek 1991.

Lepenies, W.: Geschichte und Anthropologie. Zur wissenschaftlichen Einschätzung eines aktuellen Disziplinenkontaktes. In: Geschichte und Gesellschaft, 1 (1975), S. 325–343.

LeRoy Ladurie, E.: Montaillou. Ein Dorf vor dem Inquisitor. Frankfurt a.M. 1980.

Lévinas, E.: Entre nous. Essais sur le penser-à-l'autre. Paris 1991.

Liebau, E./Miller-Kipp, G./Wulf, C. (Hrsg.): Metamorphosen des Raums. Erziehungswissenschaftliche Forschungen zur Chronotopologie. Weinheim 1999.

Liebau, E./Schuhmacher-Chilla, D./Wulf, C. (Hrsg.): Anthropologie pädagogischer Institutionen. Weinheim 2001.

Liebau, E./Wulf, C. (Hrsg.): Generation. Weinheim 1996.

Liedtke, M.: Pädagogische Anthropologie als anthropologische Fundierung der Erziehung. In: König, E./Ramsenthaler, H. (Hrsg.): Kritische Information – Erziehungswissenschaft. München 1980, S. 175–190.

Litt, T.: Das Bildungsideal der deutschen Klassik und die moderne Arbeitswelt. Bonn ⁴1957.

Loch, W.: Die anthropologische Dimension der Pädagogik. Essen 1963.

Loch, W.: Enkulturation als anthropologischer Grundbegriff der Pädagogik. In: Bildung und Erziehung, 21 (1968) 3, S. 161–178.

Loch, W.: Der Mensch im Modus des Könnens. Anthropologische Fragen pädagogischen Denkens. In: Köng, E./Ramsenthaler, H (Hrsg.): Kritische Information – Erziehungswissenschaft. München 1980, S. 191–225.

Lüdtke, A./Kuchenbuch, L. (Hrsg.): Historische Anthropologie. Kultur – Gesellschaft – Alltag. Köln/Weimar/Wien 1995.

Luhmann, N./Schorr, K.E. (Hrsg.): Zwischen Technologie und Selbstreferenz. Frankfurt a.M. 1982.

Luhmann, N.: Soziale Systeme. Grundriß einer allgemeinen Theorie. Frankfurt a.M. 1984.

Lüth, C./Wulf, C. (Hrsg.): Vervollkommnung durch Arbeit und Bildung? Weinheim 1997.

Lyotard, J.-F.: Das postmoderne Wissen. Bremen 1982.

Makropoulos, M.: Europa, amphibisch. In: Paragrana 3 (1994) 2, S. 276–283.

Malinowski, B.: Argonauten des westlichen Pazifik. Ein Bericht über Unternehmungen und Abenteuer der Eingeborenen in den Inselwelten von Melanesich-Neuguinea. Hrsg. v. F. Kramer. Frankfurt a.M. 1979.

Marin, L.: Des pouvoirs de l'image. Paris 1993.

Markus, G.E. (ed.): Rereading Cultural Anthropology. Durham/London 1992.

Marquard, O./Stierle, K. (Hrsg.): Identität. München 1979.

Martin, J.: Der Wandel des Beständigen. Überlegungen zu einer historischen Anthropologie. In: Freiburger Universitätsblätter, 126 (1994), S. 35–46.

Martin, L.H./Gutman, H./Hutton, P. H. (Hrsg.): Technologien des Selbst. Frankfurt 1993.

Masschelein, J./Wimmer, M.: Alterität. Pluralität. Gerechtigkeit. Sankt Augustin 1996.

Matthes, J. (Hrsg.): Krise der Arbeitsgesellschaft? Verhandlungen des 21. Deutschen Soziologentages in Bamberg 1982. Frankfurt a.M. 1983.

Medick, H.: Missionare im Ruderboot? Ethnologische Erkenntnisweisen als Herausforderung an die Sozialgeschichte. In: A. Lüdtke (Hrsg.): Alltagsgeschichte. Zur Rekonstruktion historischer Erfahrungen und Lebensweisen. Frankfurt a.M./New York 1989, S. 48–84.

Meier, H. (Hrsg.): Die Herausforderung der Evolutionsbiologie. München 1988.

Menze, C.: Wilhelm von Humboldts Lehre und Bild vom Menschen. Ratingen 1965.

Menze, C.: Die Bildungsreform Wilhelm von Humboldts. Hannover 1975.

Merleau-Ponty, M.: Le Visible et l'Invisible. Texte établi par C. Lefort. Paris 1964 (dt. 1994).

Middell, M.: Alles Gewordene hat Geschichte. Leipzig 1994.

Mollenhauer, K.: Vergessene Zusammenhänge. München 1983.

Mollenhauer, K.: Umwege. Weinheim/München 1986.

Mollenhauer, K./Wulf, C. (Hrsg.): Aisthesis/Asthetik. Zwischen Wahrnehmung und Bewußtsein. Weinheim 1996.

Moore, S.F./Meyerhoff, B.G. (eds.): Secular Ritual. Assen 1977.

Morin, E.: La complexité humaine. Paris 1994.

Moro, A.: Grab, Epitaph und Friedhof. Neue Zugänge ethnologischer Familienforschung am Beispiel einer Kärntner Landgemeinde. In: Historische Anthropologie, 3 (1995), S. 112–124.

Morris, D./Collett, P./Marsh, P./Saughnessy, M.: Gestures. Their Origins and Distribution. London 1979.

Müller, K.E./Rüsen, J. (Hrsg.): Historische Sinnbildung. Reinbek 1997.

Nandy, A.: The intimate Enemy. Loss and Recovery of Self under Colonialism. Delhi 1983.

Negt, O.: Lebendige Arbeit, enteignete Zeit: Politische und kulturelle Dimensionen des Kampfes um die Arbeitszeit. Frankfurt a.M./New York 1984.

Nelson, B.: Der Ursprung der Moderne. Frankfurt a.M. 1984.

Nietzsche, F.: Sämtliche Werke in 15 Bänden. Hrsg. von G. Colli/M. Montinari. Berlin/New York 1988.

Nohl, H.: Pädagogische Menschenkunde. In: Nohl, H./Pallat, L. (Hrsg.): Handbuch der Pädagogik, Bd. 2. Langensalza 1929, S. 51–75.

Novalis: Heinrich von Ofterdingen. In: Band I, Dichtungen. Heidelberg 1953.

Otto, R.: Das Heilige. Über das Irrationale in der Idee des Göttlichen und sein Verhältnis zum Rationalen. München 1963.

Paragrana, Internationale Zeitschrift für Historische Anthropologie, 3 (1994) 2: Europa – Raumschiff oder Zeitenfloß.

Paragrana, Internationale Zeitschrift für Historische Anthropologie, 4 (1995) 1, Thema: Aisthesis; 4 (1995) 2, Thema: Mimesis-Poiesis-Autopoiesis.

Paragrana, Internationale Zeitschrift für Historische Anthropologie, 5 (1996) 2, Thema: Leben als Arbeit?

Paragrana, Interationale Zeitschrift für Historische Anthropologie, 6 (1997) 1, Thema: Selbstfremdheit.

Paragrana, Internationale Zeitschrift für Historische Anthropologie, 7 (1998) 1, Thema: Kulturen des Performativen.

Platon: Sämtliche Werke. Reinbek 1958

Plessner, H.: Die Stufen des Organischen und der Mensch. Berlin 1928.

Plessner, H.: Lachen und Weinen. Eine Untersuchung der Grenzen menschlichen Verhaltens. Gesammelte Schriften, Bd. 7. Frankfurt a.M. 1982, S. 201–387.

Plessner, H.: Conditio humana, Gesammelte Schriften, Bd. 8. Frankfurt a.M. 1983.

Preisendanz, W./Warning, R. (Hrsg.): Das Komische. München 1976.

Raulff, U. (Hrsg.): Mentalitäten-Geschichte. Berlin 1989.

Rehberg, K.-S.: Zurück zur Kultur? Arnold Gehlens anthropologische Grundlegung der Kulturwissenschaften. In: Brackert, H./Wefelmeyer, F. (Hrsg.): Kultur. Bestimmungen im 20. Jahrhundert. Frankfurt a.M. 1990, S. 276–316.

Ricœur, P.: Soi-même comme un autre. Paris 1990.

Rivère, C.: Les rites profanes. Paris 1995.

Rost, F.: Theorien des Schenkens. Essen 1994.

Roth, H.: Pädagogische Anthropologie, Bd 1: Bildsamkeit und Bestimmung. Hannover 1966.

Roth, H.: Pädagogische Anthropologie, Bd 2: Entwicklung und Erziehung. Hannover 1971.

Rousseau, J.-J.: Emile oder Über die Erziehung. Paderborn 1981.

Rürup, B.: Arbeit der Zukunft – Zukunft der Arbeit. In: Arbeit ohne Sinn? Sinn ohne Arbeit? Hrsg. v. H. Hoffmann/D. Kramer. Weinheim 1994, S. 35–50.

Rüsen, J.: Lebendige Geschichte. Göttingen 1989.

Rutschky, K.: Schwarze Pädagogik. Frankfurt a.M./Berlin/Wien 1977.

Sahlins, M.: Kultur und praktische Vernunft. Frankfurt a.M. 1981.

Said, E. W.: Orientalism. New York 1981.

Sartre, J. P.: Die Wörter. Reinbek 1968.

Schäfer, G./Wulf, C. (Hrsg.): Bild – Bilder – Bildung. Weinheim 1999.

Schaller, K.: Die Pädagogik des Johann Amos Comenius und die Anfänge des pädagogischen Realismus im 17. Jahrhundert. Heidelberg 1962.

Schechner, R.: Between Theater and Anthropology. Philadelphia 1985.

Scheler, M.: Die Stellung des Menschen im Kosmos. Bonn 1929.

Scheler, M.: Zur Idee des Menschen. Gesammelte Werke, Bd. 3. Bern 1955.

Schleiermacher, F.: Pädagogische Schriften I. Hrsg. v. E. Weniger/T. Schulze. Frankfurt a.M./Berlin/Wien 1983.

Schilling, H.: Grundlagen der Religionspädagogik. Zum Verhältnis von Theologie und Erziehungswissenschaft. Düsseldorf 1970.

Schmitt, J.-C.: La raison des gestes dans l'occident médiéval. Paris. 1990.

Schneider, M.: Die erkaltete Herzensschrift. Der autobiographische Text im 20. Jahrhundert. München 1986.

Schuhmacher-Chilla, D.: Ästhetische Sozialisation und Erziehung. Berlin 1995.

Seringe, P.P.: Les symboles dans l'art, dans les religions et dans la vie de tous les jours. Genève 1985.

Simmel, G.: Der Fremde. Das individuelle Gesetz. Philosophische Exkurse. Frankfurt a.M. 1987.

Soeffner, H.-G.: Die Ordnung der Rituale. Frankfurt a.M. 1995.

Sofsky, W.: Traktat über die Gewalt. Frankfurt a.M. 1996.

Sonntag, M.: Die Seele als Politikum. Psychologie und die Produktion des Individuums. Berlin 1988.

Spranger, E.: Wilhelm von Humboldt und die Humanitätsidee. Berlin 1909.

Stieglitz, H.: Soziologie und Erziehungswissenschaft. Wissenschaftstheoretische Grundzüge ihrer Erkenntnisstruktur und Zusammenarbeit. Stuttgart 1970.

Stierle, K./Warning, R. (Hrsg.): Das Gespräch. München 1984.

Stierle, K./Warning, R. (Hrsg.): Das Ende. München 1996.

Sting, S.: Schrift, Bildung und Selbst. Eine pädagogische Geschichte der Schriftlichkeit. Weinheim 1998.

Sting, S./Wulf, C. (eds.): Education in a Period of Social Upheaval. Münster/New York 1994.

Stross, A.: Ich-Identität. Zwischen Fiktion und Konstruktion. Berlin 1991.

Süssmuth, H. (Hrsg.): Historische Anthropologie. Der Mensch in der Geschichte. Göttingen 1984.

Taussig, M.: Mimesis and Alterity. A Particular History of the Senses. New York 1993.

Taylor, C.: The Politics of Recognition. Princeton 1992.

Todorov, T.: La conquête de l'Amérique. La question de l'autre. Paris 1982 (dt. 1985).

Todorov, T.: Nous et les autres. Paris 1989.

Todorov, T.: Abenteuer des Zusammenlebens, Berlin 1996.

Trabant, J.: Apeliotes oder Der Sinn der Sprache. München 1986.

Trabant, J.: Traditionen Humboldts. Frankfurt a.M. 1990.

Turner, V.: The Ritual Process. Structure and Anti-Structure. New York 1969.

Turner, V.: From Ritual to Theatre. The Human Seriousness of Play. New York 1982.

Uher, J. (Hrsg.): Pädagogische Anthropologie und Evolution. Erlangen 1995.

Veeser, H.A.: The New Historicism. New York/London 1989.

Vernant, J.P: Der Prometheus-Mythos bei Hesiod. In: Ders.: Mythos und Gesellschaft im alten Griechenland. Frankfurt a.M. 1987.

Veyne, P.: Geschichtsschreibung. Und was sie nicht ist. Frankfurt a.M. 1990.

Wagner, H.-J.: Die Aktualität der strukturalen Bildungstheorie Humboldts. Weinheim 1995.

Waldenfels, B.: Der Stachel des Fremden. Frankfurt a.M. 1990.

Weinrich, H. (Hrsg.): Positionen der Negativität. München 1975.

Welsch, W.: Transkulturalität. Lebensformen nach der Auflösung der Kulturen. In: Information Philosophie, 2 (1992), S. 5–20.

Weniger, E.: Die Eigenständigkeit der Erziehung in Theorie und Praxis. Weinheim 1957.

White, H.: Der historische Text als literarisches Kunstwerk. In: Conrad, C./Kessel, M. (Hrsg.) Geschichte schreiben in der Postmoderne. Stuttgart 1994, S. 123–157.

White, H.: Metahistory. Frankfurt a.M. 1991.

Wimmer, M.: Der Andere und die Sprache. Vernunftkritik und Verantwortung. Berlin 1988.

Wimmer, M.: Der Fremde. In: Wulf, C. (Hrsg.): Vom Menschen. Handbuch Historische Anthropologie. Weinheim 1997, S. 1066–1078.

Wimmer, M./Wulf, C./Dieckmann, B. (Hrsg.): Das zivilisierte Tier. Zur historischen Anthropologie der Gewalt. Frankfurt a.M. 1996.

Wuketits, F.M.: Gene, Kultur und Moral. Soziobiologie – pro und contra. Darmstadt 1990.

Wulf, C./Schöfthaler, T. (Hrsg.): Im Schatten des Fortschritts. Gemeinsame Probleme im Bildungsbereich in Industrienationen und Ländern der Dritten Welt. Saarbrücken/Fort Lauderdale 1985.

Wulf, C.: Mimesis. In: Gebauer, G. u.a.: Historische Anthropologie. Zum Problem der Humanwissenschaften heute. Reinbek 1989a, S. 83–125.

Wulf, C.: Mimesis und Ästhetik. Zur Entstehung der Ästhetik bei Platon und Aristoteles. In: Denkzettel Antike. Hrsg. v. G. Treusch-Dieter u.a. Berlin 1989b, S. 192–200.

Wulf, C. (Hrsg.): Einführung in die pädagogische Anthropologie. Weinheim/Basel 1994.

Wulf, C. (ed.): Education in Europe. An Intercultural Task. Münster/New York 1995.

Wulf, C. (Hrsg.): Das anthropologische Denken in der Erziehung 1750–1850. Weinheim 1996a.

Wulf, C.: Aisthesis, soziale Mimesis, Ritual. In: Mollenhauer, K./Wulf, C. (Hrsg.): Aisthesis/Ästhetik. Zwischen Wahrnehmung und Bewußtsein. Weinheim 1996b, S. 168–179.

Wulf, C. (Hrsg.): Vom Menschen. Handbuch Historische Anthropologie. Weinheim/Basel 1997.

Wulf, C. (ed.): Education for the 21st. Century: Commonalities and Diversities. Münster/NewYork 1998.

Wulf, C. u.a.: Das Soziale als Ritual. Zur performativen Bildung von Gemeinschaften. Opladen 2001.

Wulf, C./Göhlich, M./Zirfas, J. (Hrsg.): Grundlagen des Performativen. Weinheim/München 2001.

Wulf, C./Kamper, D./Gumbrecht, H. (Hrsg.): Ethik der Ästhetik. Berlin 1994.

Wulf, C./Zirfas, J. (Hrsg.): Theorien und Konzepte der pädagogischen Anthropologie. Donauwörth 1994.

Zdarzil, H.: Pädagogische Anthropologie: empirische Theorie und philosophische Kategorialanalyse. In: König, E./Ramsenthaler, H. (Hrsg.): Kritische Information – Erziehungswissenschaft. München 1980, S. 267–287.

Zimbrich, U.: Mimesis bei Platon. Frankfurt 1984.

Zirfas, J.: Präsenz und Ewigkeit. Eine Anthropologie des Glücks. Berlin 1993.

Zirfas, J.: Die Lehre der Ethik. Weinheim 1998.

Zuckerkandl: Mimesis. Merkur, 12 (1958), S. 225–240.

Reihe »Beltz Handbuch«

Christoph Wulf (Hrsg.)
Vom Menschen
Handbuch
Historische Anthropologie
1997. 1160 Seiten. Gebunden.
ISBN 3-407-83136-6

Ambivalenz und Verunsicherung, Vielfalt und Komplexität bestimmen menschliches Leben am Ende des 20. Jahrhunderts. Immer schwieriger wird es, sich in der Welt, der Gesellschaft und in sich selbst zu orientieren. In dieser Situation drängt sich die Frage auf, was man vom Menschen und seinen Grundverhältnissen wissen könne. Normative Anthropologien haben ihre Überzeugungskraft verloren. Nicht mehr dem universellen Menschen, sondern dem Partikularen und der Vielgestaltigkeit menschlicher Erscheinungen gilt das Interesse. Die Erkenntnissuche richtet sich auf ein anthropologisches Wissen, das sich seiner Geschichtlichkeit und kulturellen Bedingtheit bewusst ist.

Das Handbuchs ist in sieben Abschnitte gegliedert: Kosmologie – Welt und Dinge – Genealogie und Geschlecht – Körper – Medien und Bildung - Zufall und Geschick – Kultur. Das Handbuch wird unterstützt vom Interdisziplinären Zentrum für Historische Anthropologie der FU Berlin und der Gesellschaft für Historische Anthropologie.

Beltz Verlag · Postfach 10 01 54 · 69441 Weinheim · www.beltz.de

F0017

Reihe »Pädagogische Anthropologie«

Herausgegeben von
Dieter Lenzen und Christoph Wulf
im Auftrag der Kommission Pädagogische Anthropologie
in der Sektion Allgemeine Erziehungswissenschaft
der Deutschen Gesellschaft für Erziehungswissenschaft

Band 1:
Klaus Mollenhauer
Christoph Wulf (Hrsg.)
Aisthesis/Ästhetik
Zwischen Wahrnehmung und
Bewußtsein.
1996. 320 Seiten. Broschiert.
ISBN 3 89271 624 2

Band 2:
Christoph Wulf (Hrsg.)
**Anthropologisches Denken
in der Pädagogik 1750–1850**
1996. 220 Seiten. Broschiert.
ISBN 3 89271 625 0

Band 3:
Eckart Liebau
Christoph Wulf (Hrsg.)
Generation
Versuche über eine
pädagogisch-anthropologische
Grundbedingung.
1996. 334 Seiten. Broschiert.
ISBN 3 89271 687 0

Band 4:
Christoph Lüth
Christoph Wulf (Hrsg.)
**Vervollkommnung durch
Arbeit und Bildung?**
Anthropologische und
historische Perspektiven zum
Verhältnis von Individuum,
Gesellschaft und Staat.
1997. 260 Seiten. Broschiert.
ISBN 3 89271 757 5

F0024a

Beltz Verlag · Postfach 10 01 54 · 69441 Weinheim · www.beltz.de

Reihe »Pädagogische Anthropologie«

Band 5:
Stephan Sting
Schrift, Bildung und Selbst
Eine pädagogische Geschichte
der Schriftlichkeit.
1998. 408 Seiten. Broschiert.
ISBN 3 89271 788 5

Band 6:
Bernhard Dieckmann
Stephan Sting
Jörg Zirfas (Hrsg.)
Gedächtnis und Bildung
Pädagogisch-anthropologische
Zusammenhänge.
1998. 303 Seiten. Broschiert.
ISBN 3 89271 793 1

Band 7:
Jörg Zirfas
Die Lehre der Ethik
Zur moralischen Begründung
pädagogischen Denkens und
Handelns.
1999. 388 Seiten. Broschiert.
ISBN 3 89271 849 0

Band 8:
Johannes Bilstein
Gisela Miller-Kipp
Christoph Wulf (Hrsg.)
Transformationen der Zeit
Erziehungswissenschaftliche
Studien zur Chronotopologie.
1999. 392 Seiten. Broschiert.
ISBN 3 89271 881 4

Band 9:
Eckart Liebau
Gisela Miller-Kipp
Christoph Wulf (Hrsg.)
Metamorphosen des Raums
Erziehungswissenschaftliche
Forschungen zur Chrono-
topologie.
1999. 305 Seiten. Broschiert.
ISBN 3 89271 882

Band 10:
Gerd Schäfer
Christoph Wulf (Hrsg.)
Bild – Bilder – Bildung
1999. 355 Seiten. Broschiert.
ISBN 3 89271 883 0

F0024b

Beltz Verlag · Postfach 10 01 54 · 69441 Weinheim · www.beltz.de